Zwölf Unterrichtsmethoden

Vielfalt für die Praxis

Herausgegeben von Jürgen Wiechmann

2. Auflage

Beltz Verlag · Weinheim und Basel

Der Herausgeber

Jürgen Wiechmann, Jg. 1950, Dr. Er war von 1978 bis 1994 Lehrer an der Gesamtschule Elmshorn, und ist seit 1994 Professor an der Erziehungswissenschaftlichen Fakultät der Christian-Albrechts-Universität Kiel.

Besuchen Sie uns im Internet
http://www.beltz.de

Gesetzt nach den neuen Rechtschreibregeln
Lektorat: Peter E. Kalb
2., unveränderte Auflage 2000

© 1999 Beltz Verlag · Weinheim und Basel
Herstellung: Lore Amann
Satz: Satz- und Reprotechnik GmbH, Hemsbach
Druck: Druckhaus Beltz, Hemsbach
Umschlaggestaltung: Federico Luci, Köln
Umschlagabbildung: Bielefelder Fotobüro
Printed in Germany

ISBN 3-407-25222-6

Inhaltsverzeichnis

Jürgen Wiechmann

Zwölf Unterrichtsmethoden für die Praxis

Die Idee zu diesem Buch entstand durch einen Fortbildungstag an einem Gymnasium und durch ein Einführungsseminar für Erstsemester. Obwohl die Situation beider Gruppen sehr ungleich war – einerseits das routinierte Kollegium einer regional erfolgreichen Schule und andererseits Studierende in ihrer Berufsfindungsphase –, stellte sich ein identisches Problem: In der Forderung nach unterrichtlicher Methodenvielfalt bestand Einigkeit; denn Unterricht ist viel zu komplex, als dass er nach einem immer gleichen Vorgehen erfolgreich zu gestalten wäre. In beiden Gruppen wurden weitgehend gleiche Fragen gestellt. Frage 1: »Welche Methoden gibt es denn eigentlich?« Frage 2: »Wo können wir darüber mehr erfahren, ›wie man das macht‹; nennen Sie uns doch hilfreiche Literatur!« Die erste Frage konnte ich sofort beantworten, die zweite aber nur notdürftig: »Ich werde danach recherchieren und mich bald wieder melden.« Aber auch nach der Recherche konnte ich – aus schulpraktischer Sicht – nur mit recht dürftigen Ergebnissen aufwarten: Zu den von mir genannten Methoden fand ich einige Unterrichtsbeispiele; aber klare methodische Strukturen. ›Wie man das macht‹, habe ich nicht gefunden. Damit kennen Sie die Zielsetzung dieses Buches.[1] Ich wünsche mir,

- dass Studierende eine knappe Übersicht zum Methodenrepertoire erhalten, um Unterricht methodenkritisch reflektieren zu lernen,
- dass Lehrerinnen und Lehrer in den ersten Berufsjahren einen Bezugsrahmen finden, um die professionelle Qualität ihrer Arbeit autonom entwickeln zu können,
- dass routinierte Lehrerinnen und Lehrer verlockende Anregungen erhalten, um Neues zu erkunden.

Für die Entwicklung des Konzeptes stellte sich dann die Frage, welche und wie viele Unterrichtsmethoden dargestellt werden sollen. Da die Verwendbarkeit in der Schulpraxis das zentrale Anliegen dieses Buches ist, muss die Zahl überschaubar bleiben; nur dann ist eine durch die didaktische Intention begründete Auswahl möglich. Gleichzeitig muss die Zahl größer sein als das Methodenrepertoire der meisten Lehrerinnen und Lehrer, denn nicht zu jeder Persönlichkeit passt jede Methode; Vorlieben müssen entdeckt werden können. So entstand die Zahl »12«. Die anschließende Auswahl der zwölf Methoden orientierte sich an dem Gedanken, das Feld der

---

1 Einige der Beiträge dieses Buches sind in anderer Form in der Zeitschrift »Praxis Schule 5–10« erschienen.

verschiedenen unterrichtlichen Herausforderungen so gut wie möglich abzudecken. Ich habe die Auswahl im Einleitungskapitel »Unterrichtsmethoden – vom Nutzen der Vielfalt!« ausführlicher dargestellt.

Am Ende der Arbeit an diesem Buch stand ein Gespräch mit zwei Kollegen. Der eine fragte sich und mich, ob es denn gegenwärtig nichts Wichtigeres gäbe als die Methodenkompetenz von Lehrerinnen und Lehrern. Ich stimmte ihm zu, antwortete aber mit zwei Zitaten aus der Reformpädagogik. Wilhelm Flitner (1927): »Der Ertrag der pädagogischen Bewegung ist gefährdet, wenn nicht der Schritt getan wird zur Bemeisterung des Unterrichts, besonders seiner elementaren Aufgaben ...« Und Theodor Litt (1926): »Insbesondere ist es von Übel, dass unter Berufung auf Würde und Freiheit menschenbildenden ›Künstlertums‹ vielfach das ›Handwerkliche‹ in der Pädagogik – welches mit dem Technisch-Mechanischen keineswegs zusammenfällt – und zumal der *Unterricht* mit seinen methodischen Prinzipien gering geachtet oder völlig abgelehnt wird.« Der andere Kollege bezweifelte mit Blick auf die Lehrerkognitionsforschung, dass Unterrichtsmethoden durch das Lesen eines Buches zu erlernen seien. Darin stimmte ich ihm ebenfalls zu, antwortete aber diesmal selbst: »Natürlich erwirbt man Handlungskompetenz nicht durch Lesen, sondern durch erfahrungsorientiertes Lernen. Aber erfahrungsorientiertes Lernen gelingt nur, wenn das Handeln kritisch reflektiert wird. Und dafür soll das Buch eine fundierte Basis bieten.«

Ob das allerdings tatsächlich stimmt, kann ich nicht beurteilen, das müssen Sie als Leserin oder Leser tun. Meine Arbeit an dem Buch ist damit vorläufig beendet, Ihre Arbeit mit dem Buch kann jetzt beginnen. Ich würde mich freuen, wenn Sie mir berichteten, ob die oben genannten Ziele erreicht werden.

Jürgen Wiechmann

Unterrichtsmethoden – Vom Nutzen der Vielfalt

Im Titelblatt seiner Großen Didaktik (erstmals 1628) – »Die vollständige Kunst, alle Menschen alles zu lehren« – verspricht Comenius, dass in ihr »... der Weg gewiesen wird, auf dem sich alles leicht und mit Sicherheit erreichen lässt. Erstes und letztes Ziel unserer Didaktik soll es sein, die Unterrichtsweise aufzuspüren und zu erkunden, bei welcher die Lehrer weniger lehren brauchen, die Schüler dennoch mehr lernen; in Schulen weniger Lärm, Überdruss und unnütze Mühe herrsche, in der Christenheit weniger Finsternis, Verwirrung und Streit, dafür mehr Licht, Ordnung, Friede und Ruhe« (1959). Besonders zwei Aspekte dieses Zitats sind auch für die heutige Diskussion der Unterrichtsmethoden noch beachtenswert: Unterrichtsmethoden sind ein integraler Bestandteil der Didaktik; Weg und Ziel bedingen einander wechselseitig und können nicht in einem schlichten Nacheinander bestimmt werden. Und es enthält ein klares, fast schon nach unlauterer Werbung klingendes Erfolgskriterium – verbesserte Effizienz. Comenius löste es ein, indem er sich in seiner Didaktik nicht mehr an der Logik der Sache, also den Themen, sondern an der Logik des Verstehens, also an den Schülern orientierte: Ihre Selbsttätigkeit bildete das Zentrum seiner Idee.

In den etwa 350 Jahren, die seit der Arbeit von Comenius vergangenen sind, ist eine große Zahl unterrichtsmethodischer Ideen erdacht, erprobt und weiterentwickelt worden – die Elementarmethode Pestalozzis, die Formalstufentheorie Herbarts, die Projektmethode Deweys, die Arbeitsschulidee Kerschensteiners und Gaudigs oder die Pädagogische Psychologie Heinrich Roths sind nur einige Beispiele.

Diese Entwicklung hat allerdings auch dazu geführt, dass der Begriff der »Methode« in sehr unterschiedlicher Weise verwendet wird: Elemente einzelner Unterrichtsstunden – Moderationsmethode, Kreisgespräch, Demonstration, »mind-mapping«, Einzelarbeit oder Gespräch – werden mit diesem Begriff ebenso bezeichnet wie Planungsmuster für Schulstunden – zum Beispiel Frontalunterricht, Erlebnisunterricht, Gruppenunterricht – oder Grundstrukturen für längere Zeiteinheiten – Projektmethode, Wochenplan oder Fallstudie. Eine begriffliche Klarstellung ist daher erforderlich: Mit dem Begriff »Unterrichtsmethoden« bezeichne ich Planungs- und Handlungsmuster, die sich auf die Gestaltung längerer Sequenzen, mindestens auf die Planung ganzer – 45- oder 90-minütiger – Unterrichtsstunden beziehen. Ich grenze damit Unterrichtsmethoden deutlich von Unterrichtselementen ab: Unterrichtsmethoden enthalten nach diesem Verständnis immer verschiedene Unterrichtselemente. Natürlich kann es vorkommen, dass einzelne Unterrichtselemente – zum Beispiel Übungsphasen, Lehrervorträge oder ein Kreisgespräch – eine ganze Stunde dauern; aber üblich ist diese lange Ausdehnung einer Unterrichtsphase gegenwärtig nicht. Andererseits scheint mir eine Abgrenzung von Methoden für Unterrichtsstunden und Methoden für längere Einheiten nicht sinnvoll, da der Übergang fast immer gleitend ist.

Die Erarbeitung immer neuer Antworten auf die Frage, wie Kompetenzen im Schulunterricht planmäßig und effektiv vermittelt werden können, hat zwei Ursachen: Zum einen entstehen neue Unterrichtsmethoden als didaktische Antwort auf veränderte gesellschaftliche Herausforderungen und Rahmenbedingungen. Ein Beispiel hierfür ist die bereits genannte »Große Didaktik« von Comenius, in der er den für damalige Vorstellungen revolutionären Anspruch formulierte, alle Menschen unabhängig von Herkunft und Geschlecht umfassend zu lehren; ein anderes Beispiel sind die am Anfang der Projektmethode stehenden Bestrebungen, bereits während des Studiums Theorie und Praxis auf der Grundlage selbstständigen Arbeitens zu verbinden (vgl. z.B. Knoll 1993). Zum anderen werden vorhandene Methoden in der Folge ihrer unterrichtlichen Verwendung theoretisch und praktisch kultiviert. Das wohl bekannteste Beispiel für diesen »innerpädagogischen Fortschritt« sind die Arbeiten an der Formalstufentheorie des Unterrichts; die ursprünglich von Herbart (1913) für den Einzelunterricht eines Hauslehrers entwickelte Konzeption lässt sich über die Umwandlung zu einer vergleichsweise starren Methode für den Unterricht ganzer Klassen, wie sie von den sog. »Herbartianern« erarbeitet wurde, bis hin zur aktuellen und sehr viel flexibleren Form des Klassenunterrichts verfolgen, in der der seither erarbeitete lernpsychologische Kenntnisstand Berücksichtigung findet (vgl. Aebli 1994). Auch in diesen Fällen konnte das von Comenius genannte Erfolgskriterium – verbesserte Effizienz – vermutlich immer wieder eingelöst werden: Im Laufe der Entwicklung zeigte sich aber deutlicher, dass auch die »Logik des Verstehens« weiter differenziert werden muss: Die Unterschiedlichkeit der Schüler und die Unterschiedlichkeit des Lehrstoffes sind zunehmend in den Blick getreten. Nicht jede Methode ist für jede pädagogische Situation gleichermaßen geeignet: Unterschiedliche Lehrerinnen und Lehrer können die verschiedenen didaktischen Intentionen in unterschiedlichen Klassen nur dann optimal umsetzen, wenn sie die jeweils angemessene Methode auswählen. Ein erfolgreicher Unterricht ist ohne die pädagogische Freiheit nicht denkbar; der Unterricht ist aber auch nur dann erfolgreich, wenn die pädagogische Freiheit genutzt wird. Darüber hinaus legen neuere Arbeiten den Schluss nahe, dass die Leistungsfähigkeit jeder Unterrichtsmethode nachlässt, wenn sie als ausschließliche Methode über einen längeren Zeitraum als etwa 6 Wochen hinweg verwendet wird (vgl. Frey 1994, S. 14ff.).

Unterrichtsrealität – Methodeneinfalt

Die Forderung nach Methodenvielfalt ist daher in der Pädagogik ebenso unumstritten wie wohl begründet (vgl. z.B. Meyer 1989). Untersuchungen der Unterrichtsrealität zeichnen ein völlig anderes Bild: An unseren Schulen herrscht weitgehende Methodeneinfalt. Die Untersuchungen von Krapf (1985), Hage u.a. (1985) sowie Lukesch/Kischkel (1987) zeigen übereinstimmend, dass mehr als 75% der gesamten

Unterrichtszeit vom »fragend entwickelnden Unterricht« – neben dem Lehrer-Schüler-Gespräch gehören hierzu kurze Lehrervorträge, Demonstrationen und rasches Frage- und Antwortspiel – eingenommen wird (vgl. Abb. 1).

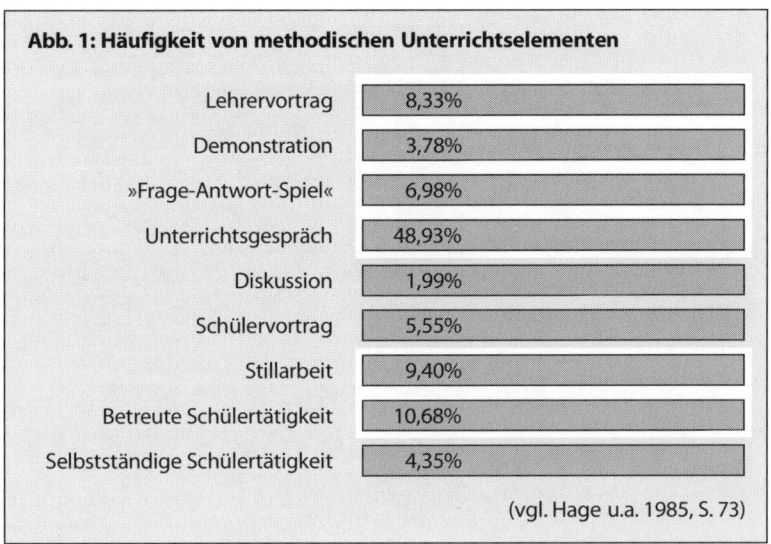

Abb. 1: Häufigkeit von methodischen Unterrichtselementen

Lehrervortrag	8,33%
Demonstration	3,78%
»Frage-Antwort-Spiel«	6,98%
Unterrichtsgespräch	48,93%
Diskussion	1,99%
Schülervortrag	5,55%
Stillarbeit	9,40%
Betreute Schülertätigkeit	10,68%
Selbstständige Schülertätigkeit	4,35%

(vgl. Hage u.a. 1985, S. 73)

Dieses immer wieder zitierte Bild eines lehrerzentrierten, sprachorientierten Unterrichts ist zudem auch über längere Zeiträume hinweg erstaunlich stabil geblieben, wie Arbeiten aus den 60er- und 70er-Jahren (vgl. Lukesch/Kischkel 1987) bestätigen. In den vergangenen zehn Jahren hat es sich dagegen nachhaltig geändert. In einer abgewandelten Wiederholung der Untersuchung von Hage u.a. (1985) zeigte sich auf einer Grundlage von 114 beobachteten Unterrichtsstunden folgendes Bild (vgl. Abb. 2), wobei allerdings, im Unterschied zur Untersuchung von Hage u.a. vor allem Grundschulklassen untersucht wurden. Die Veränderungen des Gesamtbildes sind aber nicht allein darauf zurückzuführen, wie eine getrennte Auswertung zeigt: Der Anteil des fragend-entwickelnden Unterrichts in den untersuchten Sekundarschulklassen beträgt 43,4%, der von Stillarbeit und betreuter Schülertätigkeit 28,47%.
Von einer Dominanz des fragend-entwickelnden Unterrichts kann bei einem Anteil von 35,12% nicht mehr gesprochen werden. Betreute Schülertätigkeit und Stillarbeit liegen mit einem Anteil von 35,42% praktisch gleichauf; dies ist vor allem auf den Zuwachs bei der betreuten Schülertätigkeit zurückzuführen. Ob allerdings die Zahlen für eine gewachsene Methodenvielfalt sprechen, ist fraglich. Nachfolgende Gespräche mit den Beobachterinnen und Beobachtern – 150 Studierenden eines Seminars – legen den Verdacht nahe, dass der hohe Anteil der betreuten Schülertätigkeit den massiven Einsatz von Arbeitsblättern widerspiegelt; das ist ein Gewinn gegenüber der vorher beobachteten Sprachdominanz, aber noch kein Beleg für ein vielfältiger gewordenes Methodenrepertoire.

Abb. 2: Häufigkeit von methodischen Unterrichtselementen

Methode	Häufigkeit
Lehrervortrag	6,54%
Demonstration	10,34%
»Frage-Antwort-Spiel«	9,37%
Unterrichtsgespräch	8,88%
Diskussion	1,27%
Schülervortrag	0,68%
Stillarbeit	10,44%
Betreute Schülertätigkeit	24,98%
Selbstständige Schülertätigkeit	2,73%
Stuhlkreis	3,02%
Kein Unterricht	13,26%
»Klassengeschäfte«	6,83%
Sonstige Formen	1,66%

(vgl. Wiechmann 1998)

Fragt man nach den Ursachen der vermutlich immer noch bestehenden Diskrepanz von Qualitätsanspruch und Unterrichtsrealität, dann lassen sich drei Begründungen finden:

- *»Teachers teach as they were taught«*
  Der Erwerb unterrichtlicher Methodenkompetenz ist für Lehrerinnen und Lehrer ein langer Prozess, in dem vermutlich das Imitationslernen auf Grund der hohen Komplexität eine erhebliche Rolle spielt. Wenn die Methodenvielfalt von Schülerinnen und Schülern nicht erfahren und im Rahmen der Lehrerausbildung mehr als akademische Forderung und weniger als didaktische Realität erlebt wird, dann gerät die eigenständige Realisierung dieser Forderung – zumal in den ersten Jahren der Berufspraxis – nicht selten zur Überforderung und in der Folge zu Resignation und Rückzug auf die bereits als Schülerin oder Schüler erlebten Beispiele – »teachers teach as they were taught«. Nur wenn es gelingt, die unvermeidlich auftretenden unterrichtlichen Probleme als Lernanlass zu begreifen und die dabei gemachten meist mehrdeutigen Erfahrungen im Sinne eines professionellen Lernens zu nutzen, kann das persönliche Methodenrepertoire schrittweise erweitert werden (vgl. Altrichter 1997).
- *Methodenstreit als »Entweder-oder« – nicht als »Sowohl-als-auch«*
  Die Frage nach der richtigen Unterrichtsmethode wurde in der Pädagogik lange Zeit im Sinne des »Entweder-oder« betrieben und nicht als Erweiterung des

Methodenrepertoires. Am bekanntesten ist die Debatte zwischen den Herbartianern und den Reformpädagogen, die mit großer Vehemenz und Leidenschaft zu Beginn dieses Jahrhunderts geführt wurde. Die Herbartianer blendeten die unmittelbare Erfahrungswelt der Schülerinnen und Schüler bewusst aus, um planvoll und ohne die Zufälligkeiten des täglichen Lebens einen erziehenden Unterricht realisieren zu können. Für die Reformpädagogen war dagegen gerade die selbsttätige Auseinandersetzung mit der eigenen Lebenswelt ein zentrales Anliegen, um praktische Handlungskompetenz bereits in der Schule zu vermitteln. Beide Positionen übersahen aber, dass sich das Aufgabenspektrum der Schule erweitert hatte, dass die Frage also nicht im Sinne des »Entweder-oder«, sondern des »Sowohl-als-auch« zu beantworten war. Eine ähnliche Debatte fand in den 50er- und 60er-Jahren in den USA statt: Ausubel sprach sich vehement für ein Konzept des lehrenden, des »expositorischen« Unterrichts aus, während sein Kontrahent Bruner ebenso massiv für das entdeckende Lernen als zentrales Unterrichtsprinzip sprach. Beide brachten überzeugende Belege für ihre Position vor, übersahen aber zumindest in der anfänglichen Debatte, dass nicht jedes Thema für jeden Schüler gleichermaßen effektiv in entdeckender oder in expositorischer Weise zu vermitteln ist. Und schließlich kann an die Diskussion um die Öffnung des Unterrichts (vgl. z.B. Wallrabenstein 1991) und die Schule als Haus des Lernens (Bildungskommission Nordrhein-Westfalen 1995) erinnert werden; die überzeugenden Gründe, die für die Betonung selbstbestimmten, autonomen Lernens sprechen, lassen leicht übersehen, dass der Erwerb einiger Kompetenzen vor allem durch einen gelenkt-lehrerzentrierten Unterricht zu gewährleisten ist.

● *Die Betonung von Gleichheit statt Differenz.*
Ein differenzierter Methodeneinsatz erfordert eine Systematik, die die Vielfalt der Unterrichtsmethoden erschließt, indem sie deren Unterschiede betont. Erstaunlicherweise findet man in der Fachliteratur wiederholt ein entgegengesetztes, die vorhandenen Unterschiede verwischendes Darstellungsmuster. So plädiert Meyer einerseits (1989) überzeugend für Methodenvielfalt und stellt in seinem Lehrbuch »Unterrichtsmethoden« auch mehrere Stufen- und Phasenschemata des Unterrichts vor (1988, S. 150ff.), fasst diese dann andererseits in der Aussage zusammen, dass jeder Unterricht in der Planung eigentlich immer aus drei Phasen – Einstieg, Erarbeitung, Schluss – besteht (1988, S. 190ff.).
Ähnliches kann man bei Roth (1963) beobachten, der den Unterricht für drei sehr unterschiedliche Typen von Lernanlässen in sechs immer gleiche Lernschritte einteilt. Prange (1986) geht mit seiner Unterscheidung von drei grundlegenden Figuren des Unterrichts – dem Lektionsmodell, dem pragmatischen Modell und dem Erlebnismodell – über das kritisierte, verwischende Darstellungsmuster deutlich hinaus; aber auch er systematisiert die vorgestellten Modelle dann anschließend anhand von vier übergreifenden Phasen. Den deutlichsten Versuch zur Erschließung der Methodenvielfalt unternimmt Flechsig in seinem »Handbuch« (1996), in dem er 20 unterschiedliche didaktische Modelle vorstellt. Leider fehlt aus Sicht des hier verfolgten Frageinteresses eine Systematik, die die Viel-

zahl der vorgestellten Modelle erschließt. Diese soll im Folgenden vorgeschlagen werden.

Das Entscheidungsfeld der Unterrichtsmethoden im didaktischen Entscheidungsraum

Didaktische Entscheidungen erfolgen in einem komplexen, vieldimensionalen Raum: Inhaltliche und methodische Entscheidungen stehen in einem Wechselverhältnis, dem »Implikationszusammenhang« (vgl. Blankertz 1975, S. 94), der seinerseits nicht ohne Berücksichtigung der anthropogenen und soziokulturellen Voraussetzungen (vgl. Schulz 1965) der jeweiligen Klassen zu bearbeiten ist. Für Unterrichtsplanung und pädagogisches Handeln ist es aber unumgänglich, die Aufmerksamkeit jeweils auf ein Entscheidungsfeld zu konzentrieren – ohne dabei aber die Vernetzung mit den übrigen Entscheidungsfeldern aus dem Blick zu verlieren. Das Entscheidungsfeld der Unterrichtsmethoden soll im Folgenden beschrieben werden.

Betrachtet man noch einmal die oben dargestellten Kontroversen um die Unterrichtsmethoden, so sind zwei Dimensionen methodischer Entscheidungen zu erkennen (vgl. Abb. 2): Die Dimension des Vermittlungsstils – »lehrendes vs. entdeckendes Lernen« – nimmt die Ausubel-Bruner-Debatte auf und die Dimension der Unterrichtssteuerung – »gelenktes vs. selbstbestimmtes Lernen« die um das Haus des Lernens.

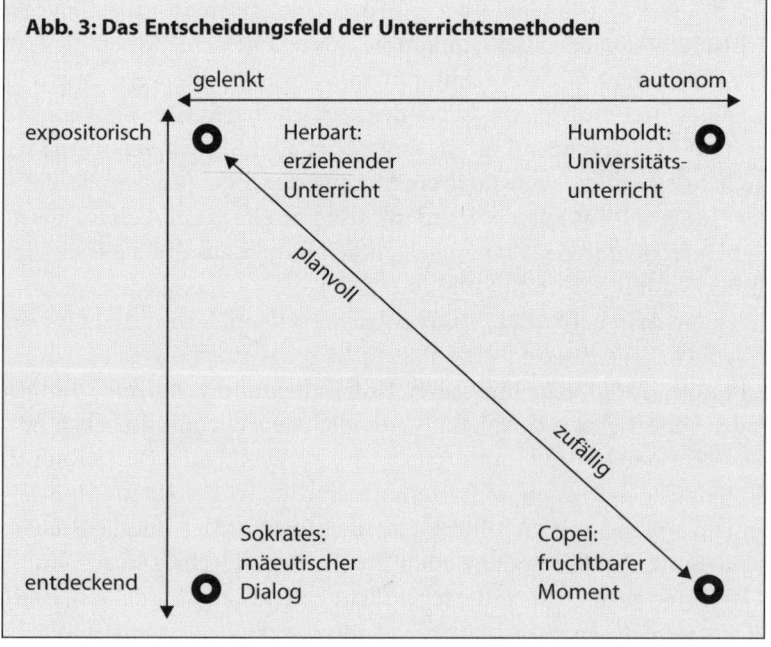

Abb. 3: Das Entscheidungsfeld der Unterrichtsmethoden

- Der Vermittlungsstil – lehrendes vs. entdeckendes Lernen
  Jeder Unterricht ist natürlich ein lehrender Unterricht. Fraglich ist aber, in welcher Weise dies am effektivsten geschieht. Vertreter des entdeckenden Lernens betonen vor allem die Präsentation interessanter Probleme und die Bereitstellung von offenen Lernmaterialien, sodass die Schülerinnen und Schüler zu eigenen Entdeckungen angeregt und bei der Arbeit begleitet werden. Befürworter des lehrenden, des expositorischen Unterrichts setzen dagegen auf die überzeugende Präsentation und Vermittlung von Themen durch die Lehrer. Lateinische Grammatik, der Cosinussatz oder die richtige Verwendung der jeweils geltenden Rechtschreibung ist meist in Form eines lehrenden Unterrichts am effektivsten zu vermitteln. Aber je nach Situation der Klasse oder persönlichen Vorlieben des Lehrers könnten mehr oder minder starke entdeckende Elemente bei der Bearbeitung fördernd sein. Andererseits bietet sich das entdeckende Lernen bei der Behandlung von Frühblühern oder Fremdreligionen eher an, wobei eine mehr oder minder starke Betonung lehrender Elemente je nach Situation hilfreich sein kann.
- Die Unterrichtssteuerung – gelenktes vs. selbstbestimmtes Lernen
  Jeder Unterricht ist natürlich ein gelenkter Unterricht; dies wird nicht zuletzt durch die Tatsache der Unterrichtsvorbereitung durch den Lehrer belegt. Dabei wird aber ein Dilemma erkennbar: »Das methodische Handeln des Lehrers steht in dem unaufhebbaren Widerspruch, die Schüler mit Gewalt zur Selbstständigkeit führen zu sollen. Das methodische Handeln der Schüler lebt von dem Widerspruch, selbstständig handeln zu wollen, aber doch auf die Hilfe des Lehrers angewiesen zu sein.« (Meyer 1988, S. 55) Die Vermittlung von Elementen der Grundbildung – beispielsweise Termumformung in der Mathematik und Erkenntnisse der neueren deutschen Geschichte – muss zweifellos fremdbestimmt gesichert werden. Aber natürlich gelingt dies effektiver, wenn Schülerinnen und Schüler sich aus eigener Initiative mit diesen Themen beschäftigen. Und umgekehrt ist es nicht denkbar, dass die Schule die künftigen Arbeitsplätze für ihre Schülerinnen und Schüler sucht, gleichwohl wird deren Suche erfolgreicher sein, wenn sie auf diesem Weg von der Schule begleitet werden.

Vier klassische Grundvorstellungen des Unterrichtes bilden die Eckpunkte des Entscheidungsfeldes der Unterrichtsmethoden (vgl. Abb. 3):

- Die Vorstellungen Herbarts vom erziehenden Unterricht (1913) können als Grundform des gelenkten, lehrenden Unterrichts verstanden werden. Der Lehrer orientiert sich bei der Auswahl der Themen nicht primär an der Lebenswelt der Schüler, sondern an dem Ziel, in ihnen ein vielseitiges Interesse an allen Aspekten der Welt zu entwickeln. Er präsentiert jedes Thema in großer Klarheit und achtet im methodischen Gang durch die Formalstufen darauf, dass es in die kognitive Struktur des Zöglings integriert wird.
- Der sokratische Dialog ist der Idealtyp des gelenkten, entdeckenden Unterrichts. Sokrates führte seine Gesprächspartner zielstrebig zu einer verblüffenden, wider-

sprüchlichen Situation, aus der sie sich durch eigene Entdeckungen, allerdings gelenkt durch den Lehrer, wieder befreien konnten (vgl. Copei 1969). Das klassische Beispiel für dieses Modell wird im Menon-Dialog dargestellt (vgl. z.B. Prange 1973).

● In seinem Buch »Der fruchtbare Moment im Bildungsprozess« (1969) stellt Copei den Typ des entdeckenden, selbstständigen Lernens dar. Copei untersucht in seiner Arbeit die Struktur von autonomen Entdeckungsprozessen. Am Anfang steht das Staunen über ein Phänomen, dem die Schülerinnen und Schüler in ihrer Lebenswelt begegnen und an dem sie ein Problem entdecken. Aber anders als beim sokratischen Dialog, der auch als Basis für Copeis Analyse dient, folgt hier die selbstständige Lösung, die Entdeckung.

● Mit seiner Darstellung des »Universitätsunterrichts« beschreibt Wilhelm von Humboldt (z.B. 1979) die Grundform des autonomen, expositorischen Lernens. Der Lehrer ist hier völlig überflüssig, wesentlich ist die »Einsicht in die reine Wissenschaft«. Hierfür bedarf es der Freiheit, der Gemeinschaft mit Gleichgesinnten und der Einsamkeit.

Betrachtet man das von den vier Eckpunkten aufgespannte Entscheidungsfeld der Unterrichtsmethoden, so fällt eine weitere Dimension auf – die der Planbarkeit. Herbart rechtfertigte seine Entscheidung, die Erfahrungswelt der Schüler aus dem Unterricht fern zu halten, mit dem Argument, sie verhindere eine planvolle Unterrichtsgestaltung. Und Copei betont in seiner Arbeit ebenso deutlich, dass sich der Unterricht dem fruchtbaren Moment nur nähern könne; aber ob er dann tatsächlich erreicht werde, sei eine Frage des Glücks. Die mit den Aspekten »planvoll vs. zufällig« gekennzeichnete Diagonale thematisiert nicht zuletzt die unterrichtsmethodischen Differenzen der Herbartianer und der Reformpädagogen.

11 plus1 Modelle für den Unterricht

Die beschriebenen vier Eckpunkte des Entscheidungsfeldes sind idealtypische Zuspitzungen des Repertoires der Unterrichtsmethoden. Sie stellen Perspektiven dar; Modelle für die reale Planung und Gestaltung von Unterricht sind sie nicht. Dies wird schon aus der Tatsache deutlich, dass keines der vier Grundmuster die Organisationsform der Unterrichtsklassen oder das heutige Verständnis der Regelschule berücksichtigt: Herbart argumentiert als Hauslehrer, Sokrates spricht als Philosoph auf der Agora, Copei orientiert sich an der Problemlösung »genialer Menschen«, und Humboldt thematisiert den Endpunkt seines Idealbildes allgemeiner Bildung.

Modelle für die Schulpraxis setzen vielfältige Abwandlungen und Ergänzungen der vier Grundmuster voraus:

● Ein ausschließlich belehrender Unterricht ist in der Schulrealität ebenso wenig denkbar wie ein rein entdeckender; ein völlig gelenkter Unterricht ebenso unrealistisch wie das vollkommen autonome Lernen. Die Realität eines effektiven Unterrichts liegt zwischen den vier Eckpunkten des Methodenrepertoires. Die didaktisch begründete Wahl der jeweils besten Unterrichtsmethode erfordert eine Kenntnis der spezifischen Leistungsfähigkeit der verschiedenen Unterrichtsmethoden – dargestellt in Form von Bereichen innerhalb des Entscheidungsfeldes (vgl. Abb. 3).

- Jede fundierte Unterrichtsvorbereitung spricht für eine gelenkt-expositorische Akzentsetzung, auch wenn eine stärker autonom-entdeckende Unterrichtsmethode verfolgt wird. Der Aspekt der Unterrichtsvorbereitung ist daher, auch wenn er in den Beiträgen dieses Bandes mehr oder minder ausführlich dargestellt wird, bei der Charakterisierung der spezifischen Orientierung einer Methode im Entscheidungsfeld nicht berücksichtigt.
- Kein Unterrichtsmodell ist im Rahmen des Entscheidungsfeldes eindeutig einzuordnen. Dies trifft vor allem für solche Methoden zu, die in einem längeren Zeithorizont arbeiten: Im Rahmen eines Projektes oder bei der genetisch-dramaturgischen Methode können je nach Thema durchaus expositorisch-gelenkte oder expositorisch-autonome Elemente auftauchen. An der eher autonom-entdeckenden Grundorientierung der Projektmethode und der eher gelenkt-entdeckenden des genetisch-dramaturgischen Vorgehens ändert es nichts.
- Der methodische Gang des Vermittlungsweges, wie er in den vier Grundmustern dargestellt wird, muss in einen vorgegebenen Zeitrahmen eingefügt werden. Dies setzt die Berücksichtigung bestimmter Arbeitsphasen voraus, sowohl in inhaltlicher als auch in zeitlicher Hinsicht.
- Der Unterricht von Schülergruppen verlangt Entscheidungen, um für die verschiedenen Unterrichtsphasen die jeweils sinnvollste Sozialform zu bestimmen.
- Die Realisierung eines effektiven Unterrichts erfordert schließlich ein hohes Maß an Flexibilität, um situationsadäquat auf die immer neuen Bedingungen einer Schulstunde eingehen zu können. Neben dem erforderlichen pädagogischen Geschick benötigt man das Wissen um besondere, »kritische« Situationen, wie sie mit den jeweiligen Unterrichtsmethoden typischerweise verbunden sind.

In den folgenden Beiträgen dieses Buches werden insgesamt elf Unterrichtsmethoden in knapper Form vorgestellt. Aufgenommen habe ich zusätzlich – als zwölfte Methode – das selbstständige Lernen, auch wenn es sich nicht um eine Unterrichtsmethode im engeren Sinne handelt; die zunehmende Bedeutung eines erweiterten Verständnisses der schulpädagogischen Aufgaben legte dies nahe. Das Feld der Unterrichtsmethoden ist damit nicht erschöpfend abgedeckt; so sind beispielsweise Simulation und Freiarbeit nicht vertreten. Meine Auswahl erfolgte vor allem

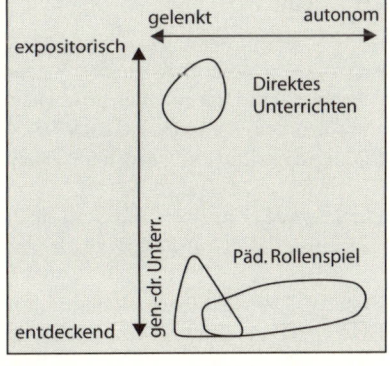

Abb. 4

mit Blick auf das Entscheidungsfeld der Unterrichtsmethoden: Jeder einzelne Beitrag betont einen spezifischen Schwerpunkt innerhalb des Entscheidungsfeldes. Das direkte Unterrichten beispielsweise spricht für eine gelenkt-expositorische Vermittlung (Abb. 4), während der genetisch-dramaturgische Unterricht und das pädagogische Rollenspiel entdeckend ausgerichtet sind, sich voneinander aber ihrerseits in dem Ausmaß der Lehrerlenkung unterscheiden. Gruppenpuzzle und Werkstattarbeit betonen beide die autonome Arbeit der Lernenden, setzen aber bezüglich des Vermittlungsstiles unterschiedliche Schwerpunkte (Abb. 5). Und der Frontalunterricht betont ein planvoll vorbereitetes, lehrergelenktes Erarbeiten der Unterrichtsinhalte, während das entdeckende Lernen trotz aller notwendigen Vorbereitung nur gelingen kann, wenn besondere situative Momente aufgegriffen werden (Abb. 6). Die in diesem Band vorgestellten zwölf Methoden decken das gesamte Entscheidungsfeld der Unterrichtsmethoden ab. Gemeinsam bilden sie die Grundlage, um die vorhandene Methodenvielfalt sachorientiert für die Planung und die Durchführung des Unterrichts zu nutzen. Und sie eröffnen – als Reflexionsrahmen – die Möglichkeit zur Weiterentwicklung didaktischer Kompetenzen auf der Grundlage einer kritischen Bewertung der eigenen Berufspraxis.

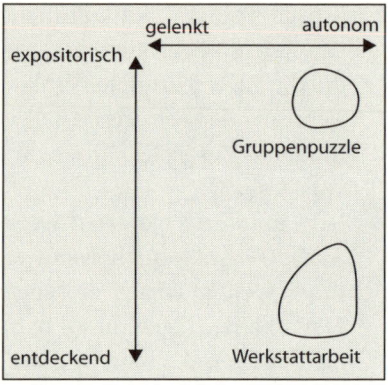

Abb. 5

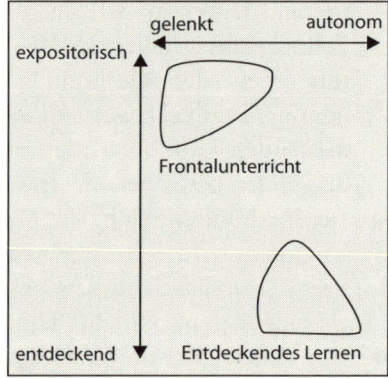

Abb. 6

Literatur

Aebli, H.: Zwölf Grundformen des Lehrens. Stuttgart [8]1994.

Altrichter, H.: Den eigenen Unterricht erforschen. In: Lernmethoden, Lehrmethoden. Friedrich Jahresheft, XV (1997), S. 103–105.

Bildungskommission Nordrhein-Westfalen: Zukunft der Bildung – Zukunft der Schule. Neuwied 1995.

Blankertz, H.: Theorien und Modelle der Didaktik. München [9]1975.

Comenius, J.A.: Große Didaktik. In neuer Übersetzung hrsg. von A. Flitner. Düsseldorf/München 1959.

Copei, F.: Der fruchtbare Moment im Bildungsprozeß. Heidelberg [9]1969.

Flechsig, K.-H.: Kleines Handbuch didaktischer Modelle. Eichenzell 1996.

Frey, K./Frey-Eiling, A.: Allgemeine Didaktik. Zürich [7]1994.

Hage, K./Bischoff, H./Dichanz, H./Eubel, K.-D./Oehlschläger, H.-J./Schwittmann, D.: Das Metho-
den-Repertoire von Lehrern. Opladen 1985.

Herbart, J.-F.: Pädagogische Schriften, Bd. 1. Osterwieck/Leipzig 1913.

Humboldt, W. v.: Der Litauische Schulplan. In: Menze, C. (Hrsg.): Humboldt – Bildung und
Sprache. Paderborn [3]1979, S. 111–117.

Kanders, M./Rösner, E.: Das Bild der Schule aus Sicht von Schülern und Lehrern. Dortmund 1996.

Knoll, M.: 300 Jahre lernen am Projekt. In: Pädagogik 45 (1993), 7/8, S. 58–63.

Krapf, B.: Unterrichtsstrukturen und intellektuelle Anforderungen im Gymnasium. Bern 1985.

Lukesch, H./Kischkel, K.-H.: Unterrichtsformen Gymnasien. In: Zeitschrift für erziehungswissen-
schaftliche Forschung 21 (1987), S. 237–256.

Meyer, H.: UnterrichtsMethoden, Bd. 1. Frankfurt a.M. [2]1988.

Meyer, H.: Plädoyer für Methodenvielfalt. In: Pädagogik 41 (1989), 2, S. 8–15.

Prange, K.: Bauformen des Unterrichts. Bad Heilbrunn 1986.

Roth, H.: Pädagogische Psychologie des Lehrens und Lernens. Hannover/Berlin/Darmstadt/Dort-
mund [15]1963.

Schulz, W.: Die Theorie. In: Heimann, P./Otto, G./Schulz, W.: Unterricht. Analyse und Planung.
Hannover/Dortmund/Darmstadt/Berlin 1965.

Wallrabenstein, W.: Offene Schule – Offener Unterricht. Reinbek 1991.

Jürgen Wiechmann

Frontalunterricht

»Frontalunterricht« scheint in der Schulpädagogik eine feste Größe zu sein – als Gattungsbegriff für eine altertümliche, weitgehend überholte Form von Unterricht, die aber ungeachtet ihrer bekannt negativen Wirkungen hartnäckig in der Schulpraxis überlebt – und das, obwohl alle Lehrerinnen und Lehrer es eigentlich besser wissen müssten. Versteht man dagegen Frontalunterricht als den gebräuchlichen deutschen Begriff für lehrerzentrierten Unterricht – »teacher centered instruction« im Englischen –, dann bezeichnet er eine Gruppe von Unterrichtsmethoden, die vom Direkten Unterrichten (vgl. Grell in diesem Band) bis hin zum genetisch-dramaturgischen Unterricht (vgl. Berg u.a. in diesem Band) reicht. Für eine gezielte, ihrem spezifischen didaktischen Leistungsprofil entsprechende Verwendung unterschiedlicher Unterrichtsmethoden ist aber weder die abwertende noch die verallgemeinernde Begriffsbestimmung hilfreich: Daher werde ich zunächst, bevor ich die einzelnen Elemente des Frontalunterrichts darstelle, mein Begriffsverständnis erläutern.

Frontalunterricht – Der Begriff

Der Begriff »Frontalunterricht« selbst ist nicht so alt, wie vielfach angenommen: Zum ersten Mal wird er vermutlich 1954 verwendet (Petersen/Petersen); ab 1960 taucht er dann in der Literatur plötzlich sehr häufig auf und wird sofort wie selbstverständlich verwendet. Dies ist auch nicht verwunderlich, denn die Autoren benutzen ihn, um den in den 60er-Jahren favorisierten Gruppenunterricht positiv von dem »herkömmlichen Unterricht« abzuheben. Frontalunterricht ist also zunächst ein abwertender Kampfbegriff (Gudjons 1998), der vor allem zwei negativ bewertete Elemente markiert (vgl. Wellendorf 1970): Schülerinnen und Schüler werden in Klassen zusammengefasst und ungeachtet ihrer individuellen Unterschiede in gleicher Weise unterrichtet; hierin fußt der Frontalunterricht auf den Vorstellungen von Comenius. Und zweitens basiert der Unterricht auf einem lehrerzentrierten und damit autokratischen Führungsstil; als Bezugspunkt dieses Elementes werden Herbart und die Herbartianer benannt.

Eine differenzierte Betrachtung der Entwicklungen im Bereich des »herkömmlichen Unterrichts«, wie sie seit den Arbeiten Herbarts erfolgten, geriet angesichts dieser Situation aber aus dem Blick. Für Herbart gab es nur eine Art von Unterricht; sie diente zur planmäßigen und damit lehrerzentrierten Vermittlung aller Kompetenzen, die nicht selbsttätig erworben werden konnten (vgl. Herbart 1919, S. 290f.). Der Unterricht sollte methodisch – im Sinne seiner Formalstufentheorie – in einem

Wechsel von sachbezogener Darstellung und schülerorientierter Verarbeitung verlaufen und so die persönliche Entwicklung im Horizont des kulturellen Rahmens fördern. Dabei darf aber nicht übersehen werden, dass Herbart als Hauslehrer argumentierte, also nicht an einen Klassenunterricht dachte. Die Weiterentwicklung seiner Formalstufentheorie für die Verwendung im Klassenunterricht ist das Verdienst von Herbarts Schülern, den »Herbartianern«. Ihre Arbeit bedeutete für den in der Mitte des 19. Jahrhunderts stattfindenden starken Ausbau des allgemeinbildenden Schulwesens einen großen Fortschritt, da sie eine effektive und vergleichsweise kostengünstige Form der Grundbildung ermöglichte (vgl. z.B. Meyer/Meyer 1997). Allerdings bestanden zwischen den Herbartianern deutliche Unterschiede im Verständnis der Grundbildung. Die Vermittlung von Sachwissen stand im Zentrum der Vorstellungen v. Sallwürks (vgl. z.B. Prange 1986, S. 92ff.); er akzentuierte damit einen Seitenstrang in der Evolution des Frontalunterrichtes, der heute in Form des Direkten Unterrichtens fortgesetzt wird. Die überwiegende Zahl der Herbartianer wie Rein oder Ziller dagegen betont die Fähigkeit, das erworbene Wissen auch in unterschiedlichen Kontexten verwenden zu können (vgl. z.B. Prange 1986, S. 121ff.); diese Entwicklungslinie führte zum heutigen Verständnis des Frontalunterrichts.

Die Reformpädagogik kritisierte in doppelter Hinsicht das Unterrichtsverständnis Herbarts und der Herbartianer: Zum einen wurde die Effektivität eines Lernens angezweifelt, das die individuellen Unterschiede der Schülerinnen und Schüler vernachlässigt. Und zum anderen wurde dem Gedanken widersprochen, Selbsttätigkeit und erfahrungsorientiertes Lernen vom Unterricht auszuschließen. Das erste Argument führte zu unterschiedlichen Formen selbstbestimmten Lernens, beispielsweise das gruppenunterrichtliche Verfahren Petersens (vgl. 1968), und in der weiteren Folge zu der eingangs benannten Fundamentalkritik des Frontalunterrichtes. Das zweite Argument ist besonders deutlich in den Arbeiten Hugo Gaudigs ausgeprägt, in denen er fordert, dass Schülerinnen und Schüler im Unterricht vor allem Methoden erwerben sollen, um sich ihre Lebenswelt selbstständig zu erschließen (z.B. 1909). Betrachtet man seine Unterrichtsbeispiele, dann erfolgt die Vermittlung dieser Kompetenz lehrerzentriert und im Rahmen von Klassenunterricht, sodass man Gaudigs Vorgehen ebenfalls mit dem Begriff Frontalunterricht bezeichnen kann. Damit wird ein weiterer Entwicklungsstrang in der Evolution des Frontalunterrichtes erkennbar, der sich – vor allem von Wagenschein vorangetrieben (z.B. 1992) – zur heutigen Form des genetisch-dramaturgischen Unterrichtes entwickelt hat.

Frontalunterricht ist also zunächst ein Sammelbegriff für sehr unterschiedliche Unterrichtskonzeptionen (vgl. auch Meyer/Okon 1983). Idealtypisch betrachtet, bezeichnet er drei unterschiedliche Vorstellungen von Unterricht: das direkte Unterrichten, den genetisch-dramaturgischen Unterricht und den »üblichen« Frontalunterricht, der sich natürlich auch im Laufe der Zeit weiterentwickelt hat (vgl. z.B. Meyer 1989; Aebli 1994; Gudjons 1998). Für diese letztgenannte Form des Unterrichtens werde ich im Weiteren den Begriff »Frontalunterricht« verwenden, da er gebräuchlich ist – auch wenn andere Bezeichnungen vorgeschlagen (z.B. Bastian 1990) oder andere Begriffsverständnisse vertreten werden (z.B. Aschersleben 1987).

Die drei Formen lehrerzentrierten Unterrichtes weisen sowohl Gemeinsamkeiten als auch Unterschiede auf. Gemeinsam ist ihnen der Anspruch, Schülerinnen und Schülern die Sach- und Methodenkompetenz zu vermitteln, die sie sich nicht autonom erarbeiten können. Durch den Anspruch, dies im Rahmen eines lehrerzentrierten Klassenunterrichtes zu leisten, stehen die unterschiedlichen Formen des Frontalunterrichtes aber ebenfalls vor drei gemeinsamen Herausforderungen:

● Die Lehrerdominanz steht im Gegensatz zu dem heute gepflegten partnerschaftlichen Verständnis der Schulpädagogik (vgl. z.B. Fend 1988). Erfolgreiche Lehrerinnen und Lehrer müssen daher sowohl durch didaktische Kompetenz als auch durch ihre Persönlichkeit überzeugen (vgl. z.B. Hagemann/Rose 1998).
● Der gemeinsame Unterricht der Schülerinnen und Schüler im Rahmen des Klassenverbandes steht im Gegensatz zu ihren unterschiedlichen Lernausgangslagen und Lernwegen. Effektiver lehrerzentrierter Unterricht ist ohne eine zeitweise durchgeführte innere Differenzierung nicht denkbar (vgl. z.B. Walberg 1984).
● Lehrerzentrierter Unterricht beinhaltet immer die Gefahr, dem »Lehr-Lern-Kurzschluss« (Holzkamp 1993) zu erliegen: Die Vorstellung der Lehrerinnen und Lehrer, ihr Lehren führe zum Lernen der Schülerinnen und Schüler, ist häufig falsch. Eine wiederholte Vergewisserung über den erzielten Lernfortschritt ist daher unumgänglich.

Unterschiede zwischen den verschiedenen Unterrichtskonzepten des lehrerzentrierten Unterrichtes bestehen vor allem in ihrem jeweils speziellen Leistungsprofil: Das direkte Unterrichten betont die Vermittlung von Wissen und Verstehen, der genetisch-dramaturgische Unterricht die Initiierung von selbstständigem Erfahrungslernen durch die exemplarische Vermittlung von Methodenkompetenz. Und der hier im Weiteren vorgestellte Frontalunterricht zielt besonders auf die Fähigkeit von Verständnis und Anwendung im Bereich der Sachkompetenz. Hierzu gehören beispielsweise die Vermittlung von biologischen Klassifizierungssystemen ebenso wie die Strukturierung von Erörterungen, die Auseinandersetzung mit einem Literaturkanon ebenso wie der Umgang mit mathematischen Formeln oder die flexible Verwendung von grammatikalischen Regeln in Fremdsprachen.

Die Grundstruktur – Vier Arbeitsphasen

Frontalunterricht erfolgt in vier Arbeitsphasen: Am Anfang steht die Darbietung des Themas durch den Lehrer, um der Klasse das jeweilige Grundlagenwissen zu vermitteln. Verständnis für das dargestellte Wissen entsteht aber erst, wenn die dargestellte Sachstruktur mit den Denkstrukturen der Schülerinnen und Schüler verknüpft wird – und das kann nur durch ihre aktive Beteiligung gelingen (vgl. Aebli 1980): In der zweiten Phase – dem konstruktiven Durcharbeiten – steht die Anbahnung des Verständnisses durch ein Klassengespräch im Mittelpunkt; eine individuelle Sicherung des Verständnisses erfolgt danach vor allem durch übendes Wiederholen, dem dritten Arbeitsschritt. Die bewegliche Anwendung der erworbenen Kompetenz in unterschiedlichen Situationen, vor allem die Fähigkeit, das Erlernte auch außerhalb des unterrichtlichen Zusammenhanges zu verwenden, setzt ein »Tiefenverständnis« (vgl. z.B. Schmeck 1988) voraus; seine unterrichtliche Anbahnung steht im Mittelpunkt der vierten Arbeitsphase, der problemorientierten Anwendung. Die vier Arbeitsphasen des Frontalunterrichts bauen aufeinander auf: Selbstständiges Anwenden kann nur aus einem sicheren Verständnis heraus gelingen, und ein Verständnis setzt die zuvor erfolgte solide Vermittlung des Themas voraus. Der methodische Gang des Frontalunterrichts folgt also dem Gedanken der berühmt-berüchtigten Formalstufentheorie. Ihre Qualitäten werden dann deutlich, wenn man sie als didaktischen Orientierungsrahmen nutzt (vgl. z.B. Aebli 1994). Ihre Nachteile zeigen sich, wenn sie als technologieartiges Verfahren zur Produktion von Lernen missverstanden wird – beispielsweise in der Vorstellung der Herbartianer, alle vier Formalstufen müssten in einer 45-minütigen Unterrichtsstunde abgehandelt werden. Nur in Ausnahmefällen wird dies möglich sein; die Bewältigung der vier Arbeitsschritte im Rahmen von zwei Unterrichtsstunden dürfte eher die Regel sein.

Erster Schritt: Das Darbieten

Die Ausgangssituation für eine erfolgreiche Darbietung des Grundlagenwissens ist ungünstig, denn die Motivation der Schülerinnen und Schüler ist eher als gering einzuschätzen: Von den drei Grundbedürfnissen – Autonomie, Selbstwirksamkeit und soziale Nähe (vgl. z.B. Deci/Ryan 1993) – sind mindestens die ersten beiden gerade in der Anfangsphase des Frontalunterrichts stark eingeschränkt, wenn man sie auf die verfolgte didaktische Absicht bezieht; dagegen werden alle drei Bedürfnisse erkennbar und unmittelbar im Rahmen einer parallel betriebenen nicht auf den Unterricht bezogenen Kommunikation mit anderen Klassenkameraden befriedigt. Und die Annahme eines ausgeprägten sachbezogenen Interesses (vgl. Krapp 1992) der gesamten Klasse ist ebenfalls wenig realistisch. Lehrerinnen und Lehrer, die ein starkes Interesse an den Schülerinnen und Schülern, an der Sache und an der Didaktisierung erkennen lassen, haben hier einen deutlichen Vorteil: Das Interesse an den Personen vermittelt das Gefühl sozialer Nähe; auf Grund des sachbezogenen Interesses wirken sie als Modell; und das Interesse an der Didaktisierung schafft ein Gefühl des Zutrauens in den Lernerfolg der Klasse. Die entscheidende Aufgabe liegt aber natürlich in der Vermittlung des erforderlichen Grundwissens. Zwei Möglichkeiten bieten sich vor allem an: die Problematisierung und das Referat; auf weitere Möglichkeiten wie das Erzählen oder das Vormachen (vgl. z.B. Aebli 1994) werde ich hier nicht eingehen.

Das problemorientierte Darbieten

Der schwierigere, aber effektivere Weg ist die Problemorientierung. Das Sachthema wird in Form eines Problems dargestellt, das dann von der Klasse gemeinsam gelöst wird; beispielsweise könnte die Flächenberechnung des Kreises von der Frage ausgehen, ob es tatsächlich günstiger ist, beim Pizza-Service eine große statt zwei kleiner Pizzen zu bestellen. Entscheidend für den Erfolg dieses Ansatzes sind zwei Bedingungen: Zum einen muss das Problem für die Schülerinnen und Schüler tatsächlich relevant sein, denn nur so entsteht in der Situation ein sachbezogenes Interesse. Zum Zweiten muss der Lehrer die Klasse bei der Lösungssuche unterstützen, ohne dass dies zu einer grotesken Situation führt, wie sie Hugo Gaudig (1909) beschrieb: Derjenige, der etwas weiß, fragt diejenigen, die nichts wissen. Dazu ist es wichtig, dass der Lehrer sich offen auf die Lösungssuche der Klasse einlässt und diesen Prozess unterstützend begleitet. Hierbei muss er vor allem immer wieder Zielklarheit herstellen, indem er die anfängliche Problemstellung auf der Grundlage der gemeinsamen Lösungssuche fortlaufend wieder präzisiert (vgl. z.B. Dunker 1935) und ein positives Feedback zum Fortschritt des Lösungsprozesses gibt. Zum anderen ist es seine Aufgabe, über inhaltliche Schwierigkeiten immer dann hinwegzuhelfen, wenn das Erleben der Selbstwirksamkeit der Klasse in Gefahr gerät. Gaudig empfiehlt in dieser Situation, den Problemlösungsprozess der Klasse weniger durch Fragen als vielmehr durch unterschiedliche Impulse zu unterstützen – hierzu gehören Feststellungen, Zusammenfassungen, unterstützende Visualisierungen, Hinweise oder Aufforderungen ebenso wie nonverbale Impulse der unterschiedlichsten Art (vgl. Keck 1998). Besonders effektiv sind dabei, so zeigt die Unterrichtsforschung (z.B. Gage/Berliner 1986), die nondirektiven Impulse, denn sie zielen auf die Entwicklung des Problemlöseprozesses und nicht auf die erwartete richtige Antwort.

Zur Unterstützung des Problemlöseprozesses der Klasse gehört natürlich auch das Aufrufen der Wortmeldungen. In dieser ersten Phase des Unterrichts ist es vor allem wichtig, möglichst viele Schülerinnen und Schüler aktiv in die Lösungssuche einzubeziehen. Erstmeldungen sollten daher im Zweifelsfall bevorzugt berücksichtigt werden (vgl. Sacher 1996); auch können Schülerinnen und Schüler aufgerufen werden, wenn man vermutet, dass sie sich beteiligen möchten, aber sich in ihrem Vorschlag noch unsicher fühlen (vgl. Aebli 1994, S. 301). Vor allem aber ist es wichtig, der Klasse Zeit zum tatsächlichen Nachdenken einzuräumen: Lehrerinnen und Lehrer warten meist weniger als eine Sekunde auf eine Antwort. Wenn die Idee der gemeinschaftlichen Problemlösung ernst genommen wird, dann sollten es mindestens drei bis fünf Sekunden sein (vgl. Sacher 1996). Besonders das Beachten der entsprechenden Wartezeiten wird aber häufig zu einer didaktischen Herausforderung, denn parallel zum Arbeitsfortschritt schwindet die Konzentration der Klasse. Eine erfolgreich geleitete Problemlösung darf daher das Zeitbudget nicht aus dem Blick verlieren: Es muss genügend Zeit vorhanden sein, um das Problem zu lösen und am Ende den Lösungsweg noch einmal in der Gesamtschau zu rekapitulieren.

Das informierende Darbieten

Das Referat ist der sicherere Weg der Darbietung, denn es kann und sollte vorher sorgfältig geplant werden. Aber hier treten andere Schwierigkeiten auf: Die Vermittlung muss in relativ kurzer Zeit gelingen – in etwa 10–15, höchstens 20 Minuten –, denn die Aufmerksamkeitskurve bei rezeptiven Lehrverfahren beginnt bereits nach etwa 5 Minuten deutlich zu sinken (vgl. z.B. Burns 1990). Und im Gegensatz zum problemlösenden Darbieten ist weder ein sachbezogenes Interesse noch der Eindruck von Selbstwirksamkeit anzunehmen. Jeder kennt aus seiner Schulzeit einige, aber vermutlich auch nur wenige Beispiele hierfür. Sachbezogene Klarheit der Darstellung ist eine Grundvoraussetzung (Ausubel 1974). Um dies zu erreichen, muss dem Referenten die Sachstruktur des Gegenstandsbereiches klar sein, und er muss die zentralen Aspekte konzentriert und stringent verfolgen. Selbstdarstellerische oder auflockernde Elemente lenken in kurzen Referaten dagegen ab (vgl. z.B. Krapp 1992).

Am Beginn des Referates sollte das Thema der Stunde in verständlichen Worten und mit Bezug auf bereits vorhandene Kompetenzen dargestellt werden. Darüber hinaus empfiehlt es sich, eine kurze Gliederung des Vortrages zu geben, an dem sich die Klasse orientieren kann. Die Verwendung dieses »advanced organizers«, der etwa 3–5 Minuten in Anspruch nimmt, ist ein zentraler Faktor für erfolgreichen Frontalunterricht (vgl. Walberg 1984). Der Aufbau des folgenden Sachreferats sollte sich an dem »Regel-Beispiel-Regel-Konzept« (vgl. Ausubel 1974) orientieren: Zunächst wird das neue Thema in knapper Form – in etwa 2–3 Minuten – erläutert; häufig gehen die Ausführungen zum Advanced Organizer direkt in dieses Darstellung über. Anschließend wird diese grundlegende Erklärung anhand einiger Beispiele illustriert. Den Abschluss des Vortrages bildet die Zusammenfassung in Form der zweiten Regel; dies ist besonders schwierig, denn es soll sich nicht um eine Wiederholung der ersten Regel handeln, vielmehr geht es um eine neue Verdichtung des Themas, die die Erweiterungen der Ausgangsinformation durch die illustrierenden Beispiele mit aufgreift.

Die bisherige Darstellung des Referats erweckt den Eindruck, verbale Einwegkommunikation könne erfolgreich sein. Dies ist falsch; unterschiedliche Schülerinnen und Schüler nehmen Informationen über unterschiedliche Wahrnehmungskanäle unterschiedlich effektiv auf. Die verbale Darstellung muss daher zumindest visuell erweitert werden, indem die Aussagen grafisch (vgl. z.B. Stary 1997) und durch die »Körpersprache« (z.B. Heidemann 1998) unterstützt werden. Schriftliche Informationen sollten sich dagegen auf Kernaussagen beschränken. Vielfältige Tipps für effektives Referieren finden sich z.B. bei Winkel (1990) oder Langhammer (1998). Neben der Verbreiterung des Kommunikationsweges vom Lehrer zur Klasse muss ebenfalls die nonverbale Kommunikation der Schülerinnen und Schüler berücksichtigt werden. Ein kurzer Lehrervortrag kann nur schwer unterbrochen werden, ohne an Klarheit zu verlieren; das Feedback der Klasse kann daher nur auf nonverbaler Grundlage eingebunden werden.

Zweiter Schritt: Das konstruktive Durcharbeiten

Der erste Arbeitsschritt des Frontalunterrichts hat die Klasse mit einem neuen Thema bekannt gemacht. Verständnis entsteht aber erst, wenn das dabei vermittelte Grundwissen in die bereits bestehenden kognitiven Strukturen der Schülerinnen und Schüler integriert wird – und dies ist nur selbsttätig zu leisten. Die Grundidee der subjektiven Didaktik (Kösel 1992) bzw. der konstruktivistischen Didaktik (Werning 1998), die den aktiven Prozess der Selbstkonstruktion der Lerner in den Mittelpunkt stellt, spielt in dieser Phase des Frontalunterrichts eine wesentliche Rolle. Durch das Unterrichtsgespräch, gelegentlich auch etwas schönfärberisch als »Frage-Antwort-Spiel« bezeichnet, regt der Lehrer diesen individuellen Prozess der Auseinandersetzung an. Bereits die Aufforderung zur Reproduktion des Dargebotenen fordert zu kognitiven Handlungen heraus.

Verständnis entsteht aber vor allem, wenn die Fragen das Thema immer wieder aus leicht veränderter Perspektive in den Blick nehmen und die Antworten zur eigenen Verbalisierung herausfordern. Falsche Antworten gibt es in dieser Phase des Unterrichts nicht, allenfalls schlechte Fragen. Der Prozess des kognitiven Dezentrierens (vgl. Aebli 1994, S. 315f.) gelingt aber nur, wenn der Schwierigkeitsgrad der Frage weder zu hoch noch zu niedrig ist und wenn die Fragen in dieser Unterrichtsphase kurzschrittig formuliert sind: Als Lehrer erhält man vielfältige und vergleichsweise präzise Rückmeldungen zum Lernprozess der einzelnen Schülerinnen und Schüler und kann mit der jeweils folgenden Frage den Prozess der Vermittlung von themenbezogener Sachstruktur und personenbezogener Denkstruktur immer wieder präzise an dem jeweils erreichten Arbeitsstand ausrichten. Umgekehrt erhalten die Schülerinnen und Schüler ein hohes Maß an unmittelbarer Verstärkung in ihrem Lernprozess; nach den Metaanalysen Walbergs (z.B. 1984) ist dies der wichtigste Faktor für effektiven Unterricht. Und schließlich ermöglichen kurzschrittige Fragen die Berücksichtigung einer großen Zahl von Schüleräußerungen, sodass die Lehrenden einen guten Überblick über die Entwicklungsfortschritte einer großen Zahl von Schülerinnen und Schülern erhalten. Insbesondere lernen sie auf diese Weise die in der Klasse vertretenen unterschiedlichen Lernwege und Lerntypen immer besser kennen. Die Forderung von Sacher (1996), alle Schülerinnen und Schüler gleichmäßig am Unterrichtsgespräch zu beteiligen, trifft vor allem auf diese Phase zu; dazu müssen natürlich auch diejenigen aufgerufen werden, die sich nicht aktiv um Beteiligung bemühen.

Der Prozess der kognitiven Integration verläuft bei den Schülerinnen und Schülern unterschiedlich schnell; einige erreichen bereits nach wenigen Minuten eine ausreichende Unabhängigkeit, während andere immer weitere Anläufe benötigen. Das Ende dieses zweiten Arbeitsschrittes sollte daher nicht für die ganze Klasse einheitlich bestimmt werden. Einige können bereits frühzeitig aufgefordert werden, mit dem dritten Arbeitsschritt – dem übenden Wiederholen – zu beginnen, während der Lehrer mit der verbleibenden Gruppe das Thema weiter durcharbeitet. Je kleiner diese Gruppe wird, desto mehr Aufmerksamkeit kann er dem Einzelnen zuwenden, sich auf dessen Denkstrukturen und Lernblockaden einstellen und so den Lernprozess individuell effektivieren.

Dritter Schritt: Übendes Wiederholen

Erfolgreiches Durcharbeiten hat ein individuelles Verständnis für das Unterrichtsthema geschaffen, aber dieses Verständnis ist noch flüchtig. Das neu Gelernte muss daher in einem weiteren Schritt konsolidiert werden, damit es später mühelos in unterschiedlichen Situationen eingesetzt werden kann. Übendes Wiederholen – richtig eingesetzt – ist hierfür der sicherste Weg. Aus der Lehr- und Lernforschung wissen wir, was es dabei zu beachten gilt (Übersichten geben z.B. Rosenbusch 1980; Bönsch 1993). Auf eine sehr einfache Formel gebracht, hört es sich trivial an: Das Richtige muss erfolgreich geübt werden, alles andere kommt fast von selbst.

Die größte Schwierigkeit dabei ist, das Richtige üben zu lassen. Zum einen heißt das, jedem Schüler und jeder Schülerin die Aufgaben zu geben, die für den jeweils individuellen Entwicklungsprozess gerade die richtigen sind. Die beste Annäherung an diesen gerade für den Frontalunterricht hohen Anspruch ist es, die Übungsaufgaben differenziert – z.B. in drei Schwierigkeitsstufen – anzubieten, das Differenzierungskriterium zu benennen und die Auswahl der Aufgabengruppe selbstbestimmt vornehmen zu lassen (vgl. z.B. Friedrich/Mandl 1997). Auf diese Weise erhalten die Schülerinnen und Schüler eine gewisse Autonomie in ihrer Arbeit; Autonomie ist ein zentraler Faktor für die Motivation (vgl. z.B. Deci/Ryan 1993), diese wiederum bestimmt den Lernerfolg in hohem Maße (vgl. z.B. Aebli 1994), und der wiederum ist eine notwendige Voraussetzung für die Fortsetzung des weiteren aktiven Übens. Autonomie in der Aufgabenwahl erfordert zudem die Einschätzung der eigenen Kompetenz; neben der Herausforderung, über den eigenen Lernprozess kurzfristig zu reflektieren, ist dies die vermutlich präziseste Zuordnung von Aufgaben im Rahmen des Frontalunterrichts, die natürlich in Einzelfällen vom Lehrer korrigiert werden kann.

Das Richtige zu üben heißt aber auch, nicht fehlerhaft zu üben. Diese Gefahr ist besonders in der Anfangsphase groß. Systematisch gemachte Fehler verfestigen sich genauso rasch, und es trifft gerade diejenigen so hart, die hoch motiviert üben. Lehrerinnen und Lehrer müssen sich in dieser Anfangsphase des Unterrichts kurzschrittig vom Lernfortschritt der Klasse überzeugen und Lernschwierigkeiten Einzelner identifizieren. Richtiges Üben erfordert daher Kontrolle; dies aber nicht, um zu bewerten, sondern um individuell unterstützen zu können. Übungsaufgaben, die eine Selbstkontrolle ermöglichen, sind hierfür am besten geeignet. Bei richtigen Ergebnissen entsteht unmittelbare Verstärkung; auf Grund des »law of effect« (Thorndike 1913) wächst so die Bereitschaft zur Wiederholung des Erfolges, einem weiteren zentralen Faktor erfolgreichen Übens (vgl. z.B. Aebli 1994, S. 330). Und bei falschen Ergebnissen kann der Lehrer frühzeitig reagieren und gezielt individuelle

Hilfe bei den Lernschwierigkeiten bieten – entweder direkt oder durch Schülerinnen und Schüler im Sinne des Helfersystems. Natürlich ist die Forderung, ständig Übungsmaterial mit Selbstkontrolle zu verwenden, nicht realistisch und ebenso wenig darf übersehen werden, dass ein Feedback durch den Lehrer von größerem subjektivem Wert ist. Ein klassenorientiertes Feedback der Ergebnisse führt – als zweitbeste Lösung – zu ähnlichen Effekten.

Wenn das Richtige geübt wird, dann ist es also bereits erfolgreich. Erfolgreiches Üben ist aber mehr; es thematisiert vor allem Beginn, Fortschritt und Ende des Übungsprozesses. Die ersten Übungsaufgaben müssen so gestellt werden, dass sie vom überwiegenden Teil der Klasse problemlos bearbeitet werden können; nur dann sind die positiven Nebenwirkungen des richtigen Übens gegeben. Zu Beginn der Übungsphase ist es daher vor allem wichtig, die neu erworbenen Kompetenzen ohne jene Ablenkung von zusätzlichen Schwierigkeiten selbsttätig zu rekapitulieren. Nur so werden die Strukturen gesichert und die ersten Erfolgserlebnisse ermöglicht. Eine sofortige Auseinandersetzung mit problemhaltigen Fällen würde dagegen zu Verunsicherung führen und neben dem ausbleibenden Erfolgserlebnis die Konsolidierung des neu erworbenen Wissens hemmen. Eine detaillierte Darstellung dieses Problems der »Ähnlichkeitshemmung« gibt Speichert (1985).

Das Gefühl, erfolgreich zu üben, entsteht weiterhin nur dann, wenn subjektiv ein Lernfortschritt erlebt wird. Die Aufgaben müssen also nicht nur differenziert, sondern auch mit jeweils steigendem Schwierigkeitsgrad gestellt werden. Neben der Möglichkeit, die eigene Lernentwicklung in den Blick zu nehmen und eine neue Gruppe von Aufgaben auszuwählen, wird auf diese Weise das Bewusstsein für die eigene Selbstwirksamkeit im Übungsprozess unterstützt, einem weiteren zentralen Faktor der Motivation (Deci/Ryan 1993). Schließlich darf nicht übersehen werden: Eine zu lange Übungsphase ermüdet und das Gefühl der Selbstwirksamkeit schwindet. Als grober Richtwert – der natürlich je nach Alter und Arbeitssituation variabel zu handhaben ist – werden etwa 10–15 Minuten empfohlen (z.B. Bönsch 1993): Wichtiger als die Zeit ist aber der Erfolg; alle Schülerinnen und Schüler sollten mindestens 80% ihrer Aufgaben richtig gelöst haben. Und es darf ebenfalls nicht übersehen werden, dass auch sehr viel längere Übungsphasen pädagogisch wertvoll sein können, wie das »Montessoriphänomen« (z.B. Francke 1998) zeigt.

Das Richtige erfolgreich zu üben ist also ein motivational positiver Rückkopplungsprozess, durch den das neu erworbene Verständnis konsolidiert wird. Diese Funktion steht im Mittelpunkt der Übungsphase des Frontalunterrichts. Gleichzeitig weisen die Effekte dieses Rückkopplungsprozesses über diese eng definierte Funktion hinaus und eröffnen die Kultivierung auf einer höheren Ebene: Nicht nur die Sache, sondern auch das Üben wird geübt (vgl. z.B. Loser 1974; Bollnow 1978); nicht nur der Lernfortschritt, sondern auch die Auseinandersetzung mit dem eigenen Lernen wird im Sinne metakognitiver Kompetenzen geschult.

Problemorientiertes Anwenden

Am Ende der Übungsphase sollte die kognitive Einbettung der neu erworbenen Kompetenz vorläufig abgeschlossen sein; ihre Verfügbarkeit ist aber noch weitgehend an den spezifischen unterrichtlichen Kontext gebunden. Das didaktische Ziel des vierten Arbeitsschrittes, der problemorientierten Anwendung, ist es, die Kompetenz aus diesem Kontext herauszulösen. Die Bearbeitung von anwendungsorientierten Aufgaben ist also kein Anhängsel des Frontalunterrichts, der je nach Bedarf weggelassen werden kann, sondern eine Grundvoraussetzung zur Anbahnung einer Transferierbarkeit in andere Situationen. Um dieses Ziel erreichen zu können, muss die Struktur der Aufgaben gegenüber der Übungsphase grundlegend geändert werden: Während die Effektivität der Übungsphase vor allem davon abhängt, dass die Schülerinnen und Schüler problemlos die neu erworbenen Kompetenzen einsetzen können und Schwierigkeiten nur im Zuge der Aufgabenbearbeitung entstehen, beruht der Erfolg der Anwendungsphase vor allem darin, dass alle Schülerinnen und Schüler die Aufgaben als echtes Problem erleben, das sie zudem selbstständig lösen müssen. Denn sind die Lösungen offensichtlich, dann handelt es sich lediglich um weitere Übungsaufgaben. Hilft der Lehrer andererseits durch Erklärungen, dann wird das Thema der Stunde meist nur erneut durchgearbeitet. Die didaktische Herausforderung besteht vor allem darin, anspruchsvolle Probleme zu stellen und Rahmenbedingungen zu schaffen, die eine erfolgreiche und selbstständige Problemlösung ermöglichen. Um die erforderliche Motivation dagegen braucht man sich weniger zu sorgen, denn die Übungsphase schließt, wie bereits dargestellt, mit einem Motivationsüberschuss ab, wenn nicht zu lange oder in einer physiologisch ungünstigen Zeit (Bönsch 1993) geübt wurde.

Klar formulierte Probleme ohne Zeitdruck in Partnerarbeit bearbeiten zu lassen ist der Schlüssel zum Erfolg – so kann man den Forschungsstand zur Gestaltung der Lernumgebung (z.B. Mandl/Friedrich 1997), zum Problemlösen (z.B. Aebli 1981) und zum Lerntransfer (z.B. Gage/Berliner 1986) unter der hier verfolgten Perspektive knapp zusammenfassen.

Anwendungsaufgaben sind, lernpsychologisch betrachtet, Probleme mit Lücke (vgl. z.B. Aebli 1994) in sehr einfacher Form, denn neben der Problemstellung – Ausgangsbedingungen und Zielangabe – ist auch der Lösungsweg in allgemeiner Form – die geübte Operation – bekannt. Die Voraussetzungen für eine erfolgreiche Bewältigung der Aufgabe sind vergleichsweise günstig, wenn sie nicht durch zwei Faktoren unnötigerweise erschwert wird, durch sprachlich unklar oder mehrdeutig formulierte Problemstellungen (vgl. Aebli 1994) sowie durch negativen Transfer (vgl. Gage/Berliner 1986), der immer dann auftritt, wenn sich gerade die scheinbar offensichtliche Verwendung der neu erworbenen Operation als Irrweg zeigt.

Die erforderliche Differenzierung des Schwierigkeitsgrades sollte vor allem durch die Variation der Ähnlichkeit der Problemstellung mit den vorhergegangenen Übungsaufgaben erfolgen: Je größer die »substanzielle Identität« (Thorndike 1924) von Übung und Problem, desto geringer die Transferleistung und desto größer die

Problemlösungswahrscheinlichkeit. Eine erfolgreiche und selbstständige Problemlösung hängt aber nicht nur von der passenden Aufgabenstellung ab, sondern auch von der richtigen Gestaltung der Lernumgebung. Neben der Grundvoraussetzung, ohne Zeitdruck arbeiten zu können (vgl. Aebli 1986, S. 633 f.), wird vor allem immer wieder auf die Notwendigkeit hingewiesen, Lösungsideen extern darzustellen (z.B. Aebli 1986, S. 619 f.). Partnerarbeit bietet sich daher als Sozialform in dieser Arbeitsphase an. Wie weit die Zuordnung der Partner durch den Lehrer oder durch die Schülerinnen und Schüler selbst erfolgt, ist ebenso wenig allgemeingültig zu bestimmen wie die Zuordnung der richtigen Aufgabenschwierigkeiten. Die Wahrscheinlichkeit der optimalen Passung steigt auf jeden Fall durch die Mitbeteiligung der Klasse, wenn auch hier – wie in der Übungsphase – die Aufgaben kurz vorgestellt werden (vgl. Mandl/Friedrich 1997).

Zur Lernumgebung gehört schließlich auch der Lehrer, denn auch bei gründlicher Vorbereitung werden einige Schülerinnen und Schüler die gewählten Probleme nicht lösen können. Die dann erforderliche Unterstützung sollte sich vor allem am Prinzip der minimalen Hilfe (vgl. Aebli 1994) orientieren; nicht die Lösung soll vermittelt werden, sondern es muss Unterstützung auf dem Weg gegeben werden – indem die Problemstellung im Gespräch geklärt wird oder indem Ähnlichkeiten mit bereits gelösten Aufgaben im Sinne des Impulsverfahrens in den Blick gerückt werden.

Auch die Anwendungsphase stellt – wie die Übungsphase – einen motivational positiven Rückkopplungsprozess dar: Die Lösung eines Problems stärkt das Bewusstsein von Selbstwirksamkeit und weckt die Bereitschaft, neue Probleme in Angriff zu nehmen. Auf Grund des »law of effect« (Thorndike 1913) wird es sich aber weniger um den Wunsch nach Wiederholung gleicher Aufgaben handeln, sondern um die Erschließung neuer Kontexte. Damit weist eine erfolgreiche Anwendungsphase in noch stärkerem Maße über die Funktion hinaus: Sowohl ein sachbezogenes Interesse als auch metakognitive Kompetenzen werden – wenn auch nur in kleinem Ausmaß – angebahnt.

Wirkungen und Nebenwirkungen

Den Forschungsstand zur Leistungsfähigkeit des Frontalunterrichts kann man auf zwei Weisen – pauschalisierend und differenzierend – zusammenfassen. Die pauschalisierende Fassung lautet: Trotz intensiver Forschung gibt es keine wissenschaftlich fundierten Aussagen, die eine Überlegenheit des Frontalunterrichts belegen; bestenfalls kann eine leicht positive Tendenz aus der Zusammenfassung der Daten herausgelesen werden (vgl. z.B. Wallen/Travers 1963). Diese weitgehend ergebnislose Bilanz kann allerdings bei genauerer Betrachtung nicht überraschen, denn die Vorstellung, eine Unterrichtsmethode zu finden, die für alle didaktischen Absichten, für alle Schülerinnen und Schüler sowie für alle Lehrerinnen und Lehrer gleichermaßen geeignet ist, scheint wenig plausibel. Darüber hinaus darf auch nicht übersehen werden, dass sich das Verständnis des Frontalunterrichts von Untersuchung zu Untersuchung, zum Teil aber auch innerhalb einzelner Untersuchungen unterscheidet. Dieses Problem führte letztlich dazu, dass die Forschungsidee, über Vergleichsuntersuchungen die grundsätzliche Überlegenheit einer Unterrichtsmethode nachweisen zu wollen, weitgehend aufgegeben wurde.

Eine differenzierende Zusammenfassung, die sich auf das spezifische Leistungsspektrum des Frontalunterrichts – die Förderung kognitiver Kompetenzen im Bereich Wissen, Verstehen und Anwenden – konzentriert, zeigt meines Erachtens ein anderes Bild. Bei der Vermittlung schwieriger Themen führen Frontalunterricht (Roth 1971) beziehungsweise organisierende Hilfen – der Einsatz von »advanced organizern« oder struktureller Kompetenzentwicklung – durch den Lehrer (vgl. Einsiedler 1976) zu besserem Lernzuwachs in taxonomisch höheren Anspruchsebenen. Und auch die vor allem in den USA verfolgte Forschung zum »Direktem Unterrichten« führte zu ähnlichen Aussagen (z.B. Rosenshine 1983), wobei hier allerdings die Taxonomieebenen Wissen und Verstehen im Mittelpunkt der Aufmerksamkeit stehen. Dieses positive Bild muss allerdings mit Blick auf unterschiedliche Schülergruppen etwas eingeschränkt werden. Neben dem Hinweis, dass die Erfolge des Direkten Unterrichtens vor allem bei lernschwachen Schülerinnen und Schülern untersucht worden sind, muss vor allem auf geschlechtsspezifisch unterschiedliche Effekte hingewiesen werden: Frontalunterricht scheint die Jungen in stärkerem Maße zu fördern als Mädchen, und das unabhängig vom Geschlecht des Unterrichtenden (vgl. z.B. Niedertränk-Felger 1994).

Sehr viel bekannter als die Wirkungen sind die Nebenwirkungen des Frontalunterrichts. Besonders in den 60er-Jahren wurde nachgewiesen, dass parallel zu den verfolgten kognitiven Kompetenzen eine Vielzahl anderer Kompetenzen – Kooperationsfähigkeit, Kreativität, Selbstbewusstsein – durch die mit dem Frontalunterricht verbundene Lehrerdominanz unterdrückt werden (vgl. z.B. Tausch/Tausch 1970). Vor allem aber wurde betont, dass über den Prozess des Modelllernens antidemokratische Tugenden wie Gehorsam und Unterordnung im Sinne des heimlichen Lernplans vermittelt werden (vgl. z.B. Zinnecker 1973). Auch wenn sich der Erziehungsstil seit den 60er-Jahren grundlegend verändert hat (vgl. z.B. Fend 1988), so dürfte die Aussage auf Grund der Grundstruktur des Frontalunterrichts nach wie vor zutreffend sein. Andererseits besteht aus dem gleichen Grunde aber auch eine hohe Wahrscheinlichkeit, dass Lehrerinnen und Lehrer positiv auf das Sozialklima der Klasse einwirken können. Untersuchungen zum Direkten Unterrichten weisen auch auf solche Effekte gerade bei emotional und verhaltensmäßig auffälligen Schülerinnen und Schülern hin (z.B. Nelson/Johnson/Marchand-Martella 1996).

Eine weitere, immer wieder benannte Nebenwirkung ist der Pygmalioneffekt (Rosenthal/Jacobson 1968): Die Vorurteile von Lehrerinnen und Lehrern spielen vermutlich eine erhebliche Rolle für den Lernfortschritt der Schülerinnen und Schüler (vgl. z.B. Ludwig 1995), und da die Lenkungsfunktion im Frontalunterricht besonders hoch ist, dürfte auch der Pygmalioneffekt besonders deutlich hervortreten. Pädagogisch betrachtet liegt hierin aber auch ein positives Potential gerade für den Lernerfolg im Frontalunterricht; eine hohe Erfolgserwartung des Lehrers zieht überwiegend höhere Erfolge der Schülerinnen und Schüler nach sich. Aus diesem Grunde lautete auch eine Empfehlung für den Stundenanfang, den Unterricht mit hohem Zutrauen in die Fähigkeiten der Schülerinnen und Schüler zu beginnen.

Heimlicher Lehrplan und Pygmalioneffekt sind bekannte Nebenwirkungen des Frontalunterrichts, die zumindest teilweise pädagogisch absichtsvoll zu beeinflussen sind. In seinem Buch »Das Gesetz der ungewollten Nebenwirkungen« (1962) weist Eduard Spranger aber auch darauf hin, dass jeder Unterricht – und besonders der Frontalunterricht – grundsätzlich mit nicht planbaren und damit auch unbeeinflussbaren Elementen rechnen muss; Unterricht ist kein linearer Wirkungszusammenhang von Lehrerabsicht und Schülerlernen, sondern ein komplexes System mit einer nicht vollständig überschaubaren Fülle von Wirkungen und Nebenwirkungen. Sein Rat: Die partielle Unplanbarkeit akzeptieren und aus den erlebten ungewollten Nebenwirkungen lernen.

Literatur

Aebli, H.: Denken: das Ordnen des Tuns. Bd. 1: Kognitive Aspekte der Handlungstheorie. Stuttgart 1980.

Aebli, H.: Denken: das Ordnen des Tuns. Bd. 2: Denkprozesse. Stuttgart 1981.

Aebli, H.: Zwölf Grundformen des Lehrens. Stuttgart 1994.

Aebli, H./Ruthemann, U./Staub, F.: Sind Regeln der Problemlösens lehrbar? In: Zeitschrift für Pädagogik 38 (1986), 5, S. 617–638.

Aschersleben, K.: Moderner Frontalunterricht. Frankfurt a.M. [3]1987.

Ausubel, D.P.: Psychologie des Unterrichts. Weinheim 1974.

Bastian, J.: Frontalunterricht. In: Pädagogik 42 (1990), 11, S. 6–10.

Bollnow, O.F.: Vom Geist des Übens. Freiburg 1978.

Bönsch, M.: Üben und Wiederholen im Unterricht. München [2]1993.

Burns, R.A.: Designing presentations to help students remember. In: College Science Teaching 19 (1990), S. 301–305.

Deci, E.L./Ryan, R.M.: Die Selbstbestimmungstheorie der Motivation und ihre Bedeutung für die Pädagogik. In: Zeitschrift für Pädagogik 39 (1993), 2, S. 223–238.

Duncker, K.: Zur Psychologie des produktiven Denkens. Berlin 1935.

Einsiedler, W.: Lehrstrategie und Lernerfolg. Weinheim 1976.

Fend, H.: Sozialgeschichte des Aufwachsens. Frankfurt a.M. 1988.

Francke, U.: Die Orientierung an Maria Montessori – Die Kernideen. In: Wiechmann, J. (Hrsg.): Mitreißende Schulen. Braunschweig 1998, S. 14–23.

Frey, K./Frey-Eiling, A.: Allgemeine Didaktik. Zürich [7]1994.

Friedrich, H.F./Mandl, H.: Analyse und Förderung selbstgesteuerten Lernens. In: Weinert, F.E./Mandl, H. (Hrsg.): Enzyklopädie der Psychologie. Themenbereich D, Praxisgebiete. Serie I, Pädagogische Psychologie. Bd. 4, Psychologie der Erwachsenenbildung. Göttingen/Bern/Toronto/Seattle 1997, S. 237–293.

Gage, N.L./Berliner, D.C.: Pädagogische Psychologie. Weinheim [2]1986.

Gaudig, H.: Didaktische Präludien. Leipzig 1909.

Gudjons, H.: Anschaulicher Frontalunterricht. In: Pädagogik 50 (1998), 5, S. 23–27.

Hagemann, W./Rose, F.-J.: Zur Lehrer/innen-Erfahrung von Lehramtsstudierenden. In: Zeitschrift für Pädagogik 50 (1998), 1, S. 7–20.

Heidemann, R.: Die Körpersprache des Lehrers im Frontalunterricht. In: Pädagogik 50 (1998), 5, S. 28–32.

Herbart, J.F.: Pädagogische Schriften, Bd. 1. Osterwieck 1919.

Holzkamp, K.: Lernen. Subjektwissenschaftliche Grundlegung. Frankfurt a.M. 1993.

Keck, R.W.: Der Impulsunterricht. Eine vermittelnde Unterrichtsform zwischen gängelndem und selbststeuernden Verfahren. In: Pädagogik 50 (1998), 5, S. 13–16.

Kösel, E.: Die Modellierung von Lernwelten. Subjektive Didaktik. Elztal-Dallau 1992 .

Krapp, A.: Die Psychologie der Lernmotivation – Perspektiven der Forschung und ihre Bedeutung für die Pädagogik. In: Zeitschrift für Pädagogik 39 (1992), 2, S. 187–206.

Langhammer, R.: Lehrervortrag »gut« gemacht. In: Pädagogik 50 (1998), 5, S. 17–22.

Loser, F.: Die Übung im Unterricht und ihr Beitrag zu einer Theorie des Lehrens und Lernens. In: Dohmen, G./Maurer, F. (Hrsg.): Unterricht. Aufbau und Kritik. München [6]1976, S. 151–166.

Ludwig, P.H.: Pygmalion im Notenbuch. In: Pädagogische Welt 49 (1995), 3, S. 115–119.

Meyer, E./Okon, W.: »Frontalunterricht«. Frankfurt a.M. 1983.

Meyer, H./Meyer, M.A.: Lob des Frontalunterrichts. In: Friedrich Jahresheft: Lernmethoden, Lehrmethoden XV (1997), S. 34–37.

Meyer, H.: Plädoyer für Methodenvielfalt. In: Pädagogik 41 (1989), 2, S. 8–15.

Nelson, J.R./Johnson, A./Marchand-Martella, N.: Effects of Direct Instruction, Cooperative Learning, and Independent Learning Practices on the Classroom Behavior of Students with Behavioral Disorder: A Comparative Analysis. In: Journal of Emotional and Behavioral Disorder 4 (1996), 1, S. 53–62.

Niederdrenk-Felgner, C.: Mathematikunterricht für Mädchen – was kann das sein? In: Zentralblatt für Didaktik der Mathematik 26 (1994), 2, S. 57–62.

Petersen, P.: Der kleine Jena-Plan. Weinheim [61]1968.

Petersen, P./Petersen, E.: Die Analyse des Frontunterrichts mit Hilfe von erziehungswissenschaftlicher Aufnahme und Tatsachenliste. In: Wissenschaftliche Zeitschrift der Friedrich-Schiller-Universität Jena 3 (1954), S. 509–529.

Prange, K.: Bauformen des Unterrichts. Bad Heilbrunn 1986.

Rosenbusch, H.S.: Aneignung elementarer Lerntechniken. In: Geppert, K./Preuß, E. (Hrsg.): Selbständiges Lernen. Bad Heilbrunn 1980, S. 142–151.

Rosenshine, B.V.: Teaching Functions in Instructional Programs. In: The Elementary School Journal 83 (1983), 4, S. 335–351.

Rosenthal, R./Jacobson, L.: Pygmalion in the Classroom. New York 1968.

Roth, L.: Effektivität von Unterrichtsmethoden. Hannover 1971.

Sacher, W.: Das Aufrufverhalten von Lehrern im Frontalunterricht. Teil 1. In: Grundschulmagazin 11 (1996), 3, S. 59–61.

Sacher, W.: Das Aufrufverhalten von Lehrern im Frontalunterricht. Teil 2: Maßnahmen zur Verbesserung. In: Grundschulmagazin 11 (1996), 4, S. 39–42.

Schmeck, R.R.: Learning strategies and styles of learning. An integration of varied perspectives. In: Schmeck, R.R. (Ed.): Learning strategies and learning styles. New York 1988, S. 317–347.

Speichert, H.: Richtig üben macht den Meister. Reinbek 1985.

Spranger, E.: Das Gesetz der ungewollten Nebenwirkung in der Erziehung. Heidelberg 1962.

Stary, J.: Visualisieren. Berlin 1997.

Tausch, R./Tausch, A.: Erziehungspsychologie. Göttingen [5]1970.

Thorndike, E.L.: Educational Psychology. New York 1913.

Thorndike, E.L.: Mental discipline in high school studies. In: Journal of Educational Psychology 15 (1924), S. 1–22, 83–98.

Wagenschein, M.: Verstehen lehren. Genetisch – Sokratisch – Exemplarisch. Weinheim [10]1992.

Walberg, H.J.: Improving the Productivity of Americas Schools. In: Educational Leadership (1984), 5, S. 19–27.

Wallen, N.E./Travers, R.M.W.: Analysis and investigation of teaching methods. In: Gage, N.L. (Ed.): Handbook of research on teaching. Chicago 1963, S. 448–505.

Wellendorf, F.: Frontalunterricht. In: Horney, W./Ruppert, J.P./Schultze, W. (Hrsg.): Pädagogisches Lexikon. Bd. 1, Gütersloh 1970, S. 978–979.

Werning, R.: Konstruktivismus – Eine Anregung für die Pädagogik!? In: Pädagogik 50 (1998), 7/8, S. 39–41.

Winkel, R.: Zahnstocher und dramaturgische Regeln. In: Pädagogik 42 (1990), 11, S. 11–13.

Zinnecker, J. (Hrsg.): Der heimliche Lehrplan. Untersuchungen zum Schulunterricht. Weinheim 1975.

Jochen Grell

Direktes Unterrichten

Ein umstrittenes Unterrichtsmodell

Immer wenn irgendwo irgendetwas Neues (oder etwas nicht absolut Altes und Gewohntes) die Szene betritt, passiert über kurz oder lang dasselbe. Dann kommt einer (oder mehrere) daher und schreit: »Das ist falsch! Das darf man nicht! Das ist Manipulation! Das ist gefährlich!« Die Rechtschreibreform ist ein Beispiel für diesen leicht vorhersagbaren Vorgang. NLP ein anderes.

Darum ist dieser kurze Bericht über eine empirisch geprüfte Unterrichtskonzeption zugleich ein kleines Lehrstück über die Dekonstruktion von Wissen durch den Wissenschaftsbetrieb.

»Die allgemein verbreitete Annahme, dass zum Lernen *erstens der Wille* gehört, *zweitens eine klare Zielsetzung* und *drittens die Bereitschaft, sich für das Erreichen dieses Zieles auch gebührend anzustrengen,* d.h., dass Lernen aktiv und intentional ist, wird auch von der Wissenschaft geteilt« (Kintsch 1986, S. 518; Hervorhebungen von mir; J.G.). Das *Direkte Unterrichten* (so übersetze ich *direct instruction*) ist eine Weise des Unterrichtens, mit der man seinen Schülern helfen kann, intentionaler und zielbewusster, aktiver, effizienter und erfolgreicher zu lernen, als es oft in der Schule geschieht. Aber darf man das denn auch? Oder ist es falsch, unerlaubt, Manipulation und gefährlich?

Ein umstrittenes Unterrichtsmodell

Die Konzeption des Direkten Unterrichtens lernte ich durch zwei kurze Artikel kennen. Der erste stammt von Barak Rosenshine und Robert Stevens und steht im dritten Handbook of Research on Teaching (1986). Die dort beschriebenen Prinzipien leuchteten mir auf Anhieb ein, und ich fing gleich an, sie in meinem Unterricht auszuprobieren. Die zweite brauchbare Quelle ist Rosenshines Artikel in der ersten Auflage der International Encyclopedia of Education (Rosenshine1985). Meine Beschreibung des Konzepts des Direkten Unterrichtens bezieht sich auf diese beiden Darstellungen und auf meine persönlichen Erfahrungen, die ich selber beim Unterrichten damit gemacht habe.

Hat Barak Rosenshine zwischen der ersten und der zweiten Auflage der Encyclopedia eine Gehirnwäsche durchgemacht? Jedenfalls liest sich der Artikel in der neuen Auflage (Rosenshine/Meister 1994) wie ein gespenstisches Dokument der Dekonstruktion von Wissen durch das theoretische pädagogische Establishment. Denn das sieht es augenscheinlich als seine wichtigste Aufgabe an, jedes unterrichtsmethodische Pflänzchen, das nach praktischer Wirksamkeit aussieht, sofort zwanghaft mit standardisierten Geschmacksurteilen zu zertrampeln.

> »Effektivität« gilt in diesen Kreisen ebenso als pädagogisches Unwort wie »Messbarkeit«. Marian Heitger (1991) sieht sogar die »Pädagogizität« der Lehrer, wie er es nennt, als gefährdet an, wenn sie an der Effektivität ihres Unterrichts interessiert sind und sich messbare Ergebnisse ihrer Lehraktivitäten wünschen. »Die pädagogische Aufgabe des Lehrers ist und bleibt Menschenbildung.«(Heitger 1991, S. 53) »Unterricht muss dann verstanden werden als Hinführung zum Wissen. Das schließt das je eigene Fürwahrhalten ein, das schließt ein, dass das Lehren an geltungsgebundene Argumentation gebunden ist. Lehrer und Schüler definieren sich in ihrer Geltungsbindung. Der Vollzug dieser Geltungsbindung kann durchaus als Inbegriff pädagogisch gemeinten Lehrens und Lernens verstanden werden. Denn in ihr entfaltet der Mensch seine Mündigkeit und Urteilsfähigkeit. Diese kann grundsätzlich an allen Inhalten entfaltet werden [...].« (Heitger 1991, S. 59)

Ich habe den Eindruck, dass Marian Heitger es gut mit uns Lehrern meint und uns ermutigen möchte, unserem pädagogischen Gewissen zu folgen und uns nicht von allen möglichen Rollenerwartungen, die an uns herangetragen werden, ins Bockshorn jagen zu lassen. Aber ich verstehe nicht, wie ich den »Vollzug von Geltungsbindung« praktisch vollziehen soll. Ja, ich habe nicht einmal die geringste Ahnung, was Heitger mit Geltungsbindung – oder mit Hinführung zum Wissen – eigentlich meint. Mir bleibt nur das dumpfe Gefühl, dass er nicht mit mir zufrieden wäre, wenn ich ihm sagte, dass ich ganz gern ein Lehrer sein möchte, der es versteht, seine Schüler zum Wissen hinzuführen, und zwar so effektiv und effizient wie möglich.

So ist der Rosenshine/Meister-Artikel in der zweiten Auflage der Encyclopedia, von dem ich verständlicherweise erwartet hatte, dass er neue und noch bessere Informationen liefert als der Artikel in der ersten Auflage, als Informationsquelle über »direct instruction« völlig unbrauchbar. Denn er handelt nur noch von zwei Themen: (1) dass man »direct instruction« sehr verschieden definieren könne. Kaum eine Tätigkeit wirkt ja »wissenschaftlicher«, als wenn sich Autoren Seite um Seite Sorgen um die richtigen Definitionen machen. Und (2) aus welchen Gründen man das Konzept scharf kritisieren müsse. Und diese »Gründe« sind dann die üblichen, aus dem theoretischen Schrifttum über Didaktik und Unterricht wohl bekannten Klischees zur Schul- und Lehrerkritik:

> Übermäßige Lenkung, rigide, lehrergelenkter Unterricht, Effektivitätsdenken, autoritär, reglementierend, Faktenanhäufung statt Förderung der Denkfähigkeit, zu testbezogen, »passive« Methode des Unterrichts, Lernen sei nur noch das Eintrichtern von Lehrerwissen in Schülerköpfe, Lehrer belehrt, Schüler bleiben passiv (Rosenshine/Meister 1994, S. 1524–30).

Man beachte die Wiederholungen! Und man beachte, dass es sich hier um reine Geschmacksurteile handelt und nicht etwa um wenigstens halbwegs objektiv messbare, sachliche Aussagen. Was *mir* als »rigide« erscheint, kannst *du* als »gut geplant«, »zielstrebiges Vorgehen« oder als »ganz normales und übliches, kaum erwähnenswertes Verhalten« sehen. Was *ich* als »autoritär« verbuche, beschreibst *du* vielleicht als »entschlossene, feste, selbstsichere Haltung«, »die Lehrerin weiß genau, was sie will«, »sie kann sich gut durchsetzen und lässt sich nicht auf der Nase herumtanzen« oder auch als »angemessene Strenge« und vielleicht sogar als »nicht streng genug«. Die Geschmäcker sind halt verschieden, und das ist ja auch gut so. Solange man seinen persönlichen Geschmack nicht als pädagogisches Basiswissen präsentiert.

Dem Unterrichtsmodell des Direkten Unterrichtens wird also vorgeworfen, es ermutige Lehrer, (1) dass sie ihren Schülern etwas beibringen wollen, (2) dass die Lehrer den Unterricht zu diesem Zweck steuern und (3) dass sie überprüfen, ob die Schüler das, was sie lernen sollen, auch wirklich gelernt haben. Im Klartext: Kritisiert wird, dass es ein Unterrichtsmodell ist. Kommen diese Vorwürfe nicht fast einem Berufsverbot gleich?

Direktes Unterrichten scheint also nicht so ganz in den pädagogischen Trend zu passen. Denn der geht zurzeit – wieder einmal oder immer noch – in die Richtung »Lehren ohne Belehrung« (Koch 1997) – und am liebsten auch ohne Lehrerinnen und Lehrer. Und wenn man die Lehrer und Lehrerinnen schon nicht ganz abschaffen kann, so sollen sie wenigstens keine (Stoff-)Vermittler mehr sein, die die Schüler auf festgelegte Lernziele hintrimmen (Hühne/Mühlhausen 1997, S. 24).

> »Wir Lehrerinnen und Lehrer müssen lernen, darauf zu verzichten, den Kindern dauernd etwas beibringen zu wollen.« So ordnet der schriftstellernde Lehrer Paul Michael Meyer (1994, S. 19) autoritär an. Dies ist kein Einzelfall. In einer Diskussion hörte ich vor ein paar Tagen: Heute sei nur noch selbstgesteuertes Lernen angesagt: Die Lehrer müssten *als Unterrichtende* verschwinden.

In der deutschsprachigen Literatur kannte ich bis vor kurzem nur zwei kurze Erwähnungen des Direkten Unterrichtens. Beide klingen eher abschreckend. »Soll man sich als Lehrer kritiklos für eine Leistungsideologie einspannen lassen?«, fragt Bernd Weidenmann (1989, S. 1008) so verantwortungsvoll wie rhetorisch. Denn wer würde diese Frage schon mit Ja beantworten? Auch Treiber und Weinert (1982, S. 265) behandeln das Modell des Direkten Unterrichts nur mit spitzen Fingern und dazu äußerst oberflächlich. Und Horst Dichanz und John A. Zahorik (1986) führen wieder die bekannten Stereotype ins Feld (»Erziehungswissenschaftler und Schulpolitiker haben sich alle Mühe gegeben nachzuweisen, dass lehrerzentrierte Unterrichtsformen die schlechtesten aller möglichen sind, dass in ihnen Schüler manipuliert und drangsaliert werden, dass sich in ihnen Herrschaftsausübung der Schule über Schüler am ungehemmtesten austobt.« [S. 306]) und warnen daher auch vor dem »kurzschlüssigen Konzept« (S. 308 f.) des Direkten Unterrichtens. Direktes Unterrichten ist falsch, unerlaubt, Manipulation und gefährlich!

Zur Abschreckung beschreiben Dichanz und Zahorik einige Unterrichtsstunden mit »direct instruction«, die sie in den USA beobachtet haben. Ein kleiner Ausschnitt:

> »Es geht um das Thema ›fiction‹ (Erzählung, Roman). ›Setzt euch gerade hin! Legt eure Hände auf den Tisch, sonst nichts! Schaut mich an!‹ Der Lehrer liest aus einem Textbook den neuen Stoff in Regelform vor. Darin wird abstrakt beschrieben, was eine Erzählung ist, welches ihre Merkmale sind, woran man sie erkennen kann. Die Schüler wiederholen einzelne Aussagen im Chor, danach fragt sie der Lehrer einzeln ab. Anschließend geht der Lehrer dazu über, die Regeln in ungeordneter Reihenfolge noch einmal vorzutragen und abzufragen, die Kinder haben darauf im Chor zu antworten. Die Definition, was eine Erzählung ist, muss auswendig gekonnt werden. Immer wieder ertönt zwischendurch die Ermahnung ›sit straight, pay attention ...‹ Der Lehrer bemüht sich sehr zu verhindern, dass die Aufmerksamkeit der Schüler abschweift.« (Dichanz/Zahorik 1986, S. 299)

Diese Beschreibung soll offensichtlich zeigen, wie stur, rigide, faktenbezogen, belehrend, eintrichternd, lehrerzentriert, lenkend, reglementierend, drangsalierend, ungehemmt herrschend, manipulierend, autoritär, ja, inhuman Direktes Unterrichten in der Praxis ist und wie wenig es sich eignet, die Denkfähigkeit und das seelische Wohlbefinden der Schüler zu fördern. Merkwürdigerweise wird in dieser Beschreibung nichts davon erwähnt, in welcher Weise die Schüler ihre Frustration über den unmöglichen Unterricht ausdrücken und wie sie ihren Protest zeigen. Ich vermute daher, dass der Unterricht den angereisten Pädagogen missfällt, weil er nicht ihren theoretischen Ideen über guten Unterricht entspricht. Aber beweist das auch, dass es den Schülerinnen und Schülern ebenso geht? Die haben ja nicht all die schlauen Texte über gute und schlechte Pädagogik gelesen. Die Beobachtungsbeispiele überzeugen mich nicht davon, dass »direct instruction« eine *unmögliche* Unterrichtsform ist. Ebenso wenig kann ich Verständnis dafür aufbringen, dass das *Auswendiglernen* von Merkmalen, Regeln, Definitionen verachtenswert sein soll.

> Aber dass Auswendiglernen eine primitive, fast menschenunwürdige Tätigkeit ist und bloß Auswendiggelerntes vollkommen wertlos, das ist heute ein Dogma der Pop-Pädagogik, an dem die meisten so wenig zweifeln wie an der Ansicht, dass Zootiere hinter ihren Gittern unentwegt nach Freiheit dürsten und Haustiere sich bei ihren Besitzern vollkommen zufrieden und »zu Hause« fühlen. Unterricht soll Verstehen, Einsicht, Kreativität, eigenständiges Denken, Autonomie, konstruktives Sozialverhalten und vieles mehr fördern. Nur: Was gibt es zu verstehen, wenn man noch gar nichts im Kopf hat? Worüber soll man selbstständig nachdenken, wenn man gar nichts weiß? Kreativität wächst nur auf einem breiten Fundament von Wissen. Kreativität entsteht nicht urplötzlich von selbst aus Freiheit, Regellosigkeit und gedanklicher Leere, sondern beginnt immer mit (1) Auswendiglernen, Kopieren, Imitieren, ja Nachäffen, (2) mit ausdauerndem Üben und hartem Trainieren und (3) damit, dass man sich in eine Sache verliebt. Verlieben aber kann man sich nur in etwas, mit dem man sich intensiv beschäftigt.

Beispiele, die diese Sichtweise von Kreativität nahe legen, gibt es mehr als genug. Mozart konnte nicht nur Klavier, sondern auch andere Instrumente spielen, außerdem Noten lesen und schreiben. Konnte er all das ganz plötzlich spontan und ohne »primitives« Auswendiglernen und »stures, stumpfsinniges« Üben? Charlie Parker trainierte so lange, bis er die Soli seines Idols Lester Young Ton für Ton imitieren konnte. Hat das seine Kreativität blockiert? Bertolt Brecht stahl seine Ideen überall zusammen, schrieb ab und imitierte, die Bibel ebenso wie Sherwood Anderson. Picasso kopierte als junger Mann altmodische Gemälde-schinken. Jackson Pollock holte sich seine Inspiration bei den Sandgemälden und Webarbeiten der Navajo (Maybury-Lewis 1992, S. 160). Wolf Biermann imitierte in seiner Frühzeit den musikalischen Stil von Georges Brassens. Tom Paxton, Goethe, Thomas Mann, John Irving ... man kann nehmen, wen man will. Schaut man genauer hin, dann findet man, dass kreative Werke ohne das Verlieben in Vorbilder und ohne stures Auswendiglernen einer komplizierten »trockenen Grammatik« nie entstanden wären. Auswendiglernen ist keineswegs das stumpf-sinnige Monster, zu dem es in der Literatur so oft gemacht wird. Im Gegenteil: Auswendiglernen ist der Nährboden für alle »höheren« kognitiven, emotionalen, sozialen Leistungen. Verachten wir das Auswendiglernen von »Fakten« und das Trainieren von Können, dann brauchen wir uns nicht zu wundern, wenn wir nicht allzu viel Kreativität bei unseren Schülern wecken.

Direktes Unterrichten, so wie ich es verstehe, verachtet das Auswendiglernen nicht und sieht Fakten nicht von vornherein als trivial und unwichtig an. Auch das Nach-sprechen von Antworten im Chor sehe ich nicht als unpädagogisches militärisches Drill-Ritual, sondern als durchaus sinnvolle Lernmethode, die sogar Spaß machen kann. Ich setze es z.B. oft ein, wenn ich Erwachsene unterrichte. Die Teilnehmer verlassen dann nicht empört den Raum, sondern machen meist amüsiert mit. Unter-richt für Erwachsene besteht ja oft nur aus stundenlangem, einschläferndem Gerede. Da ist es geradezu erholsam, wenn man ab und zu im Chor sprechen darf. Und was ist mit dem so beliebten und vernichtenden Manipulationsvorwurf? Der steckt ja in der Argumentation gegen Effektivität im Allgemeinen und Direktes Unterrichten im Besonderen implizit sowieso immer drin. Aber Lehrerinnen und Lehrern Manipula-tion vorzuwerfen, nur weil sie sich intensiv bemühen, ihren Schülerinnen und Schü-lern etwas beizubringen, ist genauso unpassend, wie eine Verabredung zum Kinobe-such als mafiöse Verschwörung zu klassifizieren.

Meine persönliche Erfahrung als Schüler in Vorträgen, Seminaren, Symposien und Volkshochschulkursen ist: Mich nervt es eher, wenn die Lehrkräfte vorgeben, mir eigentlich gar nichts beibringen zu wollen, sondern stattdessen mehr oder weniger unbeholfen, ihren angelesenen Ideen über modernen oder progressiven Unterricht folgen. Die Teilnehmer werden nach ihren Erwartungen gefragt und was sie denn wohl gern lernen würden. Man bemüht sich um ein Klima rücksichtsloser Rücksicht-nahme, sodass der einzelne Teilnehmer kaum wagt, sich zu räuspern. Und man hat über jeden Teilnehmer-Beitrag begeistert zu sein, ganz egal, ob er zum Thema passt oder nicht. In solchem Unterricht fühle ich mich höchst unwohl. Dabei mache ich sehr gern bei praktischen Übungen, Rollenspielen, in Selbsterfahrungsgruppen und gruppendynamischen Seminaren mit. Aber wenn der Kurs zum Beispiel »*Chinesisch 1*« heißt, möchte ich doch lieber, dass man mir die Anfangsgründe des Chinesischen beibringt, anstatt mit einem angenehmen Gruppenklima abgespeist zu werden.

Wen die zitierten Einwände gegen das Direkte Unterrichten überzeugt haben, der braucht hier nicht weiterzulesen. Wer Lust hat, kann sich von all den wohlfeilen Allgemeinplätzen beeindrucken lassen. Ich überzeuge mich lieber selber und bilde mir meine Meinung, nachdem ich meine eigenen Erfahrungen gemacht habe. Immerhin sind Aufzählungen von Geschmacksurteilen noch keine wissenschaftliche Didaktik. Aber es wird Zeit, dass wir uns genauer anschauen, was Direktes Unterrichten denn nun eigentlich ist.

Das Modell des Direkten Unterrichtens

Wie wir gesehen haben, ist »direct instruction« ein bei Pädagogen äußerst umstrittenes Konzept. Denn es beschreibt, wie Lehrer Schülern effektiv etwas beibringen können.

Das Modell des Direkten Unterrichtens fordert nicht, dass die Lehrenden verschwinden, zurücktreten, weniger Stoff vermitteln, weniger belehren, weniger auswendig lernen lassen, weniger reden, weniger darbieten sollen usw. Es sagt stattdessen: *Deine Aufgabe als Lehrer ist es, den Schülern etwas beizubringen. Nimm diese Aufgabe wichtig und erfülle sie so effektiv, wie du kannst.* In der Fachliteratur kommt das Direkte Unterrichten dementsprechend schlecht weg, wie wir eben sahen.

Das Modell ist *experimentell* geprüft worden, und zwar mit regulären Schulklassen und Lehrkräften, die regulären Unterricht machten. Rosenshine und Stevens (1986, S. 376) zitieren eine Reihe von Studien, die die Effektivität des Ansatzes demonstrieren. Dichanz und Zahorik – und viele andere – halten solche Prüfungen allerdings für ziemlich wertlos. Denn sie vertreten die Ansicht: »Die unterrichtstheoretische Forschung hat inzwischen außerdem nachgewiesen, dass der Versuch, eine Unterrichtsmethode unabhängig von den lehrenden und lernenden Personen zu beschreiben, sehr abstrakt und letztlich nicht möglich ist.« (Dichanz/Zahorik 1986, S. 303) Sollte diese Ansicht stimmen, was zum Glück sehr unwahrscheinlich ist, dann könnte die Didaktik einpacken.

Wenn ich will, dass meine Schüler etwas lernen, dann muss ich es ihnen beibringen.

Das ist die schlichte Grundidee des Direkten Unterrichtens. Lehrerinnen und Lehrer, die Direktes Unterrichten professionell und kompetent praktizieren, beschäftigen sich wenig mit trübsinnigen Betrachtungen über die zunehmend mangelhafte Begabung, Anpassungsfähigkeit, Erziehbarkeit, Lern- und Arbeitsmotivation der heranwachsenden Generationen. Sie wollen jedem Kind so viel beibringen wie möglich. Dafür fühlen sie sich verantwortlich. Und sie bemühen sich intensiv und mit ansteckender Begeisterung, dieser Verantwortung gerecht zu werden.

Die Zutaten des Direkten Unterrichtens werden schon immer verwendet. Nur wird der konventionelle Unterricht damit meist viel zu flüchtig und zu inkonsequent gewürzt.

Die Zutaten des Direkten Unterrichts
1. Klar strukturierte Lernerfahrungen, 2. kleine Schritte, flottes Tempo, 3. detaillierte und redundante Erklärungen, 4. viele Fragen und Aufgaben, alle Schüler üben aktiv, 5. viele Rückmeldungen, viel Korrigieren von Schülerantworten, 6. mindestens 80 Prozent der Schülerantworten sind richtig, 7. kurze Stillarbeitsphasen, Überwachen der Schülerarbeit, 8. Lernerfolg durch Überlernen.
Schülerantworten sollen zum Schluss fast automatisch kommen (bis 100 Prozent richtge Antworten). (Gage/Berliner 1996, S. 301f.)

Drei Funktionen überlappen sich beim Direkten Unterrichten ständig bzw. wechseln einander ab. Diese Funktionen sind nicht pedantisch zu interpretieren. Beim Unterrichten achtet man primär darauf, *ob die Schülerinnen und Schüler lernen*, und nicht darauf, ob man das Modell buchstabengenau ausführt. Man geht *flexibel* mit den Prinzipien um.

1. Demonstrations- und Präsentationsfunktion

Den Schülerinnen und Schülern wird mitgeteilt, was sie lernen sollen. Der Lehrstoff wird ihnen so deutlich wie möglich gezeigt, demonstriert, vorgemacht oder erklärt, oft mehrmals. Und zwar in kleinen, übersichtlichen, gut erlernbaren Häppchen und nicht alles auf einmal. Natürlich gibt es Schüler, die den Lernstoff sogar dann begreifen, wenn er ihnen unübersichtlich und in großen, schwer verdaulichen Brocken verabreicht wird. Aber wir Lehrer sind ja nicht nur wegen *dieser* Schüler da, sondern auch wegen der anderen.

> Wie wichtig die klare Präsentation des Unterrichtsstoffes ist, merkt man als Lehrer am besten, wenn man selbst einmal wieder ein Schüler ist und sich in ein völlig unbekanntes Lerngebiet vorwagt. Das ist ein hervorragendes Lehrertraining, weil man Schüler etwas besser versteht, wenn man selbst oft einer ist. Dabei kann man aber auch frustrierende Erfahrungen machen: Wie langweilig der Unterricht sein kann, wenn einen die Lehrer zu selbstgesteuertem Lernen erziehen wollen, anstatt einem die Kursinhalte beizubringen. Und dass man sich als Schüler sehr unfrei fühlen kann, wenn man Lehrer hat, die wollen, dass man sich frei fühlen soll, aber erst in zweiter Linie daran interessiert sind, dass man etwas lernt.

2. Üben unter Anleitung

Wenn der Lernstoff bei den Schülerinnen »angekommen« ist, muss er unter Lehrer-Anleitung intensiv und in möglichst zügigem Tempo geübt werden, bis er »sitzt«. Das geht so:

● Man stellt eine Frage oder Aufgabe.
● Sie wird von einem Schüler beantwortet.
● Man gibt dem Schüler Feedback.
● Man stellt eine neue Frage usw.

Wenn Schüler schnell, sicher und richtig antworten, genügt eine kurze Lehrerreaktion (gut! – prima! – klasse! – o.K.! – ja! usw.). Kommt die richtige Antwort unsicher und zögernd, dann gibt man eine *kurze* Erklärung und bestätigt die Richtigkeit (richtig! – sehr gut! – jawohl, du hast es! usw.). Ist die Antwort falsch, aber anscheinend eher aus Flüchtigkeit, wird sie korrigiert, und man macht schnell mit der nächsten Aufgabe weiter. Bei falschen Schülerantworten, die auf fehlendes Wissen hindeuten, gibt man Hilfen. Vielleicht erklärt man den Stoff auch noch einmal neu.

Mit diesen Lehrerfrage-Schülerantwort-Feedback-Sequenzen wird so lange weitergeübt, bis alle Schülerinnen und Schüler den Lernstoff beherrschen.

Man braucht für diesen Unterricht einen ausreichend großen Vorrat von Übungsaufgaben und -fragen. Am besten notiert man sich vorher geeignete Fragen. Wenn du das Thema sehr gut beherrschst und eine ungewöhnlich versierte, kreative und schnell denkende Lehrerin bist, gelingt es dir vielleicht, die Übungsaufgaben bei laufendem Unterricht aus dem Handgelenk zu schütteln. Es ist sinnvoll, dieselben Fragen/Aufgaben mehrmals zu stellen. Mit zehn oder zwanzig Fragen und ein bisschen Lehrerfantasie kann man sehr gut eine Stunde lang üben, ohne dass die Schüler sich dabei langweilen müssen.

Antworten können im Chor gegeben oder aufgeschrieben werden. Man kann sich die Antworten ins Ohr flüstern lassen, damit alle Schülerinnen eine Chance bekommen, dieselbe Frage zu beantworten. Oder die Schüler schreiben die Antworten auf, sodass sie schnell kontrolliert werden können. Schülerinnen und Schüler können als Lehrer eingesetzt werden und die Fragen vorlesen. Wie die Antworten gegeben werden, das lässt sich auf hundert Arten variieren und für Kinder abwechslungsreich und spannend machen. Erwachsene mögen es auch, wenn es im Unterricht Action gibt, wenn es schwungvoll, lustig, sogar albern zugeht. Unterricht muss auch nicht immer im Sitzen stattfinden. Beim Einüben von Informationen im Chor können Schülerinnen und Lehrer z.B. kreuz und quer durch die Klasse wandern. Wenn man in Bewegung ist oder bleibt, kann man nämlich besser lernen.

Wichtig ist das zügige Tempo und dass *alle* Schüler drankommen. Wir dürfen keine Angst haben, auch solche Schüler aufzurufen, die sich *nicht* gemeldet haben. Zurückhaltende, bescheidene Schülerinnen und Schüler *warten* oft darauf, aufgerufen zu werden. Sie wollen sozusagen *entdeckt* werden. Wir wollen, dass *alle* erfolgreich lernen, nicht nur die so genannten »guten« Schüler. Viele Lehrerinnen und Lehrer lassen ihren Unterricht viel zu sehr von denjenigen steuern, die sich melden. Dadurch wird aber ein großer Teil der Klasse ständig benachteiligt.

Die Schüler in geordneter und vorhersehbarer Reihenfolge aufzurufen ist günstiger, als sie in Unsicherheit darüber zu lassen, wer als Nächste/r drankommen wird. In der Literatur wird oft empfohlen, zuerst die Frage/Aufgabe zu stellen und erst danach den Schüler aufzurufen, der sie beantworten soll. Das gilt als ein Mittel, wie man die Aufmerksamkeit der Schüler wach halten kann (Good/Brophy 1991, S. 217; Hamachek 1990, S. 550; Packard 1975, S. 328). Dieser Rat klingt plausibel, ist aber falsch. Schüler sind in der Regel *weniger* aufmerksam, wenn sie erst *nach* der Frage aufgerufen werden.

Einige Fragen zu stellen, ein paar Freiwillige dranzunehmen und dann anzunehmen, alle Schüler hätten den Inhalt verstanden – das ist beim Direkten Unterrichten ein pädagogischer Kunstfehler. Und mit Formulierungen wie »Habt ihr noch Fragen?« oder »Habt ihr alles verstanden?« lässt sich auch nicht effektiv prüfen, ob die Schüler genug geübt haben (Armstrong et al. 1978, S. 153). Aber diese Kunstfehler werden beim Unterrichten leider ständig gemacht.

Üben unter Lehreranleitung – klingt das nicht schrecklich lehrerzentriert? Schüler drannehmen, die sich nicht freiwillig gemeldet haben – ist das nicht Schülerfolterung? Nein. Wenn es kompetent, mit Begeisterung und innerer Überzeugung, fantasievoll und abwechslungsreich ausgeführt wird, dann ist Üben unter Lehreranleitung nach meinen persönlichen Erfahrungen den Schülerinnen durchaus nicht unangenehm – ganz im Gegenteil, sie fühlen sich dabei wohl und sind stolz, dass sie etwas lernen.

Ich war erstaunt, wie positiv meine Schüler auf das vermehrte Üben unter Lehreranleitung reagierten. Sie arbeiteten viel motivierter und disziplinierter mit als in meinem konventioneller konstruierten Unterricht.

Bei Vertretungsunterricht in mir unbekannten Klassen sträuben sich viele Schülerinnen zuerst gegen meine Versuche, »richtigen« Unterricht mit ihnen zu machen. Sie glauben, Anspruch auf eine »Gammelstunde« zu haben. Wenn ich mich dann durchsetze und ihnen *direkt* etwas beibringe, *direkt* und intensiv mit ihnen übe und darauf achte, dass alle Schülerinnen mehrmals drankommen, sagen mir fast jedes Mal nach der Stunde Schüler oder Schülerinnen von sich aus Dinge wie: »Das hat Spaß gemacht«, »Das war eine gute Stunde«, oder: »Heute hab ich mal richtig was gelernt.« Und sie wirken stolz und zufrieden dabei. An den Tagen danach erzählen mir manche Schüler, dass sie freiwillig weiter geübt haben. Oft wollen mir Schüler noch nach Monaten demonstrieren, dass sie das damals Gelernte immer noch beherrschen. Oder sie fragen mich: »Wann haben wir mal wieder bei Ihnen Vertretung?«

In den Untersuchungsberichten über das Direkte Unterrichten heißt es trocken: Nicht nur die Lernergebnisse der Schülerinnen sind besser, wenn ihre Lehrerinnen direkt unterrichten. Auch ihre Einstellungen zu Schule, Lehrern und Lernen verschlechtern sich dadurch nicht.

3. Selbstständiges Üben

Erst wenn alle Schülerinnen und Schüler sicher geworden sind, dürfen sie selbstständig, also ohne direkte Lehrerlenkung und Lehrerkontrolle, weiterüben. Vorher sind längere Stillarbeitsphasen kontraindiziert. Jetzt muss die neue Fertigkeit sozusagen vom Schüler zusammengebaut werden. Das geht anfangs relativ langsam. Aber schließlich wird die neue Fertigkeit automatisiert. Die Schüler arbeiten schnell und sicher, denn sie müssen nicht mehr jeden Schritt gedanklich »einschalten«.

Das Arbeitsengagement von Schülern lässt normalerweise schnell nach, wenn sie allein arbeiten. Darum muss die selbstständige Arbeit überwacht werden. Schüler sind auch nur Menschen.

Ich weiß natürlich, dass Lehrerinnen von heute mit Überwachung nicht viel am Hut haben. Niemand möchte gern *in die traditionelle Lehrerrolle abrutschen*.

Die meisten Schülerinnen und Schüler wünschen sich Lehrerinnen, die sich *richtig durchsetzen können*. Sie fühlen sich nicht wohl in Schulklassen, die von Mitschülern regiert werden statt von Lehrern. Wer seine Schüler nicht überwachen will, der darf sie stattdessen *ermutigen*, ihnen *helfen*, sie *zum Arbeiten motivieren*, sie *freundlich anfeuern* usw. Ob wir es nun so oder so nennen: Als Lehrer müssen wir dafür sorgen, dass die Schüler intensiv und erfolgreich arbeiten, anstatt sich zu langweilen und sich gegenseitig zu stören. Kurze Lehrerkontakte mit einzelnen Schülern – etwa 30 Sekunden pro Schülerin – genügen. Längere Kontakte können ein Symptom dafür sein, dass die Präsentation nicht ausreichte.

Sind diese Prinzipien trivial?

Na und? Das sind doch alles *altbekannte Tatsachen. Natürlich* muss sorgfältig geübt werden. *Selbstverständlich* müssen die Schüler sicher sein, bevor sie selbstständig Aufgaben lösen können. *Klar, muss man alle Schülerinnen drannehmen.* Diese Grundsätze des Direkten Unterrichtens sind trivial. Das muss man erfahrenen und kompetenten Lehrern nicht mehr aufs Butterbrot schmieren. Wirklich nicht?

Leider tun wir nicht immer, was wir für richtig halten. Und oft ist das, was wir zu tun *glauben*, nicht dasselbe wie das, was wir tatsächlich tun. Empirische Arbeiten zeigten jedenfalls, dass erfahrene Lehrerinnen und Lehrer beim Unterrichten sehr oft *nicht* nach den beschriebenen Regeln verfahren. Jedenfalls tun es viele nicht gezielt genug, nicht lange genug, nicht oft genug. Wir zeigen sozusagen den Schülerinnen im Unterricht nur kurz, was sie lernen sollen, geben ihnen Hausaufgaben auf und schicken sie dann mit der Aufforderung »Nun lernt mal schön!« nach Hause. Wenn man Unterricht beobachtet, findet man jedenfalls, dass meistens

- die Präsentation oder Demonstration des neuen Lehrstoffs viel zu flüchtig geschieht,
- viel zu wenig unter Anleitung geübt wird,

- die Lehrerinnen nur einige wenige Schüler drannehmen (nämlich die, die sich sowieso immer als Erste melden),
- die anfänglichen Fehler der Schüler nicht sorgfältig korrigiert werden,
- der Stoff nur ein einziges Mal dargeboten, die Darbietung aber höchst selten so oft wiederholt wird, bis alle Schüler den Stoff meistern,
- die Stillarbeits-Phasen viel zu lang sind, aber oft unfruchtbar bleiben, weil die Schülerinnen und Schüler die neuen Inhalte noch nicht genügend beherrschen.

Der Einwand, die Prinzipien des Direkten Unterrichtens seien altbekannte Selbstverständlichkeiten, ist eindeutig falsch. Das Gefühl, dass »direct instruction« nur die Beschreibung weit verbreiteter konventioneller Unterrichtspraktiken ist, trügt. Hinterher glauben wir gern, wir hätten alles schon längst gewusst (Myers 1996, S. 15; Gage/Berliner 1996, S. 8ff.; Giesen/Kloft 1991). *Rückschaufehler* (hindsight bias) heißt dieses interessante Phänomen.

Sehr wichtig ist, dass die Lehrer *dafür sorgen, dass die Schüler möglichst viele richtige Antworten geben können.* Die Lehrer müssen also ihre Übungsfragen und -aufgaben gezielt so formulieren, dass die Schüler sie erfolgreich beantworten können. Dieses Prinzip: ein hoher Prozentsatz richtiger Antworten, die schnell und beinahe automatisch gegeben werden, ist ein relativ neues Ergebnis der Unterrichtsforschung (Rosenshine/Stevens 1986, S. 383).

Weitere Überlegungen zum Direkten Unterrichten

Erstens: Das Unterrichtsmodell »direct instruction« sollte man nicht als Kritik an anderen didaktischen Konzeptionen verstehen. Erst recht nicht als einzig richtige Alternative zu anderen Unterrichtsformen. Wir brauchen keine didaktische Heilslehre, und didaktischer Pluralismus ist gewiss besser als didaktische Monokultur.

Das Modell verspricht nicht, alle Probleme des Unterrichts auf einen Schlag zu lösen, die Welt zu verbessern und den höchsten ethischen Ansprüchen gerecht zu werden. Es sagt nur: So kann man *auch* unterrichten. Und die Schuler werden mehr lernen als bei dem üblichen Standardunterricht und sich dabei nicht ständig unwohl fühlen. Diese Bescheidenheit ist für ein didaktisches Modell sehr untypisch. Das finde ich ja gerade so sympathisch an diesem Modell.

Zweitens: Unterrichtskonzeptionen und didaktische Modelle können leider nicht selbst unterrichten. Das können nur kompetente Lehrerinnen und Lehrer. Aus einem hervorragenden Drehbuch kann man einen schlechten Film machen. Jede Didaktik lässt sich leicht verhunzen, wenn sie inkompetent und unprofessionell inszeniert wird. Die Schüler gewinnen dann keine Einsichten, sondern verlieren den Durchblick. Auch das Direkte Unterrichten kann *miss*lingen. Mit einer gehörigen Portion Humorlosigkeit und Pedanterie, Sturheit und Starrheit ausgeführt, kann Direktes Unterrichten zu vorsintflutlichem Formalstufen-Unterricht werden. Ich inszeniere stures Pauken statt mitreißenden Unterricht, wenn ich dieses Unterrichtsmuster fundamentalistisch, zwanghaft, fantasie- und humorlos, gefühllos, lieblos, ohne Verständnis *für* und Respekt *vor* meinen Schülern, ohne Abwechslung, ohne Begeisterung, ohne innere Überzeugung und ohne Freude am Unterrichten abliefere. Ziller würde sich im Grabe umdrehen. Und Herbart würde darin rotieren.

Eine didaktisches Modell ist kein Ersatz für Interaktions- und Lehrkompetenz. Theorien sind nur Werkzeuge. Werkzeuge kann man geschickt oder ungeschickt benutzen.

Drittens: Wenn wir nicht direkt unterrichten und jede Unterrichtsstunde ein weiteres Thema aus dem Lehrplan abhaken, schaffen wir vielleicht mehr Unterrichtsstoff. Die Schüler lernen allerdings weniger davon. Wir veranstalten ein didaktisches Feuerwerk. Aber das verglüht schnell. In den Schülerköpfen bleibt es finster. Mich befriedigt es mehr, wenn ich sehe, dass meine Schülerinnen und Schüler wirklich etwas können und wissen. Ich möchte auch nicht, dass sie hilflos herumstottern müssen, wenn sie erzählen oder aufschreiben sollen, was sie gelernt haben. Das empfinde ich als unwürdig.

Viertens: Der »Wir-müssen-den-Lehrplan-erfüllen-Unterricht«, in dem die Themen auf die Schüler niederprasseln, aber viel zu wenig geübt wird, zerstört langfristig unsere Freude am Unterrichten und unser professionelles erzieherisches Engagement. Denn obwohl ich mir mit meinem Unterricht so viel Mühe gebe, erlebe ich beinahe täglich, dass meine Schülerinnen *zu wenig können* und *nichts richtig begreifen.* Das demoralisiert mich. Meine Arbeit erscheint mir sinnlos. Ich fühle mich frustriert, hilflos, machtlos, wenig professionell, wertlos. Wenn das Gefühl »Die lernen ja doch nichts und *wollen* auch gar nicht lernen« in mir erst einmal die Aktienmehrheit gewonnen hat, dann wird es immer schwieriger für mich, engagiert und aufgeschlossen zu unterrichten. Das Direkte Unterrichten ist eine gute Medizin gegen diesen pädagogischen Pessimismus, der sich zu traurigem und hilflosem Zynismus steigern kann.

Fünftens: Ich kann persönlich prüfen, ob sich das Direkte Unterrichten in meinem Unterricht für mich und meine Schüler bewährt oder nicht. Ich kann das Modell sogar »stückweise« ausprobieren. Wie reagieren meine Schüler darauf, wenn ich ihnen Fragen stelle, die sie beantworten können? Ich kann Experimente mit verschiedenen Methoden des Drannehmens machen. Ich kann Methoden erfinden, wie sich das Unterrichtstempo beschleunigen lässt; wie ich dieselben 10 oder 20 Fragen immer noch einmal stellen kann, ohne dass es für die Klasse langweilig wird; wie ich den Lehrstoff am geschicktesten präsentieren kann usw.

Prüfbarkeit durch die einzelne Lehrerin sollte bei einem anständigen Didaktikmodell eigentlich zur Standardausführung gehören. Leider hat sich das in den hohen Hallen der Didaktik noch nicht herumgesprochen. Didaktische Modelle sind gewöhnlich viel zu vage formuliert, als dass man sie selbst überprüfen könnte. Meist wird vor allem beschrieben, welche *Ziele* ich anstreben und was ich als Lehrer *nicht* tun soll. Aber was ich positiv *tun* kann, wie ich im Unterricht konkret vorgehen soll, das bleibt meinem Geschmack und meiner Fantasie überlassen. Angeblich soll das ein Vorteil sein, weil dadurch meine pädagogische Freiheit nicht eingeschränkt wird. Ich persönlich fühle mich durch konkrete methodische Vorschläge in meiner Freiheit nicht eingeengt. Denn die kann ich prüfen und, wenn sie mir nicht zusagen, ablehnen. Was mich einengt, das sind eher die mit *moralischem Zeigefinger* vorgetragenen Tabus, wie sie in didaktischen Texten an der Tagesordnung sind. Klare Vorschläge wie beim Direkten Unterrichten finde ich im Vergleich zu didaktischen Moraltraktaten eher befreiend.

Sechstens: Niemand ist *verpflichtet*, Direkten Unterricht zu praktizieren. Überhaupt ist es ein Fehler, wenn Lehrer mehr ihre didaktische Ideologie und die lehrbuchgetreue Form des Unterrichts im Auge haben als ihre Schüler und deren Lernen. Ein instruktives Beispiel dafür erzählt O`Neill (1991).

Siebtens: Direktes Unterrichten eignet sich für solche Themen, die gut strukturiert sind. Strukturiertheit ist allerdings keine immanente Eigenschaft von ganz bestimmten Themen. Sondern wir müssen die Themen, die wir unseren Schülern direkt beibringen wollen, zuerst selbst mit einer Struktur versehen, sie in eine zum Lernen geeignete Struktur bringen. Das ist durchaus auch bei solchen Themen möglich, die traditionell als höchst unstrukturiert gelten und von denen man annimmt, dass es ganz unmöglich sei, sie logisch zu zergliedern. Beispielsweise glauben viele, dass dies für das so genannte kreative Schreiben gelte. Aber es gibt auch auf diesem Gebiet vieles, was man direkt (auswendig) lernen und in kleinen Schritten (drillmäßig) einüben kann, wenn man nicht mit dem Ausmaß von Kreativität zufrieden ist, das die Schüler von sich aus einbringen, wenn man sie einfach so schreiben lässt, wie sie wollen. Zum Thema Schreibkunst existiert eine umfangreiche Literatur, die man nur zur Kenntnis nehmen muss, wenn man nach lehrbaren Strukturen dieser Fähigkeit sucht (z.B. Frey 1993; Reiners 1961; Schumann 1983).

Selbst ein so »delikater« und »persönlicher« Bereich wie der Umgang mit unseren Gefühlen und inneren Konflikten, die Art und Weise, wie wir mit uns selbst und anderen kommunizieren, ist heute durchaus kein strukturloser und dunkler Kontinent der Seele mehr, vor dem man als Lehrer kapitulieren muss. Was Psychologen und Therapeuten wie Dyer (1976), Ellis (1998), Lazarus/Fay (1981) oder Schulz von Thun (1998) herausgearbeitet haben, das kann man seinen Schülern, wenn man ihnen helfen möchte, ebenso direkt beibringen wie Kopfrechnen oder Schönschreiben. Und ebenso wie es bei Kopfrechnen und Schönschreiben auch der Fall ist, entscheidet letztlich immer der einzelne Schüler, ob er die Lehren annehmen und beherzigen will oder nicht.

Achtens: Direktes Unterrichten ist nicht an die 45-Minuten-Stunde gebunden. Ich kann in jeden beliebigen Unterricht ein- oder mehrmals für einige Minuten Direktes

Unterrichten – z.B. Üben unter Lehreranleitung – einstreuen. Ich kann auch mehrere Stunden hintereinander nach diesem Modell arbeiten.

Es gibt viele Muster für guten Unterricht

Noch einmal: Direktes Unterrichten ist *nicht* die einzig richtige Methode, die alle unterrichtlichen Aufgaben und Probleme löst. Direktes Unterrichten beansprucht auch nicht, ethisch wertvoller zu sein als andere Unterrichtsmuster. Wir Lehrerinnen haben Methodenfreiheit. Glücklicherweise. Denn sonst wäre das Direkte Unterrichten vielleicht eine unerlaubte Unterrichtsmethode. Verpönt genug ist es ja jetzt schon.

Literatur

Armstrong, D.G./Denton, J.J./Savage, Jr. T.V.: Instructional skills handbook. Englewood Cliffs/New Jersey 1978.

Dichanz, H./Zahorik, J.A.: Zauberformel »Direct Instruction« – Methodenmonismus und die Folgen für die Lehrerausbildung. Bildung und Erziehung 39 (1986), S. 295–310.

Dyer, W.W.: Your erroneous zones. New York 1976 (Dt.: Der wunde Punkt).

Ellis, A.: Training der Gefühle. Landsberg ²1998.

Frey, J.N.: Wie man einen verdammt guten Roman schreibt. Köln 1993.

Gage, N.L./Berliner, D.C.: Pädagogische Psychologie. Hrsg.: G. Bach. Weinheim ⁵1996.

Giesen, H./Kloft, C.: Hätten Sie's gewußt? – Eine Erwiderung auf Langfeldt. In: Psychologie in Erziehung und Unterricht 38 (1991), S. 152–156.

Good, T.L./Brophy, J.E.: Looking in classrooms. Harper Collins ⁵1991.

Hamachek, D.: Psychology in teaching, learning and growth. Boston ⁴1990.

Heitger, M.: Der Lehrer als Pädagoge? In: Schirlbauer, A. (Hrsg.): Lehrer sein heute. Innsbruck/Wien 1991.

Hühne, H.M./Mühlhausen, U.: Überraschungsoffenheit gegen langweiligen Unterricht. In: Pädagogik 49 (1997), S. 20–25.

Kintsch, W.: Lernen aus Texten. In: Hoffmann, J./Kintsch, W. (Hrsg.): Lernen. Enzyklopädie der Psychologie. C, II, Bd. 7. Göttingen/Bern/Toronto/Seattle 1996.

Koch, L.: Besprechung von: R. Loska (1995) Lehren ohne Belehrung – Leonard Nelsons neosokratische Methode der Gesprächsführung. In: Vierteljahrsschrift für wissenschaftliche Pädagogik 73 (1997), S. 274 – 275.

Lazarus, A./Fay, A.: Ich kann, wenn ich will. Stuttgart 1981.

Maybury-Lewis, D.: Millennium: Tribal wisdom and the modern world. New York 1992.

Meyer, P.M.: Die biografische Schule. Bern 1994.

Myers, D.G.: Social psychology. New York ⁵1996.

O'Neill, R.: The plausible myth of learner-centredness: or the importance of doing ordinary things well. ELT Journal 45 (1991), S. 293–304.

Packard, R.G.: Psychology of learning and instruction: A performance-based course. Columbus/Ohio 1975.

Reiners, L.: Stilkunst. München 1961; 1943.

Rosenshine, B.: Direct instruction. In: Husen, T./Postlethwaite, T.N. (eds.): The International Encyclopedia of Education. Vol. 3 (1985), S. 1395–1400.

Rosenshine, B./Meister, C.: Direct instruction. In: Husen, T./Postlethwaite, T.N. (eds.): The International Encyclopedia of Education. Vol. 3 (1994), S. 1524–1530.

Rosenshine, B./Stevens, R.: Teaching functions. In: Wittrock, M.C. (ed.): Handbook of research on teaching. Third edition. New York 1986, S. 376–391.

Schulz von Thun, F.: Miteinander reden 3. Reinbek 1998.

Schumann, O. (Hrsg.): Grundlagen und Technik der Schreibkunst. Herrsching 1983.

Treiber, B./Weinert, F.E.: Lehr-Lern-Forschung. München/Wien/Baltimore 1982.

Weidenmann, B.: Lernen – Lerntheorie. In: Lenzen, D. (Hrsg.): Pädagogische Grundbegriffe, Bd. 2. Reinbek 1989, S. 996–1010. Auch in: Otto, G./Schulz, W. (Hrsg.): Enzyklopädie Erziehungswissenschaft, Bd. 4: Methoden und Medien der Erziehung und des Unterrichts. Stuttgart 1985, S. 160–172.

Angela Frey-Eiling/Karl Frey

Das Gruppenpuzzle

Das Gruppenpuzzle ist eine Form von Gruppenunterricht. Die Schüler/innen erarbeiten einen Teil des Themas mit Hilfe eines Selbststudienmaterials. Anschließend unterrichten sie ihre Klassenkameraden darüber in kleinen Gruppen. Ein derartiger Gruppenunterricht dauert drei bis fünf Stunden und lasst sich in allen Unterrichtsfächern initiieren.

Die wesentlichen Schritte des Gruppenpuzzles

Ein Gruppenpuzzle besteht aus fünf Arbeitsphasen: Dem ersten Arbeitsschritt, der Erarbeitung und Aufbereitung des Selbststudienmaterials durch die Lehrperson, folgen nach einer kurzen unterrichtlichen Einführung vier verschiedene Aktivitäten der Schülerinnen und Schüler.

1) *Die Lehrperson bereitet das Lernmaterial vor*
   Als Lehrer gliedern Sie den Stoff in vier oder fünf Teilgebiete. Für jeden dieser Teilbereiche schreiben Sie entweder ein Selbststudienmaterial oder Sie wählen verständliche Lernmaterialien für die Schüler aus.
   In der Schule teilen Sie dann nach einer kurzen Erläuterung des Arbeitsauftrages die Klasse in Gruppen mit mindestens vier Schülern auf. Jedes Gruppenmitglied erhält die Arbeitsmaterialien für eines der vier oder fünf Teilgebiete.
2) *Die Schüler/innen erarbeiten ihre Themen individuell*
   Alle Lernenden bearbeiten nun ihren Teil des Lehrstoffes in Einzelarbeit. Die Lehrperson hat dieses Selbststudienmaterial vorher zusammengestellt. Je nach Zahl der Arbeitsgruppen bearbeiten also die einzelnen Schüler/innen ein Viertel oder ein Fünftel des gesamten Themengebietes. Kleine Fragen und Tests zur Selbstkontrolle zeigen, ob sie nachher das Thema beherrschen. Es ist wichtig, dass sie sich absolut sicher fühlen. Deshalb folgt nach dem Selbststudium die Expertenrunde.
3) *Die Schüler vertiefen und sichern das Gelernte in der Expertenrunde*
   Die Schüler/innen, die das gleiche Thema bearbeitet haben, treffen sich nun in einer Expertenrunde (Abbildung 1). Hier besprechen sie das zuvor Gelernte und beantworten sich gegenseitig noch offene Fragen. Sie unterstützen sich auf dem Weg zum Experten. Am Ende steht eine von der Lehrperson vorgegebene Lernkontrolle.

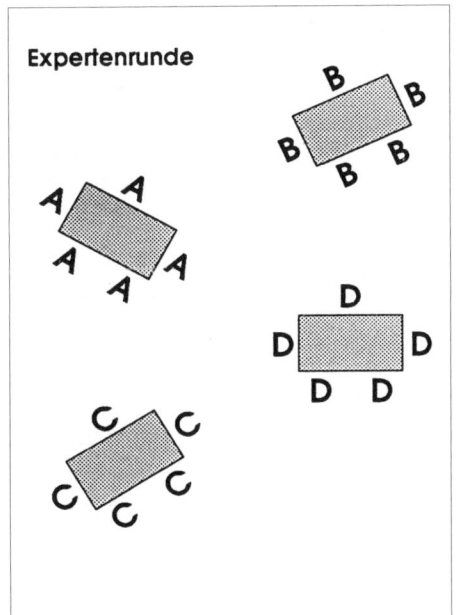

Abbildung 1

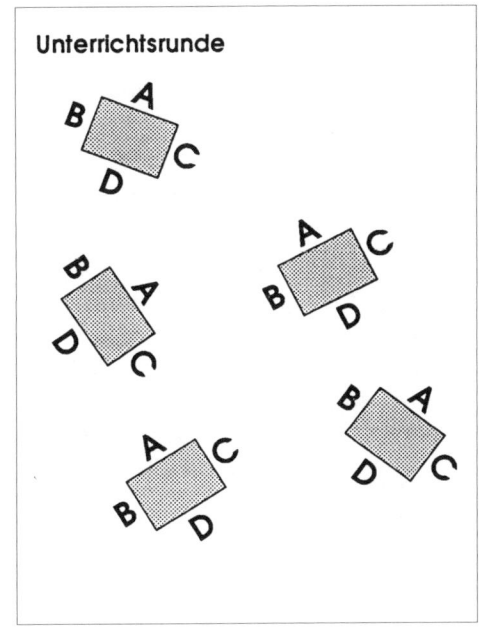

Abbildung 2

4) *Didaktische Vorbereitung*

Danach planen die Schüler/innen in jeder Expertenrunde gemeinsam den Unterricht für die anderen Klassenkameraden. Sie besprechen, wie sie ihr Wissen am wirkungsvollsten vermitteln könnten, welche Hilfsmittel sie einsetzen und wie sie die Zeit einteilen wollen.

Die Lernziele sind bekannt. Es sind die gleichen, die sie auch von der Lehrperson vor dem Selbststudium erhalten haben. Schließlich überlegen sie sich gemeinsam einige Kontrollfragen, mit denen sie den Erfolg der Mitschüler/innen überprüfen wollen. Die Fragen und Antworten halten sie schriftlich fest. Vielleicht geben sie sie der Lehrperson zur Durchsicht. Sie können aber auch die Aufgaben, die sie selbst – im zweiten Arbeitsschritt – von der Lehrperson erhalten hatten, zur Evaluation benutzen.

5) *Unterrichtsrunde*

Die Schüler/innen bilden nun neue Vierer- oder Fünfergruppen. Hier sind die verschiedenen Teilbereiche des Lernstoffes durch einen Experten vertreten.

Nun kommt die Umsetzung: Reihum unterrichtet jeder »als Lehrperson« sein vorbereitetes Thema, während die anderen Gruppenmitglieder der Unterrichtsrunde jeweils die Lernenden sind. So findet in mehreren Gruppen parallel der gleiche Unterricht statt. Die Grafik (Abb. 2) zeigt, wie die Klasse aufgeteilt wird.

Woher stammt das Gruppenpuzzle?

Die Geschichte dieser Methode kann man sehr leicht verfolgen. Es ist eine Gruppe von israelischen und amerikanischen Sozialpsychologen und Lehrerbildnern, die das Gruppenpuzzle entwickelt haben. Ursprünglich hieß die Methode »die Laubsäge-Technik«: als Buchtitel »The jigsaw classroom« (Aronson 1978).

Die Laubsäge hat als Symbol folgende Bedeutung: Man hat eine größere Thematik, die man behandeln will, z.B. »Herbstlieder ... Hormone«, »Umweltbelastung durch die europäische Einigung«. Man zerschneidet dieses ganze Gebiet wie mit der Laubsäge in mehrere Teile. Diese verschiedenen Gebiete, Felder oder Puzzlestücke verteilt man an die Gruppen, die ihr Teilgebiet dann bis zur Perfektion bearbeiten. In der Unterrichtsrunde fügen sich die verschiedenen Puzzlestücke wieder zu einem Ganzen zusammen.

Wie wirkt sich das Gruppenpuzzle aus?

- *Mehr Selbstvertrauen*
  Das Wichtigste und absolut Erfreulichste möchten wir vorneweg mitteilen.
  Das Gruppenpuzzle ist die einzige Unterrichtsmethode, die uns in den letzten 30 Jahren begegnet ist, welche nachweislich das Selbstvertrauen der Lernenden stärkt (vgl. Lazarowitz 1991). Wie ist dieser Befund zu erklären?
  Der herkömmliche Schulunterricht produziert bei der Mehrheit der Schüler/innen eine permanente Überforderung und damit Unterdrückung. Das führt tendenziell zur Verkümmerung des Selbstbewusstseins. Dabei sind Selbstbewusstsein und Selbstvertrauen wesentliche Voraussetzungen für Erfolg in der Zukunft. Der Sachverhalt ist empirisch vielfach beschrieben worden (vgl. Fend 1988).
  Wir wissen auch, warum diese latente und manifeste Überforderung und Destruktion des Selbstbewusstseins zu Stande kommen: Der Unterricht orientiert sich an der Leistungsfähigkeit des oberen Leistungsdrittels (vgl. Lundgren 1972).
  Das Gruppenpuzzle kann hier dagegenhalten, indem es gebietsspezifisches Selbstvertrauen fördert. Dieses faszinierende Qualitätsmerkmal hat uns bewogen, das Gruppenpuzzle als festen Bestandteil in die Lehrerausbildung an der Eidgenössischen Technischen Hochschule (ETH) in Zürich aufzunehmen.
- *Erkennbar weniger Aggressionsbereitschaft innerhalb der Klasse*
  Wer wünschte sich nicht eine Unterrichtsmethode, die Derartiges hervorbringt? Zudem noch kombiniert mit dem dritten Effekt:
- *Erkennbar höhere Wertschätzung der Schüler/innen untereinander*, insbesondere gegenüber den schwächeren Gruppenmitgliedern.
- *Der Lernerfolg ist tendenziell etwas höher als beim normalen lehrerzentrierten Unterricht.* Das hat Lazarowitz (1991) in der folgenden Studie nachgewiesen.

Einmal ging es um Unterricht zum Thema Mitose. Das zweite Thema war Meiose. Beides in der 9. Klasse. Die Experimentalgruppe hat das Puzzle bearbeitet. Die Vergleichsgruppe erhielt normalen lehrergesteuerten Unterricht. *Overall* bezieht sich auf die spätere Leistung in einem Test. Man sieht, dass die Puzzle-Schüler/innen etwas mehr gelernt haben. Besonders profitierten die Mädchen:

Achievement Differences in 9th Grade Biology Using Cooperative and Conventional Instruction		
Variables:	Experimental Group X	Control Group X
(SD) Mitosis	(SD)	
Overall	78.50 (1.30)	64.70 (1.29)
Boys	77.08 (1.26)	65.55 (1.18)
Girls	80.78 (1.117)	65.15 (1.80)
Achievement Differences in 9th Grade Biology Using Cooperative and Conventional Instruction		
Variables:	Experimental Group X	Control Group X
(SD) Meiosis	(SD)	
Overall	75.80 (1.29)	59.90 (1.94)
Boys	74.75 (1.20)	60.16 (1.13)
Girls	77.76 (1.17)	60.09 (1.34)
(Lazarowitz 1991, S. 20)		

Die meisten empirischen Untersuchungen, die diese Befunde hervorgebracht haben, stammen von Lazarowitz (Lazarowitz 1985, 1991) und Aronson (Aronson 1984).

Lehrpersonen äußern häufig, die Puzzlemethode benötige doppelt so viel Zeit wie ihr lehrerzentrierter Unterricht. Diese Einschätzung ist falsch, wenn man nach der Effektivität des Unterrichts fragt.

Wie kommt es zu dieser Fehleinschätzung? Die Lehrperson behandelt zum Beispiel ein Thema während zwei Stunden. Für sie ist die Sache erledigt, denn sie nimmt an, die Schüler hätten die Lernziele erreicht.

Die Untersuchungen von Lazarowitz zeigen aber, dass dies ein Trugschluss ist. Die Lehrperson ist zwar nach einer Stunde mit dem Stoff »durch«. Die Schüler würden hingegen die doppelte Zeit benötigen, um den Stoff zu beherrschen.

Diese Erkenntnis deckt sich mit den Studien von Bloom (1976) zu »Mastery learning« und jenen von Brophy und Good (1976) zu Interaktionen in der Klasse.

Alle Elemente methodisch exakt umsetzen!

Die Puzzle-Methode erzielt ihre Wirkung nur, wenn Sie sämtliche Elemente gründlich ausarbeiten und methodisch exakt umsetzen. Die landläufige Vorgehensweise gemäß dem Motto »Schüler unterrichten Schüler« ist dagegen eine sehr zweideutige Angelegenheit. Sehr oft sind die Wirkungen kontaproduktiv, wie die seriösen empirischen Untersuchungen zeigen. In dieser Frage können Sie sich nicht auf Ihre persönlichen Erfahrungen oder begeisternde Erzählungen von Gruppenpädagogen verlassen (vgl. Webb 1985; Cohen 1994).

Und noch eine zweite warnende Vorbemerkung: Das Gruppenpuzzle ist keine Methode, die einen Lehrgang ersetzen kann; es geht hier auch nicht um entdeckendes Lernen oder um Projektunterricht, bei dem die Schüler ihr Themengebiet und ihre Methodik selbst finden. Die Stärken des Gruppenpuzzles zeigen sich vielmehr immer dann, wenn Informationen effektiv vermittelt werden sollen.

Die Aufgabe der Lehrperson

Während des Unterrichts sind Sie als Lehrperson nicht gefragt. Ihre Stunde war vorher! Wenn Sie die Arbeitsschritte der Schüler gut vorbereitet haben, sind Sie während des Unterrichts überflüssig. Die Schüler/innen arbeiten autonom. Wie also lässt sich die Arbeit nach der Methode des Gruppenpuzzles vorbereiten, was konkret ist zu tun?

Die didaktische Struktur des Themenfeldes

- *Zeitlichen Rahmen festlegen.* Die Themen können zwei bis acht Stunden umfassen. Wir empfehlen, am Anfang höchstens drei Stunden zu planen. Denn allzu leicht erliegen Sie der bereits oben beschriebenen zeitlichen Fehleinschätzung. Halbieren Sie also den Stoff im Hinblick auf die Zeit, die Sie zur Verfügung haben.
- *Teilen Sie das Stoffgebiet in verschiedene Teilgebiete auf.* Nehmen Sie ein Thema, das sich von verschiedenen Seiten beleuchten lässt. Es versteht sich, dass Sie keine hierarchisch aufgebauten Einführungsthemen wählen. Sie präparieren also ein Selbststudienmaterial für Ihre Schülerinnen und Schüler. Wenn Sie beispielsweise 20 Schüler/innen haben, bereiten Sie vier Themen für jeweils fünf Schüler/innen vor.
- *Formulieren Sie Lernziele.* Auf einem Arbeitsanleitungsblatt formulieren Sie für jedes der vier Stoffgebiete ganz präzise Lernziele. Die Selbstkontrollen und Tests decken exakt diese Lernziele ab. Dasselbe gilt natürlich für spätere Prüfungen, die Sie planen. Die Schüler/innen müssen ganz klar wissen, was Sie von ihnen am Schluss erwarten.

Das Selbststudienmaterial

Die Entwicklung des Selbststudienmaterials ist für die Lehrperson sicherlich ungewohnte Arbeit, denn hier kommt es darauf an, Lernen ohne direkte Lehrerhilfe zu initiieren.

- Am Anfang steht eine *Übersicht* dessen, was man anhand dieses Selbststudienmaterials lernen wird. Diese Vorausbeschreibung muss gewährleisten, dass die Lernenden das Wesentliche sofort begreifen. Wenn Sie wissen, wie man einen »Advance Organizer« formuliert, dann liegen Sie richtig. Theorie und Anleitung finden Sie bei Ausubel (1974).
- Auf einem *Arbeitsanleitungsblatt* machen Sie einen Vorschlag, wie die Schüler/innen vorgehen könnten, um das Thema selbst zu erarbeiten. Beschränken Sie sich hierbei auf zentrale Hinweise und beachten Sie: Jede Schülerin und jeder Schüler soll Erfolg haben können.
- Im Mittelpunkt des Studienmaterials steht natürlich die *Darstellung des Inhaltes*. Der Stoff muss so klar formuliert sein, dass die Studierenden sofort verstehen, worum es geht. Dasselbe gilt, wenn die Schüler/innen eine Fertigkeit einüben. Bei einem Puzzle mit einer gesamten Bearbeitungszeit von etwa drei Stunden brauchen die Teilnehmer/innen etwa 20 Minuten Zeit, um individuell ihren Teil zu lernen.
  Beispiel: Ein Stoffgebiet für eine Unterrichtsstunde im Fach Geografie, Thema: »Energieversorgung«. Gruppe A hat etwa 20 Minuten Zeit, den Text zum Thema »Erdöl« zu bearbeiten. Die Teilnehmer/innen der Gruppe B müssen sich mit »Wasserkraftwerken« auseinander setzen. Wer der Gruppe C zugeteilt ist, kann etwas zum Thema »Windenergie« lernen.
- *Selbstkontrolle*. Am Ende der Texte des Selbststudienmaterials steht ein kleiner Test, der genau auf die Lernziele abgestimmt ist. Die Schüler/innen können sich also selbst kontrollieren: Sie prüfen, ob sie das Wesentliche verstanden haben. Sie stellen fest, ob sie das notwendige Können erworben haben, und sehen, wo noch Lücken sind. Für eine effektive Arbeit in der Expertenrunde ist dies entscheidend.

Das Expertentraining

Jetzt folgen etwa 10 bis 15 wichtige Minuten in jeder Gruppe. Alle Teilnehmer haben nun ihren Teilbereich im Kopf. Alle haben eine Lernkontrolle durchgeführt. Jetzt helfen sie sich gegenseitig, Unklarheiten zu beheben. Am Ende werden sie so viel Sicherheit gewonnen haben, dass sie sich alle als Experten fühlen.

Für diese Arbeit in der Expertenrunde brauchen Sie in der Regel keine schriftliche Vorbereitung. Wichtig ist nur die Zeitplanung.

Didaktische Vorbereitung der Experten

Nun bleiben noch ungefähr 25 Minuten, die der Vorbereitung auf die Unterrichtsrunde gewidmet sind. Hier geht es um die Frage: Wie bringe ich als Schüler/in den
anderen das Gelernte bei? In der Regel erhalten die Schüler/innen dazu eine kleine
Didaktik, die in wenigen Stichworten an zentrale Merkmale einer effektiven Vermittlung erinnert. Wer das erste Mal mit dem Gruppenpuzzle arbeitet, tut gut daran,
vorher einmal eine Stunde darauf zu verwenden, den Lernenden grundlegende
Elemente des Unterrichts bekannt zu machen.

Die Unterrichtsrunde

Im Anschluss an die Expertenrunde folgt die Unterrichtsrunde. Die Schüler/innen
der Gruppe A verteilen sich auf fünf verschiedene Tische. Ebenso die Gruppen B, C
und D. Jedes Gruppenmitglied unterrichtet nun die anderen am Tisch über sein
Wissensgebiet. Diese Unterrichtsrunde dauert in der Regel gleich lang wie die Expertenrunde, wobei die Wissensvermittlung in jedem Teilbereich vielleicht fünf bis zehn
Minuten erfordert. Für Diskussionen und Fragen bleiben dann noch etwa zehn
Minuten Zeit.

- *Ernstfall.* Allen ist klar, dass die Lehrperson nicht nachbessert. Alle wissen, dass es
  ernst ist und dass jeder für das eigene Thema verantwortlich ist. Jeder weiß: Ich
  muss mein Stoffgebiet so gut vermitteln, dass meine Mitschüler/innen eine Prüfung darüber bestehen könnten.
- *Prüfung.* Wenn Sie eine Prüfung planen, haben Sie dies bereits in der Einführung
  mitgeteilt. Die Schüler/innen sind auch darüber informiert, dass die Prüfung
  ausschließlich den klar umgrenzten Lernzielen gilt.

Zwei Nachträge

- *Was ist das Wesentliche an der Puzzle-Methode?* Lernende werden in die Lage
  versetzt, ein bestimmtes Wissen wirklich zu beherrschen. Dieses Wissen können
  sie dann in einer ernsthaften Situation weitergeben.
  Sie machen mit dieser Unterrichtsmethode wichtige Erfahrungen: ein Stoffgebiet
  wirklich zu beherrschen und das Gelernte weitergeben zu können.
- *Ist das Erarbeiten der Materialien zeitlich zu aufwändig?* Die Lehrperson muss alle
  Materialien vorbereiten. Selbst schreibgewohnte Lehrbuchautoren erarbeiten
  meist drei Fassungen mit Erprobung, bis Lehrtexte verständlich und vollständig
  sind. Das ist ein alter Erfahrungswert aus der Curriculumentwicklung und aus
  unseren Arbeiten mit Lehrern. Dies klingt abschreckend, aber lassen Sie sich
  deshalb nicht entmutigen!

Sie können Puzzleunterlagen mehrmals wieder verwenden und vor allem auch im Lehrerkollegium austauschen. Außerdem können Sie auf fertige Puzzlematerialien zurückgreifen: Zum Beispiel haben wir für mehrere Fächer im mathematisch-naturwissenschaftlichen Bereich Muster-Puzzleunterlagen strukturiert, erprobt und international über das Internet zur Verfügung gestellt *(http:lleduceth.ethz.ch)*. Auch in Fachzeitschriften sind einzelne Beiträge zum Thema veröffentlicht. Vor allem aber werden Sie von den Erfolgen Ihrer eigenen Arbeit bald überzeugt sein.

Literatur

Aronson E. et al.: The jigsaw classroom. Beverly Hills 1978.

Aronson E.: Förderung von Schulleistung, Selbstwert und prosozialem Verhalten: Die Jigsaw-Methode. In: Huber G.L./Rotering-Steinberg S./Wahl D. (Hrsg.): Kooperatives Lernen. Weinheim 1984, S. 48–59.

Ausubel, D.P.: Psychologie des Unterrichts, Bd. 1 und 2. Weinheim 1974.

Bloom, B.S.: Human characteristics and school learning. New York 1976.

Brophy, J.E./Good, T.L.: Teacher-Student-Relationships. New York 1974 (Dt.: Lehrer-Schüler-Interaktion. München 1976).

Cohen, E.G.: Restructuring the classroom: Conditions for productive small groups. In: Review of educational research 64 (1994), Spring No. 1, S. 1–35.

Fend, H.: Sozialgeschichte des Aufwachsens. Frankfurt a.M. 1988.

Fend, H.: Die Entdeckung des Selbst und die Verarbeitung der Pubertät, Band 3. Bern 1994.

Lazarowitz R. et al.: The effects of modified jigsaw on achievement, classroom social climate and self-esteem in high school science classes. In: Slavin R. et al. (Eds.): Learning to cooperate, cooperating to learn. New York 1985, S. 231–253.

Lazarowitz, R.: Learning biology cooperatively. In: Cooperative learning 11 (1991), No. 3, April, S. 19–21.

Lundgren, U.P.: Frame factors and the teaching process. A Contribution to Curriculum Theory and Theory on Teaching. Stockholm 1972.

Webb, N.M.: Student interaction and learning in small groups: a research summary. In: Slavin, R. et al. (Eds.): Learning to cooperate, cooperating to learn. New York 1985, S. 147–172.

Wittrock M.C. (Ed.): Handbook of research on teaching. New York 1986.

Irmintraut Hegele

Stationenarbeit

Ein Einstieg in den offenen Unterricht

Der Beitrag informiert sowohl über didaktische Begründungszusammenhänge als auch über methodische Fragen, die mit der Planung, Durchführung und Auswertung von Stationenarbeit verbunden sind. Darüber hinaus werden Ergebnisse der Lehr-Lern-Forschung zur Effektivität dieser Arbeitsform referiert und kritisch diskutiert.

Was ist Stationenarbeit?

Die Schüler/innen erarbeiten das in verschiedene Teilaspekte differenzierte Thema im Rahmen von Lernstationen weitgehend selbstständig. Die für die verschiedenen Stationen vorgesehenen Lernziele sind so aufeinander abgestimmt, dass die übergreifenden Lernziele des Unterrichts erreicht werden können. Jede Lernstation muss dazu neben den erforderlichen Arbeitsmaterialien auch die entsprechenden Arbeitsaufträge anbieten. Während im lehrerzentrierten Unterricht die Inhalte im zeitlich gestuften Nacheinander erarbeitet werden, wird hier der gesamte Unterrichtsinhalt gleichzeitig angeboten, sodass die Schüler/innen über die Reihenfolge der Arbeit und über die Verweildauer an jeder Lernstation weitgehend selbst bestimmen können. Sehr viele Lernzirkel ermöglichen es den Schüler/innen an ein und demselben Thema auf unterschiedlichem Schwierigkeitsniveau und mit unterschiedlichen Interessenschwerpunkten zu arbeiten.

Wer soll an Stationen lernen?

Stationenarbeit ist heute eine der bekanntesten und beliebtesten Formen des offenen Unterrichts. Dies dürfte ihrer Vielseitigkeit und der großen Breite ihrer Einsatzmöglichkeiten zuzuschreiben sein. So wird Stationenarbeit häufig zur intensiven Übung zuvor im gemeinsamen Unterricht erarbeiteter Lerninhalte, wie z.B. mathematischer Operationen, Rechtschreibprobleme u. Ä. (vgl. Wilke 1996; Breitling/Girke 1996) eingesetzt. Thematische Lernzirkel bieten in der Regel einen entdeckenlassenden Zugang zu einem bestimmten Thema einer Unterrichtseinheit, wie z.B. der Sonnenblume oder der Kartoffel (vgl. Wallaschek 1991). Neben den in der Grundschule beliebten fächerübergreifenden Lernzirkeln (vgl. Hollstein 1998) wird diese Lernform derzeit immer häufiger auch im Fachunterricht der Sekundarstufen praktiziert (vgl. Graf 1997). Aber nicht nur Schüler/innen aller Schulstufen und Schularten profitieren heute von dieser Unterrichtsform. So lernen Lehrer/innen an Stationen, mit verschiedenen Formen des offenen Unterrichts umzugehen (vgl. Hajek 1997), und Eltern erfahren beim eigenen Tun, was ihre Kinder an Stationen lernen und worin der Unterschied zu den in ihrer Schulzeit üblichen Lehr- und Lernformen besteht (vgl. Haug 1998).

Stationenarbeit, Arbeit im Lernzirkel oder Lernen an Stationen[1] ist eine neue Form des offenen Unterrichts. Die Idee stammt ursprünglich aus dem Bereich des Sports (vgl. Bauer 1997a, S.26). Die Übertragung dieser Unterrichtsform auf andere Lernbereiche erfolgte erst in den 80er- und 90er-Jahren – zunächst für den Bereich der Grundschule (vgl. Wallaschek 1991; Bauer 1997a; Hegele 1998) – danach auf Grund ihrer zunehmenden Akzeptanz bei Lehrern/Lehrerinnen und Schüler/innen auch in der Sekundarstufe I (vgl. Bauer 1997b). Wenn auch die heute praktizierte Form der Stationenarbeit relativ neu ist, so reichen ihre pädagogischen Grundprinzipien, wie die aller anderen Formen des offenen Unterrichts, bis in die Zeit der Reformpädagogik zurück. Die Förderung individuellen Lernens, von Selbsttätigkeit und Selbstständigkeit bei den Schüler/innen ist nicht erst eine Erfindung unserer Zeit. Auch finden sich bei einer Reihe von Reformpädagogen wertvolle Anregung für die Planung und Durchführung individueller, selbstständiger Schüler/innenarbeit.

So sah der Dalton-Plan von Helen Parkhurst (1887–1959) schon im Jahr 1920 Fachräume vor, in denen die Schüler/innen mit Selbstbildungsmitteln anhand von Arbeitsanweisungen selbstständig arbeiten konnten. Auch waren Möglichkeiten zur eigenständigen Kontrolle der Arbeitsergebnisse vorgesehen (vgl. Parkhurst 1922). In dieser Arbeitsform ist daher ein unmittelbarer Vorläufer unserer heutigen Stationenarbeit zu sehen.

Warum soll an Stationen gelernt werden?

Als offene Unterrichtsform partizipiert die Stationenarbeit an den Begründungszusammenhängen, die ganz allgemein für die stärkere Öffnung von Schule und Unterricht geltend gemacht worden sind.

So ist immer wieder darauf hingewiesen worden, dass im gelenkten Unterricht das gemeinsame Lernen der Schüler/innen weitgehend zu kurz gekommen ist. Im offenen Unterricht haben sie im Unterschied dazu die Möglichkeit, gemeinsam Arbeitsergebnisse zu erzielen, zu denen sie hinsichtlich Umfang und Qualität allein nicht im Stande gewesen wären. Sie lernen, Konflikte friedlich mit verbalen Mitteln auszutragen und sich angesichts schwieriger Aufgaben gegenseitig Hilfestellung zu geben. Offener Unterricht wird jedoch nicht nur wegen seiner Bedeutung für das soziale Lernen befürwortet, seine Vorzüge liegen offensichtlich gerade auch im didaktisch-methodischen Bereich.

---

1 Im Folgenden wird der Begriff »Stationenarbeit« stellvertretend für die als synonym verstandenen Begriffe Lernen an Stationen und Lernzirkel gebraucht.

Menschen denken, lernen und handeln so unterschiedlich, dass ihnen ein für alle gleicher linear strukturierter Lehrgang, wie er dem traditionellen Frontalunterricht zugrunde liegt, in keiner Weise gerecht werden kann. Diese, spätestens seit Rousseau, Pestalozzi und den Reformpädagogen bekannte Erfahrungswissen ist, wie Roland Bauer erst vor kurzem ausgeführt hat, heute auch durch die Forschungsarbeiten der Neurophysiologie, der Lern- und der Gedächtnispsychologie wissenschaftlich hinreichend belegt. Hier bieten offener Unterricht und damit auch Stationenarbeit die Möglichkeit, durch eine große Variabilität und Vielseitigkeit der Materialien und Aufgabenstellungen sowohl diejenigen Schüler/innen anzusprechen, die eher einer systematisch gestuften Folge von Lernschritten folgen wollen und können als auch solche, deren Stärke im ganzheitlichen Erfassen von Sachverhalten und Beziehungen liegt. Auch können die Schüler/innen gemäß ihrem jeweiligen Lerntyp nach eigener Wahl entweder stärker auditiv, optisch oder kinästhetisch lernen (vgl. Bauer 1998, S. 25f.).

Ebenso wichtig wie die Berücksichtigung individueller Lerntypen scheint diejenige unterschiedlicher Lerninteressen zu sein. So wird immer offensichtlicher, dass die in Lehrplänen und Lehrbüchern normierten Lernziele und Lerninhalte weder den vielseitigen und vielschichtigen Anforderungen unserer Gesellschaft noch den unterschiedlichen Entwicklungsmöglichkeiten von Schüler/innen entsprechen. Hier bieten offene Unterrichtsformen die Möglichkeit, neben dem für alle verbindlichen Grundwissen eine Fülle von Themen und Inhalten anzubieten, die sonst nicht entdeckte Begabungen und Talente bei den Schülern/innen wecken und fördern können.

Besonderen Wert legen die Befürworter offener Unterrichtsformen aber auf die Förderung der Selbsttätigkeit und Selbstständigkeit. So hat Dieter Wolff erst kürzlich auf Grund kognitionspsychologischer und konstruktivistischer Forschungsansätze darauf aufmerksam gemacht, dass Lernen ein aktiver Konstruktionsprozess ist, den der Lernende weitgehend eigenständig durchführt (1997). Es gibt also kein rein passives, rezeptives oder imitatives Lernen. Wichtig ist daher die Bereitstellung einer komplexen, anregenden Lernumgebung, die eigenständiges Lernen motiviert und möglich macht. Ebenso wichtig, ja noch wichtiger als solche lernpsychologischen Begründungen für eigenständiges, selbstverantwortetes Lernen scheinen Aufgabenbeschreibungen zu sein, die in der Geschichte der Pädagogik in immer wieder unterschiedlichen Kontexten mit dem Bildungsbegriff zu erfassen versucht worden sind. Danach verfügt der Gebildete zwar auch über Techniken, Fertigkeiten und Ordnungen, die ihm die Orientierung in seiner Umwelt ermöglichen und ihn bei seinen alltäglichen Geschäften entlasten. Gebildet im wahren Sinn des Wortes ist jedoch nur derjenige, der in unterschiedlichen Lebenssituationen und im Hinblick auf komplexe Sachverhalte eigenständig urteilen und handeln und damit für sich und andere Verantwortung übernehmen kann (vgl. Klafki 1994). Wichtigstes Ziel von Bildung und Erziehung ist demnach, dass der/die Schüler/in in allen Schulformen und Schulstufen zu Eigenaktivität, Selbstständigkeit und Verantwortungsbereitschaft erzogen wird. Nicht die Anpassung an gesellschaftliche Zwänge wird hier angestrebt, sondern, wie schon bei C. Freinet, G. Kerschensteiner und anderen Reformpädagogen, die Fähigkeit und Bereitschaft zur zunehmend selbstständigeren Mitgestaltung der Verhältnisse in einer freien Gesellschaft (vgl. Neuhaus-Siemon 1991, S. 24). In der Möglichkeit, beizutragen zu einer so verstandenen Bildung, wird heute die wichtigste Legitimation für offene Unterrichtsformen gesehen.

Im Rahmen dieser für alle offenen Unterrichtsformen geltenden Aufgabenbestimmungen kommt dem Stationenlernen darüber hinaus noch eine besondere Rolle zu. Diese besteht darin, dass Stationenarbeit auch dem/der vorwiegend in lehrerzentrierten Unterrichtsformen ausgebildeten Lehrer/in und der frontal geführten Klasse den Einstieg in offenere Unterrichtsformen ermöglicht und erleichtert. Das Arbeitsmaterial, die Aufgabenstellungen und die Form der (Selbst-)Kontrolle können bei der Stationenarbeit so vorstrukturiert werden, dass dem/der an geschlossene Unterrichtsformen gewöhnten Schüler/in lediglich erste, kleine Schritte hin zu mehr Selbstständigkeit und Eigenständigkeit abverlangt werden.

Bedeutsam in diesem Zusammenhang ist aber auch, dass Stationenarbeit keine starre Größe darstellt, sondern, ausgehend von relativ geschlossenen Formen, allmählich immer offener gestaltet werden kann, sei es dadurch, dass die Lernaufgaben an den einzelnen Stationen zunehmend mehr Raum für die Aktivität und Produktivität der Schüler/innen geben, oder auch dadurch, dass sie Verbesserungen für bereits vorhandene Stationen vorschlagen und neue Stationen mitgestalten oder gar selbst entwickeln können. Indem die Schüler/innen an der Gestaltung der Stationenarbeit beteiligt werden, gewinnt das entdeckende Lernen an Bedeutung im Lernprozess. Stationenarbeit wird auf diese Weise zum Sprungbrett für die Hochformen des offenen Unterrichts wie Projektarbeit, Freiarbeit und Werkstattarbeit.

Wie effektiv ist Stationenarbeit? – Befunde der Forschung

Angesichts solch hoch gesteckter Ziele muss allerdings auch immer wieder gefragt werden, ob Stationenarbeit diesen Anforderungen tatsächlich gerecht werden kann bzw. wo Verbesserungen nötig und möglich sind. Empirische Befunde zu der spezifischen Leistungsfähigkeit von Stationenlernen liegen allerdings bisher nicht vor. Aus den Ergebnissen von Untersuchungen zur Effizienz des offenen Unterrichts können aber – wenn auch mit Einschränkungen wegen der geringen Zahl repräsentativer empirischer Studien, insbesondere in Deutschland – Schlüsse für das Stationenlernen gezogen werden: In Überblicksreferaten von Untersuchungen aus dem angloamerikanischen Raum kommen Frey (1993, S. 205ff.) und Einsiedler (1990) übereinstimmend zu dem Ergebnis, dass im offenen Unterricht einerseits die Kreativität, die Einstellung zum Schullernen und vor allem die Selbstständigkeit der Schüler/innen positiv beeinflusst werden können, dass aber andererseits Vorbehalte gegenüber der Effektivität des kognitiven Lernens angemeldet werden müssen. Die Ursache für diese Defizite beim Wissenserwerb ist aber nicht die stärkere Öffnung des Unterrichts an sich, sondern die Vernachlässigung wichtiger didaktisch-methodischer Prinzipien bei ihrer unterrichtspraktischen Realisation. Ausschlaggebend für die Effektivität offener

Unterrichtsformen scheint demnach eine detaillierte, flexible Planung, die Beherrschung der Arbeitstechniken durch die Schüler/innen, eine große Vielfalt der angebotenen Lernmaterialien und die detaillierte Erfassung des individuellen Lernstandes zu sein. Gerade hier liegen aber, wie oben dargestellt, die spezifischen Leistungsmerkmale einer gut geplanten Stationenarbeit. Gleiches gilt auch für einen weiteren Problembereich des offenen Unterrichts: Schüler/innen, die im herkömmlichen, gelenkten Unterricht gute Leistungen erbringen, profitieren von der selbstständigen Arbeit im offenen Unterricht in der Regel in stärkerem Maße als die Leistungsschwächeren, die mit der erwarteten Selbstständigkeit noch überfordert sind (vgl. Einsiedler 1990, S. 232; Wagner/Schöll 1992; Klinck 1994). Hier müssen Lehrer/innen lernen, Schülern/Schülerinnen die notwendige Unterstützung zu geben oder die Zusammensetzung der Gruppen so zu steuern, dass gegenseitige Hilfe möglich wird.

So kommt auch Brügelmann in seiner aktuellen umfassenden Analyse empirischer Forschung zu der Schlussfolgerung, dass offener Unterricht und damit auch Stationenarbeit sowohl bei leistungsstärkeren als auch bei leistungsschwächeren Schüler/innen dann zu guten Ergebnissen führt, wenn er bei der Vorbereitung und Durchführung spezifischen Qualitätsanforderungen entspricht (1998, S.34).

Wie soll Stationenarbeit methodisch gestaltet sein?

Voraussetzungen bei den Schülern/Schülerinnen

Wichtig ist, dass die Schüler/innen bereits selbsttätig und zumindest in Ansätzen selbstständig arbeiten, Arbeitsanleitungen verstehen und mit anderen Schülern/ Schülerinnen zusammenarbeiten können. Stationenarbeit muss jedoch ihrerseits ausreichend Möglichkeiten bieten, diese Fähigkeiten zu erproben und weiterzuentwickeln. Dies gilt auch für emotionale Stabilität und Selbstvertrauen, die durch offene Unterrichtsformen gefördert werden, in gewissem Umfang aber auch Voraussetzung für ihr Gelingen sind.

Anzahl und Typen von Stationen

Die Zahl der Stationen und ihre Differenzierung in Pflichtstationen und frei wählbare Stationen hängt sowohl von der Komplexität des Themas bzw. der angestrebten Lernziele als auch von der Größe der Klasse und den unterschiedlichen Lerninteressen und Lernniveaus der Schüler/innen ab. Auf jeden Fall müssen so viele Arbeitsaufträge und Arbeitsmaterialien zur Verfügung stehen, dass alle Schüler/innen allein oder zusammen mit anderen über die ganze jeweils vorgegebene Lernzeit hinweg beschäftigt sind.

Es empfiehlt sich, den Schwierigkeitsgrad der einzelnen Stationen zu kennzeichnen, damit die Schüler/innen ihre Arbeit auf ihr jeweiliges Leistungsniveau abstimmen können. Mit Symbolen auf den Aufgabenkarten können Hinweise gegeben werden, welche Tätigkeiten an den jeweiligen Stationen vorgesehen sind (z.B. Schreiben, Lesen, Zeichnen, Experimentieren u. Ä.). Die Schüler/innen sollten über einen Laufzettel verfügen, auf dem alle Stationen vermerkt sind, um den jeweils aktuellen Stand ihrer Arbeit dokumentieren und die weitere Arbeit planen zu können. Für den/die Lehrer/in sind die Laufzettel der Kinder insofern aufschlussreich, als er/sie daraus auf das Arbeitstempo, das Anspruchsniveau, aber auch auf die Interessen ggf. auch Vermeidungsstrategien jedes/jeder einzelnen Schülers/Schülerin schließen kann.

LAUFZETTEL

<u>Name:</u>

Station	Pflicht oder nicht?	Sozialform	Erledigt?
Station 1: Klassenbilderbuch	Pflicht	�persong	
Station 2: Fühlkasten	Pflicht	☺	
Station 3: Gedicht		☺	
Station 4: Wort-Bild-Memory		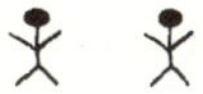 ☺ ☺	
Station 5: Wortbilder		☺	
Station 6: Bilder zuordnen		 ☺ ☺	

Abb. 1: Die Stationen 1 und 2 sind Pflichtstationen. Von den vier Wahlstationen (3–6) sollst du mindestens zwei bearbeiten![1]

1 Die Abbildungen 1 und 2 und die Fotos 1, 2, 3 sind einer Stationenarbeit entnommen, die Frau Christine Kukuk (1998) im Rahmen ihrer wissenschaftlichen Prüfungsarbeit durchgeführt hat.

Arbeitsaufträge und das Material

Wichtig ist, Schüler/innen an Stationen nicht nur zu beschäftigen, sondern die Aufgaben so zu gestalten, dass alle auf ihrem jeweiligen Lernniveau tatsächlich Fortschritte machen können (vgl. Benkel/Benkel 1998). Die Arbeitsaufträge an den Lernstationen sollten ohne Hilfe verständlich und ästhetisch ansprechend gestaltet sein. Das Material sollte möglichst vielseitig sein, alle Sinne ansprechen und Kopfarbeit ebenso ermöglichen wie Handarbeit und musisches Gestalten. Bei der oft aufwändigen Materialbeschaffung ist es ratsam, mit Kollegen/Kolleginnen, ggf. auch mit Eltern und Schülern/Schülerinnen, zusammenzuarbeiten, um ein vielseitiges Lernangebot gewährleisten zu können (vgl. Wallaschek 1991, S. 90/91).

Arbeitsorganisation

Die Stationen sollten räumlich so angeordnet sein, dass die Schüler/innen Aufbau und Struktur des Lernzirkels ohne Mühe erkennen können. Außerdem muss gewährleistet sein, dass jede/r allein oder mit anderen ungestört arbeiten kann.

Gemeinsam mit den Schülern/Schülerinnen sollte ein klarer Ordnungsrahmen geschaffen werden, der den Umgang mit halb fertigen und fertigen Arbeiten, die Ablage von Materialien und den Ablauf der Arbeit an den Stationen sowie das soziale Miteinander verbindlich regelt. Um ein möglichst konfliktfreies Arbeiten zu ermöglichen, können Hinweise gegeben werden (z.B. in Form von Strichmännchen, siehe Abb. 1), welche Stationen besser allein, welche in Partnerarbeit und welche in Gruppen zu bearbeiten sind. Regeln, die sich auf das soziale Miteinander beziehen, sollten vom/von der Lehrer/in möglichst nicht fertig vorgegeben, sondern gemeinsam erarbeitet werden, um von allen respektiert zu werden. Wo immer möglich und sinnvoll, sollten die Schüler/innen die Ergebnisse ihrer Arbeit selbst kontrollieren. Um die Kreativität und Produktivität der Schüler/innen anzuregen, sollten immer auch offenere Aufgaben gestellt werden, deren Ergebnisse nicht schon von vornherein feststehen, wie z.B. das Schreiben freier Texte, die szenische Darstellung oder die Verklanglichung einer Geschichte, der Aufbau von Versuchsanordnungen zur Durchführung von Experimenten u.a. mehr.

Innere Differenzierung

Offener Unterricht unterscheidet sich vom lehrerorientierten dadurch, dass die notwendige Differenzierung und Individualisierung des Lernens nicht vom/von der Lehrer/in, sondern von den Betroffenen selbst gewährleistet wird. Der/die Schüler/in entscheidet auf Grund seiner/ihrer Interessen und seiner/ihrer Leistungsfähigkeit, welche Aufgaben er/sie aus dem vorgegebenen Lernangebot auswählt. Das Gelingen einer solchen Differenzierung hängt entscheidend davon ab, ob der/die Lehrer/in ein gut strukturiertes, vielseitiges Lernangebot bereitstellt und die Schüler/innen bei ihrer Auswahl berät. Die Aufgaben sollten alle Sinne ansprechen, damit jeder gemäß seines individuellen Lerntyps eher auditiv, optisch oder vor allem kinästhetisch lernen kann. Dies ist vor allem in solchen Fällen wichtig, wo die Schüler/innen ihr Anspruchsniveau noch nicht auf ihr tatsächliches Leistungsvermögen abstimmen können, was entweder zur Unterforderung und damit zu Langeweile oder zur Überforderung d.h. zu Misserfolgen, führt.

Leistungsmessung und -bewertung

Obwohl auch im offenen Unterricht Klassenarbeiten geschrieben werden können, ist doch offensichtlich, dass diese Form der Leistungsmessung der veränderten Unterrichtssituation kaum angemessen ist. So sind Klassenarbeiten in der Regel nur sinnvoll in einem Unterricht, der alle Schüler/innen zu gleichen Ergebnissen führen will. Im offenen Unterricht erbringen diese jedoch sehr unterschiedliche Leistungen, die ihren individuellen Voraussetzungen und Interessen entsprechen, d.h. mithilfe eines für alle gleichen Messinstruments überhaupt nicht messbar sind. Außerdem geht es hier nicht in erster Linie darum, dass die Schüler/innen bestimmte messbare Ergebnisse erbringen, sondern darum, dass sich ihr Lernen zunehmend selbstständiger und eigenständiger vollzieht.

Um ihre Lernfortschritte angemessen beurteilen zu können und ihnen die Lernhilfe zu geben, die sie brauchen, muss der/die Lehrer/in die Schüler/innen im offenen Unterricht kontinuierlich beobachten und, wenn nötig, auch beraten. Möglich wird dies dadurch, dass bei der Stationenarbeit der Schwerpunkt der Arbeit des/der Lehrers/Lehrerin auf der Vorbereitung liegt, sodass er/sie sich während des Unterrichts den Schülern/Schülerinnen individuell zuwenden kann. Zeichnungen, Tabellen, Texte, Berechnungen u. Ä., die im Unterricht entstanden sind, können diese Beobachtungen ergänzen, modifizieren oder ggf. auch korrigieren. Dass der Vergleich mit den Leistungen anderer Schüler/innen dabei in den Hintergrund tritt, sollte positiv gesehen werden, da auf diese Weise individuelle Lernfortschritte stärker in den Mittelpunkt der Aufmerksamkeit treten. Im offenen Unterricht ist es leichter möglich, allen Schülern/Schülerinnen ermutigende Rückmeldungen zu geben, ihnen Lernerfolge zuzuspielen, ohne ihnen zu verheimlichen, in welchen Bereichen noch Defizite und Übungsnotwendigkeiten bestehen. Gelegenheit dazu bieten die gemeinsamen Gesprächsrunden zwischen und am Ende der Phasen individueller Arbeit an den einzelnen Stationen, bei denen die Schüler/innen ihre Arbeitsergebnisse vorstellen können. Angebote zur Selbstkontrolle sollten daneben immer dort gemacht werden, wo die eher geschlossene Aufgabenstellung dies nahe legt. Voraussetzung für eine solche individuelle Lernerfolgsrückmeldung ist allerdings, dass die an der Gaußschen Normalverteilung orientierte Zensur nicht nur in der Grundschule, sondern auch in anderen Schulformen und Schulstufen durch Lernentwicklungsberichte ergänzt oder, wo möglich, ganz ersetzt wird (vgl. Bambach u.a. 1996).

Wie wird Stationenarbeit durchgeführt?

Typische Phasen der Stationenarbeit sind in der Regel die Hinführung zur Thematik des Lernzirkels, der Rundgang entlang den Stationen zur ersten Orientierung und die Phase der Arbeit an den Stationen, gefolgt vom Schlussgespräch und der Präsentation der Ergebnisse. Ist der Lernzirkel sehr umfangreich, empfiehlt es sich, mehrere Arbeitsphasen mit daran anschließenden Gesprächen im Plenum vorzusehen, um die Arbeit der Schüler/innen ermutigend und beratend begleiten zu können.

Die Hinführung

Die Hinführung durch ein Rätsel, einen Steckbrief, einen Problemaufriss, einen Filmausschnitt, eine Collage u.a.m. soll Interesse wecken und das Thema in den Fragehorizont der Schüler/innen rücken.

Als Einstieg in die Stationenarbeit vergewissert sich die Lehrerin anhand einer Text-Bild-Collage, dass die Kinder die »sinngebenden Wörter« des in französischer Sprache geschriebenen Bilderbuchs »Frédéric« von Leo Lionni (1975) auf Grund der mündlichen Erzählung verstanden haben.

Der Rundgang

Beim Rundgang entlang den einzelnen Stationen soll der/die Lehrer/in nur solche Informationen geben, die die Schüler/innen sich nicht selbst aus den Arbeitsaufträgen erschließen können. Hier kann jedoch auf Gefahrenmomente bei der Benutzung bestimmter Geräte, auf besondere Schwierigkeiten oder attraktive freie Wahlangebote hingewiesen werden. Er/sie erinnert an gemeinsam vereinbarte Regeln der Zusammenarbeit, wie z.B.: »Bei Problemen wende ich mich immer zuerst an einen/eine Mitschüler/in und erst in zweiter Linie an den/die Lehrer/in«, oder: »Ich verständige mich flüsternd mit meinem Partner, damit sich auch die anderen verstehen!«

Die Arbeit an den Stationen

Es folgt die Phase der Arbeit an den einzelnen Stationen, wobei jeder/jede Schüler/in seinem/ihrem eigenen Lernrhythmus folgt. Dabei kann die Sozialform durch Symbole bei den einzelnen Arbeitsaufträgen vorgegeben werden (vgl. Abb. 1). Es ist aber auch möglich, dass die Schüler/innen die Formen ihrer Kooperation selbst bestimmen können.

Station Nr. 1

Klassenbilderbuch

Wir möchten von der Geschichte »Frédéric« ein eigenes
Klassenbilderbuch herstellen!
Die Bilder dafür sollt ihr malen!

Höre dir die Kassette an und male entweder Bild 1, Bild 2, Bild 3,
Bild 4 oder Bild 5!

PS:

Wenn du etwas nicht verstanden hast, dann frage zuerst ein anderes Kind und erst dann Frau Kukuk!

Abbildung 2: Arbeitsauftrag zu Station 1

Die Kinder identifizieren hörend (Kassette) verschiedene Szenen des Bilderbuchs Frédéric, die in einfacher französischer Sprache beschrieben sind (Station 1).

Jetzt malen sie ein Bild zur Szene ihrer Wahl. Es entsteht ein Klassenbilderbuch zur Geschichte von Frédéric (Station 1).

Der Zwischen- bzw. Schlusskreis

Neben der Einzel- oder Partnerarbeit an den Stationen ist das gemeinsame Gespräch zwischen den einzelnen Arbeitsphasen, vor allem aber zum Abschluss der Arbeit von besonderer Bedeutung. Dabei wird das Bewusstsein der Einzelnen gestärkt, Mitglied einer großen gemeinsamen Lerngruppe zu sein, weil alle Lernergebnisse zur Kenntnis genommen und gewürdigt, aber auch Versäumnisse und Lernschwierigkeiten gemeinsam besprochen werden. Kritikfähigkeit kann schließlich nur dadurch erlernt werden, dass man dazu angehalten wird, das eigene Handeln argumentativ zu rechtfertigen, gegenüber Einwänden anderer zu verteidigen oder da, wo tatsächlich Irrtümer oder Mängel vorliegen, zu modifizieren oder zu revidieren.

Die Arbeitsergebnisse an den einzelnen Stationen sind für alle interessant.

Die Präsentation der Ergebnisse

Lehrer/innen haben zu allen Zeiten gute Lernergebnisse ihrer Schüler/innen den Eltern, gelegentlich auch einer breiteren Öffentlichkeit zugänglich gemacht. Die Arbeitsergebnisse des offenen Unterrichts sind aber in der Regel vielfältiger und eigenständiger als im lehrergelenkten Unterricht und eignen sich daher besonders, um im Klassenraum, in Fluren oder Treppenhäusern der Schule veröffentlicht zu werden oder Programmpunkt an einem Elternabend, Klassen- oder Schulfest zu sein. Stationenarbeit führt dann nicht nur zu offenerem Unterricht, sondern bewirkt auch die stärkere Öffnung des Schullebens an der Schule insgesamt.

Zur methodischen Gestaltung von Stationenarbeit existiert heute bereits eine umfangreiche Literatur, auf die hier verwiesen werden kann. Ebenso finden sich viele gute Beispiele sowohl zu Übungszirkeln wie auch zu Lernzirkeln, die der Erarbeitung von Unterrichtsthemen in verschiedenen Lernbereichen/Fächern gewidmet sind (vgl. Wallaschek 1991; Faust-Siehl 1989; Graf 1997; Wrede 1996; Hegele 1998; Bauer 1997a, b; Baumbusch 1997; Hollstein 1998).

Schlussbemerkungen

Das gegenwärtig zu beobachtende starke Interesse an Stationenarbeit sollte als wichtiger Schritt hin zur Öffnung von Schule und Unterricht begrüßt werden. Es darf aber nicht dazu führen, davon die Lösung aller Lernprobleme und das Erreichen aller Lernziele zu erwarten. Vielmehr muss betont werden, dass die im Lauf der Geschichte entstandene Methodenvielfalt in der Schule erhalten und weiterentwickelt werden muss. In der Bereicherung und Ergänzung des traditionellen eher lehrerorientierten Methodeninventars um Methoden, die vor allem die Selbstständigkeit, die Eigenverantwortung, die Kommunikationsfähigkeit und Teamfähigkeit der Kinder und Jugendlichen stärken, liegt der didaktisch-methodische Fortschritt, der durch die Einführung von Stationenarbeit möglich wird.

Literatur

Bambach, H./Bartnitzky, H./Ilsemann, C. v./Otto, G.: Prüfen und Beurteilen. Friedrich-Jahresheft 1996.

Bauer, R.: Lernen an Stationen in der Grundschule. Ein Weg zum kindgerechten Lernen. Berlin 1997a.

Bauer, R.: Schülergerechtes Arbeiten in der Sekundarstufe I: Lernen an Stationen. Berlin 1997b.

Bauer, R.: Lernen an Stationen. Neue Möglichkeiten schülerbezogenen und handlungsorientierten Lernens. In: Pädagogik 50 (1998), 7/8, S. 25–27.

Baumbusch, H./Maurach, J./Neininger, M./Schmelzle, R./Westrich, M.: Herbst. 1.–4. Schuljahr. Kopiervorlagen und Materialien. Berlin 1997.

Benkel, A./Benkel, H.: »Kann man mit den Fingern sehen?« – »Lernen an Stationen« in einem 2. Schuljahr. In: Hegele, I. (Hrsg.): Lernziel: Stationenarbeit. Eine neue Form des offenen Unterrichts. Weinheim und Basel [3]1998, S. 56–75.

Breitling, J./Girke, D.: Üben an Lernstationen in Klasse 1 und 2. In: Grundschulunterricht 43 (1996), 10, S. 12–16.

Brügelmann, H.: Öffnung des Unterrichts. Befunde und Probleme der empirischen Forschung. In: Brügelmann, H./Fölling-Albers, M./Richter, S. (Hrsg.): Jahrbuch Grundschule. Fragen der Praxis – Befunde der Forschung. Seelze 1998, S. 8–42.

Einsiedler, W.: Neue Lern- und Lehrformen in der Grundschule aus empirischer Sicht. In: Olechowski, R./Wolf, W. (Hrsg.): Die kindgemäße Grundschule. Schule – Wissenschaft – Politik. Band 4. Wien 1990.

Faust-Siehl, G.: Lernen an Stationen: Kinder und die Einheiten der Zeit. In: Grundschule 21 (1989), 3, S. 22–25.

Frey, K.: Die Projektmethode. Weinheim und Basel [5]1993.

Graf, E.: Lernen in Stationen. Lernzirkel im Biologieunterricht. In: Meyer, M.A./Rampillon, U./Otto, G./Terhart, E. (Hrsg.): Friedrich Jahresheft XV, Lernmethoden – Lehrmethoden. Wege zur Selbständigkeit (1997), S. 80–84.

Hajek, E.: Lehrer lernen offene Unterrichtsformen. In: Grundschule 29 (1997), 11, S. 38–40.

Haug, G.: Eltern entdecken offenen Unterricht – Arbeit an Stationen. In: Hegele, I. (Hrsg.): Lernziel: Stationenarbeit. Eine neue Form des offenen Unterrichts. Weinheim und Basel [3]1998, S. 137–156.

Hegele, I. (Hrsg.): Lernziel: Stationenarbeit. Eine neue Form des offenen Unterrichts. Weinheim und Basel [3]1998.

Hollstein, G.: Stationenarbeit: Entdecken, Erproben, Erfahren. Beispiel: Wäschepflege früher und heute. Weinheim und Basel 1998.

Klafki, W.: Neue Studien zur Bildungstheorie und Didaktik. Zeitgemäße Allgemeinbildung und kritisch-konstruktive Didaktik. Weinheim und Basel [4]1994.

Klinck, N.: Wochenplanunterricht aus der Sicht von Grundschulkindern. Eine Pilotstudie im ersten Schuljahr. Unveröffentlichte Examensarbeit im Rahmen der Ersten Staatsprüfung für das Lehramt an Grund- und Hauptschulen an der Universität Koblenz-Landau, Abt. Landau, 1994 (Manuskript).

Kukuk, C.: Integrierte Fremdsprachenarbeit in der Grundschule dargestellt und reflektiert an einer Unterrichtseinheit zu dem Buch »Frederick« von Leo Lionni in einem 3. Schuljahr. Wissenschaftliche Prüfungsarbeit für das Erste Staatsexamen für das Lehramt an Grund- und Hauptschulen. Landau 1998 (Manuskript).

Lionni, L.: Frédéric traduit par A. Chagot et J.H. Potier. München 1975.

Neuhaus-Siemon, E.: Schule der Demokratie. Die Entwicklung der Grundschule seit dem ersten Weltkrieg. In: Haarmann, D. (Hrsg.): Handbuch Grundschule. Band 1: Allgemeine Didaktik: Voraussetzungen und Formen grundlegender Bildung. Weinheim und Basel 1991, S. 14–25.

Parkhurst, H.: Education on the Dalton-Plan. London 1922.

Wagner, G/Schöll, G.: Selbständiges Lernen in Phasen freier Aktivitäten – Entwicklung eines Beobachtungsinventars und Durchführung einer empirischen Untersuchung in einer 4. Grundschulklasse. Berichte und Arbeiten aus dem Institut für Grundschulforschung. Hrsg. vom Institut für Grundschulforschung der Universität Erlangen-Nürnberg 1992.

Wallaschek, U.: Lernzirkel – eine Arbeitsform, die selbständiges, individuelles Arbeiten ermöglicht. In: Lehmann, B. (Hrsg.): Kinder-Schule: Lehrer-Schule. Langenau-Ulm [2]1991, S. 85–106.

Wallrabenstein, W.: Offene Schule – Offener Unterricht. Ratgeber für Eltern und Lehrer. Reinbek 1992.

Wilke, S.: Stationenlernen beim »Arbeiten mit Größen«. In: Grundschulunterricht 43 (1996), 10, S. 30–32.

Wolff, D.: Lernen lernen. Wege zur Autonomie des Schülers. In: Meyer, M.A./Rampillon, U./Otto, G./Terhart, E. (Hrsg.): Friedrich Jahresheft XV: Lernmethoden – Lehrmethoden. Wege zur Selbständigkeit (1997), S. 106–108.

Wrede, U.: Lernen an Stationen im Sachunterricht. Lernzirkel, Lernstraßen, Lernstände, Lernläden. In: Grundschulunterricht 43 (1996), 10, S. 3–6.

Dieter Vaupel

Wochenplanarbeit

Seit dem Ende der 70er-Jahre ist das Thema »Wochenplanarbeit« – zunächst begrenzt auf die Primarstufe – in aller Munde. Überall, wo über offene Lernformen und innere Differenzierung nachgedacht wurde, kam seit dieser Zeit »fast zwangsläufig auch die Idee des Wochenplans ins Spiel« (Hagstedt 1987, S. 4). In der Sekundarstufe hat es – einige Versuchsschulen ausgenommen – bis zum Ende der 80er-Jahre gedauert, bis man die im Wochenplanunterricht liegenden Chancen erkannte (Vaupel 1998). Zu sehr war der Begriff bis dahin als »grundschultypisch« besetzt. Auf der Suche nach neuen Lernformen angesichts einer veränderten Schülerschaft stieß man auf den Wochenplan. Immer mehr wird heute erkannt, dass die Arbeit mit Wochenplänen gerade in der Sekundarstufe in nahezu allen Fächern und Schulformen Möglichkeiten bietet, die Schülerinnen und Schüler zum selbstständigen Lernen zu führen.

Wurzeln des Wochenplankonzeptes

Die historischen Wurzeln des Konzeptes liegen in der Reformpädagogik im ersten Drittel unseres Jahrhunderts:

- Celestin Freinet entwickelte das Konzept des »plan de travail«, einen doppelschrittigen Wochenplan: Am Ende jeder Woche wird im Klassenrat über die Aufgaben und Themen der kommenden Woche beraten. Aus dem im Klassenrat beschlossenen Wochenarbeitsprogramm wird ein »plan collective«, ein Klassenarbeitsplan, aufgestellt. Unter Berücksichtigung der gemeinsamen Absprachen stellt jede Schülerin bzw. jeder Schüler zu Beginn der Arbeitswoche, teilweise eigenständig, teilweise unter Beratung des Lehrers, seinen individuellen Wochenarbeitsplan (»plan individuelle«) auf (vgl. Baillet 1983).
- Die amerikanische Landlehrerin Helen Parkhurst nahm sich nach einem Besuch bei Maria Montessori vor, ihre Schüler/innen unterschiedlicher Altersgruppen nach individueller Begabung, individueller Neigung und individuellem Rhythmus lernen zu lassen. Sie besorgte Material und schrieb Anweisungen, wie damit umzugehen sei. Der Einzelne konnte sich daraus sein persönliches Lernprogramm – in der Regel für eine Woche – zusammenstellen. Daraus wurde der so genannte »Daltonplan«, ein Vertrag (»contract«), der zwischen Lehrer/in und Schüler/in abgeschlossen wurde (vgl. Popp 1995).
- Oft wird im Zusammenhang mit der Wochenplanarbeit auch der Name Peter Petersen genannt. Er entwirft, unter dem Motiv »Schulleben und Unterricht im

Dienst des Gemeinschaftsgedankens – wider den Fetzenstundenplan«, den Jena-plan als schulpädagogisches Reformmodell. Doch der Wochenarbeitsplan, von dem Petersen in seinem »Kleinen Jenaplan« spricht, hat eine andere Richtung. Er ist praktisch ein Stundenplanersatz, der den »Fetzenstundenplan« der Schule überwinden will und die Bildungsformen des Gesprächs, der Feier, des Spiels und der Arbeit angemessen zur Wirkung bringen soll (vgl. Dietrich 1991).

Was ist ein Wochenplan?

»Unter einem Wochenplan verstehe ich, dass bestimmte Aufgaben über ein The-ma innerhalb von einer Woche oder ein paar Tagen gelöst werden müssen. Der Wochenplan ist aufgeteilt in Pflicht- und Wahlaufgaben. Im Gegensatz zu den Pflichtaufgaben kann man sich die Wahlaufgaben selbst auswählen. Außerdem ist keine Reihenfolge für die Aufgaben vorgeschrieben, das heißt, dass man sich selbst die Zeit für den Wochenplan einteilen kann. Durch den Wochenplan habe ich gelernt, selbstständiger und unabhängiger zu arbeiten. Außerdem wird durch die Arbeit mit dem Wochenplan der Team-Geist gefördert. ... Ich finde die Wochen-planarbeit einfach toll, und ich würde es gut finden, wenn der Wochenplan auch in anderen Fächern eingeführt wird. Durch den Wochenplan lernt man die Themen intensiver. Da man die Aufgaben selbstständig löst, prägt sich das Gelern-te viel besser ein, und man bekommt einen großen Überblick über die Themen-stellung, denn verschiedene Leute arbeiten an unterschiedlichen Aufgaben.« (Schülerin einer 10. Klasse)

Ein Wochenplan sollte die folgenden Fragen beantworten:

- Was muss ich tun?
- Was darf ich tun?
- Wie kann ich vorgehen?
- Was benötige ich zur Lösung der Aufgaben?
- Wann arbeite ich nach dem Plan?

Die Beantwortung dieser Fragen ist entscheidend für das Gelingen des Wochenpla-nes. Schafft man es nicht, sie für die Schüler/innen klar und in einer ihnen verständ-lichen Sprache zu beantworten, so wird dies zu Problemen und Nachfragen führen. Die beabsichtigte eigenständige Arbeit, ohne den Lehrer als Vermittler, wird dann unmöglich gemacht. Die Schüler/innen können bei der Wochenplanarbeit über die Reihenfolge der Aufgabenbearbeitung, das Lerntempo und teilweise über die Sozial-form entscheiden. Die Wochenplanarbeit ist dabei mehr als ein organisatorischer Rahmen. Sie sollte nicht ausschließlich aus einer Zusammenfassung der sonst über die Woche verstreuten Kurzphasen von Still-, Partner- und Gruppenarbeit bestehen. Ziel ist die zunehmende Mitgestaltung der Kinder bzw. Jugendlichen. Die Arbeit mit den Plänen darf nicht erstarren, Wochenpläne dürfen nicht zum »Instrument« werden, mit dem der Lehrer seine Schüler dirigiert. Sie müssen mit den Schülern/Schülerinnen weiterentwickelt werden, um den Unterricht immer mehr zu öffnen. Aus der geschlossenen Form – vom Lehrer oder von der Lehrerin aufgestellte Wochenpläne – werden schließlich Pläne, die gemeinsam mit den Lernenden oder gar von ihnen allein aufgestellt werden.

Einstieg in die Wochenplanarbeit

Der Einstieg in die Wochenplanarbeit eröffnet Möglichkeiten des Übergangs vom lehrerzentrierten Unterricht hin zu einer Praxis, in der den Schülern/Schülerinnen Raum für selbstgesteuertes Lernen gegeben wird. Wie groß der Raum dafür ist, hängt von vielen Rahmenbedingungen ab: den Unterrichtsfächern des »Wochenplanlehrers«, dem Stundenplan, der Situation der Klasse, dem pädagogischen Klima an der Schule, den räumlichen Gegebenheiten, der Materialausstattung u.a.m. Anfangen kann man mit der Wochenplanarbeit in jeder Situation, ob man nun als Klassenlehrer mit mehreren Fächern in »seiner« Klasse ist oder ob man nur ein einzelnes Fach unterrichtet. Im ersten Fall wird der Einsatz von Wochenplänen erleichtert; im zweiten Fall bedarf es des Einfallsreichtums und variabler Lösungen. Bedacht werden sollte, dass der Wochenplan nie den gesamten Unterricht einer Klasse oder auch nur den Unterricht in einem Fach umfassen kann. Die »totale Wochenplanschule« ohne Anbindung an andere Unterrichtsformen kann nicht funktionieren.

Die überschaubarste Form beim Einstieg ist der Tagesplan, der sich nach und nach zum Wochenplan hin entwickeln kann. Dies hat den Vorteil, dass sich die Schülerinnen und Schüler zunächst an die neue Arbeitsform gewöhnen können. Die Aufgaben eines Tagesplanes lassen sich besser überblicken als der Zeitraum einer ganzen Woche. Erfolgserlebnisse können sich so schneller einstellen. Allerdings ist die Gefahr der Einengung und Lenkung über den Tagesplan groß, da die Wahlmöglichkeiten für die Schüler/innen eingeschränkt sind. In der Regel wird sich der erste Tagesplan auf ein Bündeln der ansonsten im Unterricht verstreut vorhandenen Stillarbeitsphasen beschränken. Von Anfang an sollte man jedoch darauf achten, offene Aufgabenstellungen zu formulieren und die Schülerinnen und Schüler frühzeitig in Planungsprozesse einbeziehen. Tagesplanarbeit kann man zunächst mit einer Unterrichtsstunde beginnen und sie dann auf zwei oder drei Stunden oder einen ganzen Vormittag ausweiten. Die Umstellung eines kleinen Bereichs des Unterrichts ermöglicht es den Schülern/Schülerinnen – und auch den Lehrern/Lehrerinnen, die diese Form zum ersten Mal erproben wollen –, nach und nach Erfahrungen mit der neuen Arbeitsform zu machen. Mit Tagesplänen lässt sich auch dann arbeiten, wenn man nur ein einziges Fach in einer Klasse unterrichtet. Sie können sogar zu einer dauerhaften Form werden.

Wochenpläne, die mehrere Fächer enthalten

Hat man in einer Klasse in mehreren Fächern Unterricht oder bieten sich Kooperationsmöglichkeiten an, so ist es sinnvoll, mit Wochenplänen zu arbeiten, die sich auf mehrere Fächer beziehen. Dadurch ist eine Vielfalt bei den zu bearbeitenden Aufgabenstellungen gewährleistet, und die Schüler/innen haben Möglichkeiten auszuwählen. Da es durch eine größere Anzahl von Fächern im Wochenplan keine sachlogisch notwendige Reihenfolge bei den Aufgaben gibt, ist hier wirklich eine »freie« Auswahl möglich. Allerdings fordert ein solcher Plan von den Lernenden gleich zu Beginn einiges: Sie müssen den Plan, der in einer gemeinsamen Besprechung eingeführt wird, überschauen und sich überlegen, in welchen Arbeitsschritten sie vorgehen. Eine eigene Strategie muss von jedem entwickelt werden. Gleichzeitig ist zu kalkulieren, wie lange man für die Erledigung der Aufgaben braucht, und die Arbeitszeit sinnvoll auf die zur Verfügung stehenden Stunden zu verteilen. Das setzt einige Erfahrungen mit dem selbstorganisierten Lernen voraus. Wo dieser Erfahrungshintergrund noch nicht vorhanden ist, sollten zunächst noch vorsichtige Hilfestellungen gegeben werden.

Wochenpläne in einem Fach

Während man in Grundschulklassen, in denen der überwiegende Teil des Unterrichts in der Hand des Klassenlehrers liegt, in der Regel mit Wochenplänen arbeitet, die mehrere Fächer enthalten, hat sich im Bereich der Sekundarstufe auch die Form des Wochenplanes für ein einzelnes Fach bewährt. Von vornherein sind die Wahlmöglichkeiten bei fachbezogenen Wochenplänen eingeschränkter. Daher ist gerade beim Aufstellen von fachbezogenen Wochenplänen besonderer Wert darauf zu legen, eine breite Palette von unterschiedlichen Aktions- und Handlungsmöglichkeiten anzubieten und Kooperation zu initiieren. Fachbezogene Pläne können nicht in jeder Woche eingesetzt, sondern müssen »dosiert« angewandt werden. Nicht jeder Unterrichtsgegenstand eignet sich für diese Arbeitsform. Dabei braucht kein Fach ausgeklammert zu werden. Solche Pläne eröffnen jedem Fachlehrer – auch wenn er nur ein Fach mit wenigen Stunden in einer Klasse unterrichtet – die Möglichkeit, in einem Teil seines Unterrichts alle Lernenden aktiv in das Unterrichtsgeschehen einzubeziehen. Wochenplanunterricht in nur einem Fach ist zunächst allein in Gang zu setzen. Wünschenswert ist, dass sich daraus nach und nach Zusammenarbeit im Kollegium entwickelt.

Offene Wochenpläne

Wenn die Wochenplanarbeit zur Selbstständigkeit führen soll, so kann sie sich nicht darauf beschränken, verpflichtende Arbeitsanweisungen in der Form eines Lernprogrammes zu enthalten. Wochenpläne sollen den Unterricht öffnen und – wo immer dies möglich ist – auch Elemente von Freier Arbeit und Projektunterricht miteinander verbinden. Dieser Ansatz soll mit einem Beispiel belegt werden: Der Plan zum Thema »Gewalt – Nein danke!« enthält keine Pflichtaufgaben sondern eine Angebotspalette, aus der ausgewählt werden kann. Die Schüler/innen können frei über Tätigkeiten, Wege und Mittel, über Zeit und Reihenfolge und über ihren Arbeitsplatz entscheiden. Alle arbeiten jedoch an einem gemeinsamen Thema. In einem so angelegten Unterricht kommt der Arbeitsvereinigung eine wichtige Aufgabe zu. In einer »Metaphase« muss die Vielfalt der Ergebnisse sinnvoll strukturiert und in einen Gesamtzusammenhang gebracht werden. Die Schüler/innen stellen nach Abschluss der Wochenplanarbeit kurz vor, woran sie gearbeitet haben und wie sie vorgegangen sind. Die Themen werden notiert und eine Struktur gefunden, bevor die Ergebnisse im Detail dem Klassenplenum zur Kenntnis gebracht wurden. Diese können durch andere Gruppen ergänzt, Querverbindungen können gezogen und Diskussionen zu einzelnen Aspekten durchgeführt werden. Ein so angelegter offener Unterricht kann wiederum Ausgangspunkt für neue, weiterführende Projekte und Ideen sein. In ihm werden nicht Fragen beantwortet, die ausschließlich der Lehrer gestellt hat, sondern Schülerfragen in das Zentrum gerückt. An seinem Ende stehen nicht nur Antworten, sondern oft wieder neue Fragen und weiterführende Ideen.

Wochenplanarbeit: Differenzierung ermöglicht effektives Lernen

Noch immer ist in vielen Kollegien die Vorstellung verbreitet, Lernen sei eine zwangsläufige Folge von Belehrungen. Gerhard Sennlaub schreibt dazu: »Unter uns wuchert der Irrglaube, wir Lehrer seien die wichtigsten Menschen in der Schule. Der Lehrer als der große Zampanao des Bildungsprozesses. Der Schüler lernt, weil der Lehrer lehrt.« (Sennlaub 1985, S. 24) Der »Stoffdruck« wird immer wieder als Argument gegen neue Lernformen ins Feld geführt wird. Doch kann es nicht ausschließlich darum gehen, abfragbaren Stoff »durch«zunehmen (und ihn nach dem Abfragen schnellstens wieder zu vergessen), sondern es muss versucht werden, die Schülerinnen und Schüler zu Subjekten des Lernens zu machen. Untersuchungen zur Lernpsychologie haben seit langem nachgewiesen, dass viele unterschiedliche Lernkanäle genutzt werden müssen, um die Behaltensquote zu verbessern und damit letztlich effektiveres Lernen zu ermöglichen (vgl. Vester 1978; Witzenbacher 1985). Die Tatsache, dass sich Lernen eigentlich nicht so organisieren lässt, dass alle Schüler zum gleichen Zeitpunkt an den gleichen Aufgaben das Gleiche lernen, ist heute hinlänglich bekannt. Trotzdem kann man sich in vielen Schulen nur sehr schwer von dieser Illusion lösen.

Lernen ist immer ein individueller Vorgang, auch dann, wenn es in Gruppen oder an gemeinsamen Gegenständen geschieht. »Lässt man nur einen Weg gelten (›Lernen im Gleichschritt‹) dann mag man am Ende zwar feststellen können, wie viele genau auf diesem Weg wie weit gekommen sind. Aber man hat eben gerade nicht erprobt, ob nicht viele von ihnen auf einem der denkbaren anderen Wege viel weiter gekommen wären.« (Becker 1997, S. 6) Die Wochenplanarbeit eröffnet Möglichkeiten dazu. Die Vielfalt dessen, was Schülerinnen und Schüler an Vorerfahrungen und Vorwissen mit in die Schule bringen, kann einbezogen werden. Sie können eigenständig auf unterschiedlichen Wegen lernen, statt immer wieder belehrt zu werden. Die heute in vielen Klassen vorhandene Heterogenität wird so zu einem konstruktiven Element.

»Der Wochenplan ist eine gute Idee, weil wir lernen, selbstständig zu arbeiten, und dabei auch Verantwortung zeigen müssen. Jeder lernt so, frei zu arbeiten und trotzdem alle Aufgaben ordentlich zu bewältigen. Außerdem kann man die Aufgaben zuerst bearbeiten, die man will. Dabei steht man nicht unter Druck, und es macht mehr Spaß, selbst zu entscheiden. Der Unterricht wird durch Wochenplanarbeit freier gestaltet, denn wir können unsere Aufgaben so bearbeiten, wie wir wollen. Sie können auch in Partnerarbeit gelöst werden, was ein weiterer Ansporn ist. Wir können uns die Aufgaben einteilen und uns aussuchen, womit wir anfangen. Außerdem steht man nicht unter dem Zeitdruck, alles in der Stunde noch fertig zu bekommen. Man hat meistens genügend Zeit, die man sich auch gut einteilen kann. Die Wochenplanarbeit läuft nicht so streng und so ›steril‹ ab wie der normale Unterricht, wo der Lehrer vorne steht und seinen Unterrichtsstoff durchzieht.« (Schülerin einer 9. Klasse)

Schüler/innen lernen mit unterschiedlichem Lerntempo und haben unterschiedliches Abstraktionsvermögen. Es gibt Unterschiede im Stand ihrer Kenntnisse, Fähigkeiten und Fertigkeiten. Sie kommen aus unterschiedlichen sozialen Umfeldern, werden unterschiedlich gefördert und bringen unterschiedliche Lerninteressen mit. Der Frontalunterricht kann nur eine unzureichende Antwort auf eine solch differenziert Schülerschaft geben. Die Wochenplanarbeit kann dagegen bei der Lösung des Differenzierungsproblems an unseren Schulen wichtige Hilfestellungen leisten. Sie ist das Handlungsmuster der inneren Differenzierung. Dafür sorgt ein ausgewogenes System von Pflicht und Wahlaufgaben sowie die Möglichkeit zur Arbeit an Zusatzaufgaben und freien Tätigkeiten. Wochenpläne können auch individuell verändert werden, beispielsweise um einzelne Aspekte besonders zu trainieren.

Bei der Wochenplanarbeit werden Freiräume geschaffen, die es ermöglichen, die individuelle Ausgangslage der Lernenden zu berücksichtigen und damit die Effektivität des Lernens zu erhöhen (vgl. Gasser 1992, S. 182f.):

- Das Lernen wird in die Hände der Schüler gelegt.
- Jeder kann sein Arbeitstempo weitgehend selbst bestimmen.
- Der Plan sorgt dafür, dass in einer Klasse zur gleichen Zeit unterschiedliche Dinge getan werden können.
- Die Schüler haben die Möglichkeit, darüber zu entscheiden, wann sie welche Aufgaben bearbeiten und wie viel Zeit sie sich dafür lassen.
- Sie können sich aus einem Angebot Aufgaben selbst auswählen und damit eigene inhaltliche Schwerpunkte setzen.

- »Schnellere« Schüler müssen nie auf »langsamere« warten, da jeder seinem eigenen Tempo und Lernrhythmus nachgehen kann.
- Der Rhythmus von konzentrierter Anspannung und Entspannung wird von den Kindern bzw. Jugendlichen selbst bestimmt.
- Das Lernen wird individualisiert, d.h., es wird von den Lernenden geplant, repräsentiert, reflektiert und kontrolliert.
- Lernwege und -umwege werden bei der Wochenplanarbeit sichtbar, und Lernschwierigkeiten können behoben werden.
- Lernfortschritte können ermittelt, Lerndialoge aufgebaut und fortgeführt werden.
- Die individuellen Lerntypen, Lerngeschwindigkeiten, Interessen und Motivationslagen lassen sich bei der Wochenplanarbeit berücksichtigen.

Erwerben von Schlüsselqualifikationen

Neben dem Aufbau von Fach- und Sachkompetenz geht es heute in der Schule immer mehr auch um die Entwicklung von Methoden- und Sozialkompetenz. Wir sind dabei in einer völlig neuartigen Situation: In der Arbeitswelt werden von den Schulabgängern heute Qualifikationen erwartet und gewünscht, die von Schulreformern seit Jahrzehnten vergeblich propagiert worden sind. Der Begriff »Schlüssenqualifikationen« umschreibt die Anforderungen, die verstärkt an die schulische Bildung gestellt werden. Die Vermittlung fachlicher Kenntnisse hat natürlich nach wie vor einen wichtigen Stellenwert. Dabei können aber Methoden und Sozialformen angewendet werden, die gleichzeitig Lern- und Arbeitstechniken bei den Schülerinnen und Schülern aufbauen helfen. Hier liegt der besondere Leistungsbereich des Wochenplankonzepts: Die inhaltliche Ebene des Unterrichts hat weiterhin eine wichtige Bedeutung, gleichzeitig werden jedoch darüber hinausgehende Qualifikationen bei den Lernenden entwickelt.

Beim Lernen mit dem Wochenplan können Schüler/innen Schritt für Schritt zahlreiche Qualifikationen erwerben. So fördert die Wochenplanarbeit die Fähigkeit und Bereitschaft, Probleme und Aufgabenstellungen selbstständig, zielorientiert und sachgerecht zu bearbeiten und das Ergebnis zu beurteilen. Darüber hinaus wird insbesondere durch offen angelegte Wochenpläne, in denen Kooperation mit anderen notwendig ist, um zu Ergebnissen zu kommen, die Bereitschaft gefördert »soziale Beziehungen und Interessen zu verstehen und sich mit anderen rational und verantwortungsbewusst auseinander zu setzen bzw. zu verständigen« (Beck 1993, S. 15). Die Schülerinnen und Schüler können aber auch die Fähigkeit zur eigenständigen Organisation und Durchführung einer Arbeitsaufgabe nach und nach durch die zielgerichtete Arbeit an einem Plan erwerben. Schon am ersten Tag der Wochenplanarbeit müssen sie den gesamten Plan überschauen und sich genau überlegen, wie sie die Aufgaben aufteilen, wann sie welche Aufgaben erledigen und wie viel Zeit sie brauchen werden. Hier lernen sie bei jedem Wochenplan neu dazu, immer wieder müssen sie sich mit der Organisation und Bewältigung neuer Aufgaben auseinander setzen. Mit Fragen wie den folgenden müssen sie sich befassen und dazu klare Entscheidungen treffen: Womit fange ich an? Was bearbeite ich in der Schule, was zu Hause, was an anderen Lernorten? Welche Interessenschwerpunkte will ich setzen? Arbeite ich allein oder mit Partnern? Bewältige ich auftauchende Schwierigkeiten selbstständig oder lasse ich mir helfen?

Über inhaltsbezogene Lernziele hinaus lernen sie im Laufe der Zeit Genauigkeit, Zielstrebigkeit, Organisationsfähigkeit und systematisches Vorgehen. Hilbert Meyer formuliert:»Schüler müssen lernen, im Unterricht methodisch bewusst, zielstrebig und ökonomisch zu handeln.« (Meyer 1994, S. 153) Auf dem Weg dorthin ist der Wochenplan eine wichtige Hilfe. Der Lehrer hat dabei eine begleitende Aufgabe, er leitet die Schüler/innen an, methodisch zu denken und zu handeln. Der Wochenplan öffnet Lehrern/Lehrerinnen die Augen dafür, dass es im Unterricht um mehr als ausschließlich fachbezogene Lernziele geht.

Die neue Lehrer- und Schülerrolle

Während der Wochenplanstunden ist eine veränderte Lehrerrolle notwendig. Man muss Abschied nehmen von der Rolle des Infotainers und allgegenwärtigen Lenkers des Unterrichtsgeschehens. Das ist kein leichtes Unterfangen. Allein die Beherzigung des Ratschlages »Lehrer sei mal still!« (Fehrmann/Unruh 1990, S. 20) scheint anfangs ein kaum zu bewältigendes Unterfangen. Die neue Situation – Schülerinnen und Schüler lernen selbstständig und eigenverantwortlich – verunsichert zunächst (»Was kommt dabei wohl heraus?«) und setzt Ängste frei. Da man vom Unterrichten im traditionellen Sinne entbunden ist, hat man mehr Zeit zur Beratung, kann gezielt auf Probleme und Fragen eingehen und ist frei für die Beobachtung. Wenn die Wochenplanarbeit erst einmal läuft, bedeutet dies eine erhebliche Entlastung. Viele Kollegen bestätigen, dass der Unterrichtsvormittag während der Wochenplanstunden für sie weniger anstrengend geworden ist, also eine echte Entschädigung für den zeitlichen Mehraufwand bei der Planung bietet. Das bestätigt die folgende Aussage: »Anfangs hatte ich große Probleme mit meiner veränderten Lehrerrolle, war ich es doch gewohnt, überall einzugreifen, aufzupassen ... Heute bin ich froh, dass ich das nicht mehr in dem Maße tun muss. Der Vormittag kostet mich nicht mehr so viel Kraft wie früher.« (Böddener 1993, S. 28f.). Die vorbereitende Arbeit des Wochenplanunterrichts liegt in erster Linie beim Lehrer. Wochenplanarbeit bedeutet die Verlagerung eines erheblichen Teils des Arbeitsaufwandes in die Vorbereitung: Themen müssen überlegt, Aufgaben formuliert werden, Materialien ausgewählt, zur Verfügung gestellt und z.T. auch erst selbst erarbeitet werden. Gerade die Formulierung der Aufgaben muss gut bedacht werden, sie ist das Wichtigste am gesamten Wochenplan. Die Aufgaben und die schülergemäßen Formulierungen entscheiden über die Qualität des Plans. Bei der Aufstellung des Wochenplanes sollte man darauf achten, auch offene Aufgabenstellungen zu formulieren, die möglichst viele Sinne ansprechen.

Man sollte den Schülern Freiräume zugestehen und – wenn immer möglich – sie in Planungsprozesse einbeziehen. Als Ergebnis aller Vorüberlegungen entstehen die kompletten Wochenpläne, die dann für die Schüler/innen vervielfältigt werden müssen.

Wenn die Klasse in der Woche mit dem Plan zu arbeiten beginnt, ist der Lehrer/die Lehrerin als Lernberater gefragt. Es wird immer wieder Schüler/innen geben, die mit ganz detaillierten Fragen zum Inhalt Hilfen benötigen, vielleicht, weil sie während der Besprechung der Problematik gefehlt oder weil sie einfach noch Verständnisfragen haben. Als Lehrer/in muss man sich in dieser Phase um Lernstrategien einzelner Schüler/innen genauso kümmern wie um Hilfestellungen bei der Arbeitsorganisation. Erste (Teil-)Ergebnisse können bereits während der Wochenplanstunden kontrolliert, Lösungswege besprochen und Bewertungshilfen gegeben werden. Nur in wirklichen Ausnahmesituationen unterbricht der Lehrer/die Lehrerin die Wochenplanarbeit und wendet sich an die gesamte Klasse: etwa bei massiven disziplinarischen Problemen oder wenn er/sie feststellt, dass es den Schülern/Schülerinnen nicht möglich ist, die gestellten Aufgaben zu bearbeiten, d.h., Erklärungsbedarf für alle Schüler vorhanden ist. Im Übrigen haben die Schülerinnen und Schüler die vorher festgelegten Wochenplanstunden uneingeschränkt für ihre Arbeit zu Verfügung – das ist Bestandteil des »Wochenplanvertrages«.

In »ruhigen Minuten« lassen sich das Lernverhalten und die Lernfortschritte der Gesamtgruppe ebenso wie das Lernverhalten einzelner Schüler/innen oder Schülergruppen beobachten. Auch während der Wochenplanarbeit wird es Schüler geben, die absolut keine Lust haben, etwas zu lernen oder sich an die Arbeit zu begeben. Wochenplan-Lehrer können versuchen, sich mit diesen Jugendlichen über die Gründe ihrer Demotivation zu unterhalten, und nach Auswegen suchen. Sie achten auch darauf, dass Regeln eingeführt und eingehalten werden, soziale Spannungen in geeigneter Weise thematisiert und bearbeitet werden. Sie können und sollen Hilfestellung geben, wenn bei Jugendlichen soziale oder individuelle Probleme Lernerfolge verhindern. Folgende Anforderungen kommen auf den Lehrer/die Lehrerin bei der unterrichtlichen Umsetzung der Wochenplanarbeit zu:

● Ideen sammeln während der Abschlussbesprechung des letzten Wochenplans
● Vorbereiten des Wochenplans am Schreibtisch, dabei kombinieren der Lehreraufgabenstellungen mit den Schülervorschlägen
● Kopieren der Wochenpläne und bereitstellen der Arbeitsmaterialien
● Besprechen/Einführen des Wochenplans in der Klasse (z.B. im Montagskreis)
● Während der Wochenplanstunden: Beobachtung, Beratung und Einzelhilfe
● Wenn nötig: Reflexionsphasen einschalten. Fragen, Schwierigkeiten und Probleme klären, wenn die Wochenplanarbeit stockt – dies muss außerhalb der festgelegten WP-Stunden geschehen
● Kontrolle, Rückmeldung und Bestätigung nach Erledigung der Aufgaben
● Organisieren des Zusammentragens der Wochenplanergebnisse; Schaffung von Möglichkeiten zur Wochenplankritik (Abschlussgesprächskreis).

Bärbel Rademacher und Hermann Schulze stellen zusammenfassend zu dieser neuen Lehrerrolle fest: »Sicher werden sich die Rolle und der Aufgabenbereich der Lehrerinnen und Lehrer in vieler Hinsicht ändern. Sie verlassen ihre sichere Position am Pult, auf die sich im Frontalunterricht die Augen und Aufmerksamkeit der Schülerinnen richten sollten, und begeben sich stattdessen zu einzelnen Schüler-Gruppen, um mit diesen etwas zu besprechen oder mit ihnen an einem speziellen Problem zu arbeiten. Meine Rolle, die häufig mit der eines ›Alleinunterhalters‹ vor oft dessinteressiertem Publikum‹ zu vergleichen ist, wechselt zu den verschiedenen Aufgabenbereichen eines Organisators, eines Moderators, eines individuellen Lernberaters und vielem anderem mehr. In meiner Person findet sich der Beobachter, der individuelle Lernfortschritte der Jugendlichen verfolgt, genauso wie der Planer, der innerhalb des vom Bildungsplan vorgesehenen Stoffgebietes Inhalte heraussucht und Arbeitsmaterialien bereitstellt. ... So sehr sich allerdings der Aufgabenbereich der Lehrerinnen ändert, bleiben wir dennoch wie in allen anderen Schulstrukturen letztlich der Mittelpunkt, der die Verantwortung für die Erziehung und Ausbildung der uns anvertrauten Schüler und Schülerinnen trägt.« (1998, S.108ff.)

Von den Schülerinnen und Schülern wird bei der Wochenplanarbeit viel mehr verlangt, als im Frontalunterricht, in dem sie vielfältige Möglichkeiten haben, sich zu verstecken, zu »maskieren« und möglichst geschickt zu taktieren. Aktivität wird von ihnen nur in einem geringeren Teil eines solchen Unterrichts gefordert. Schon nach wenigen Jahren werden die Schüler »geradezu Profis in der Wahrnehmung der Schülerrolle« (Meyer 1994, S. 202) und setzen ihre Aktivitäten dosiert ein, um dann wieder »abtauchen« zu können. Dies ist bei der Wochenplanarbeit nicht möglich, da von jedem Einzelnen nachweisbare Ergebnisse gefordert werden. Von den Lernenden wird bei der Wochenplanarbeit ein sehr hohes Maß an Eigenverantwortlichkeit und Selbstständigkeit verlangt, z.B. beim Aufgabenverständnis, der Aufgabenauswahl, der Zeiteinteilung und der Ergebniskontrolle. Eine wichtige Rolle spielen auch die sozialen Kompetenzen, wie etwa: anderen helfen, mit ihnen kooperieren, Verantwortung tragen, Rücksichtnahme, Toleranz und Disziplin. Diese Fähigkeiten sind gleichzeitig Voraussetzungen und dauerhaftes Ziel. Um sich diesem Ziel zu nähern, brauchen Lehrer die Bereitschaft, sich mit den ihnen anvertrauten Kindern und Jugendlichen auf den Weg begeben zu wollen. Das sollte man nicht auf die »lange Bank« schieben. Zu sagen: »Irgendwann fange ich damit an«, kann auch »nie« bedeuten. Besser ist der Entschluss: »Und morgen fange ich damit an!«

Kritische Aspekte der Wochenplanarbeit

Herbert Hagstedt hat auf die Gefahren hingewiesen, die in einem engen Verständnis der »Wochenplanerei« liegen, wenn er schreibt: »Schüler können machen, was ihre Lehrer wollen.« (Hagstedt 1987, S. 4) Wochenplanen kann dazu tendieren, die Schüler/innen zu fremdbestimmtem Lernen zu drängen und den Charakter der Fremdbestimmung zu verschleiern. Man darf sich als Lehrender nicht damit begnügen, mit dem Wochenplan ein »überaus lehrergerechtes, gut handhabbares Steuerungs- und Kontrollinstrument« (Hagstedt 1987, S. 7) einer binnendifferenzierten Arbeit haben zu wollen. Richtig verstanden kann der Wochenplan ein Vorreiter und Förderer des projektorientierten Arbeitens sein. Wochenplan als Element eines verbrämten Frontalunterrichts zu betrachten würde heißen, ihn gründlich misszuverstehen. Aus dem Wochenplan das »Abarbeiten eines Lernprogrammes« zu machen wäre gerade der Gegensatz zum selbstständigen Lernen. Das stellt einige Anforderungen an die Strukturierung der Wochenpläne:

- Die Pflichtanteile im Wochenplan müssen überschaubar und gut bewältigbar sein, damit dieser Teil die Schüler nicht völlig »verschlingt«.
- Die Wochenplanarbeit sollte nicht zu einer materialzentrierten Individualisierungspädagogik degenerieren, die geradezu das soziale Aneinandervorbeileben fördert. Im Wochenplan muss nach Möglichkeiten gesucht werden, Aufgaben zu formulieren, die es erfordern, an gemeinsamen Themen zusammenzuarbeiten. Es muss erreicht werden, dass die Schüler inhaltliche Arbeit nicht weitgehend als Einzelarbeit erfahren, sondern Lernsituationen entstehen, in denen sie wirklich miteinander und voneinander lernen.
- Um den atomisierenden Charakter von Wochenplanarbeit zu überwinden, ist es nötig, dem Prinzip der Arbeitsvereinigung viel Raum zu geben. In gemeinsamen Planungen und Auswertungen, in die die Arbeit mit dem Plan einzubetten ist, sollen mit den Schülerinnen und Schülern Kontext und Sinn dieser Arbeit (weiter)entwickelt werden.

Literatur

Baillet, D.: Freinet – praktisch. Weinheim 1983.

Beck, H.: Schlanke Produktion. Schlüsselqualifikationen und schulische Bildung. In: Pädagogik 45 (1993), 6, S. 14–16.

Becker, G.: Der lange Abschied von der großen Illusion. In: Praxis Schule 5–10, 8 (1997), 2, S. 6–8.

Böddener, M.: Offene Lernsituationen – ein neuer Beginn. In: Claussen, C.: Wochenplan und Freie Arbeit. Braunschweig 1993, S. 23–31.

Dietrich, T.: Die Pädagogik Peter Petersens. Bad Heilbrunn 1991.

Fehrmann, S./Unruh, T.: Das Lernen (wieder) lernen. In: Pädagogik 42 (1990), 9, S. 17–20.

Gasser, P.: Didaktische Impulse. Geralfingen 1992.

Hagstedt, H.: Schüler können machen, was ihre Lehrer wollen. In: päd. extra (1987), 10, S. 4–7.

Meyer, H.: UnterrichtsMethoden II. Praxisband. Frankfurt a.M. [6]1994.

Popp, S.: Der Daltonplan in Theorie und Praxis. Bad Heilbrunn 1995.

Rademacher, B./Schulze, H.: Freiarbeit in der Sekundarstufe. Lichtenau 1998.

Sennlaub, G.: Grundlagen von Freiarbeit und Wochenplan. In: Erziehungswissenschaft – Erziehungspraxis 1 (1985), 3, S. 24–29.

Vaupel, D.: Das Wochenplanbuch für die Sekundarstufe. Weinheim und Basel [3]1998.

Vester, F.: Denken, Lernen, Vergessen. Stuttgart 1978.

Witzenbacher, K.: Handlungsorientiertes Lernen in der Hauptschule. München 1985.

Helmut Volk-von Bialy

Lernen in Inszenierungen

Szenisch-dialogische Bildung und Rollenspiel

Szenisch-dialogische Bildung

In szenisch-dialogischer Bildung werden problemhaltige, schwierige, merk- und denkwürdige, irritierende und ängstigende Szenen aufgesucht. Das unmittelbare szenische Erleben der Lernenden dient als Voraussetzung für verständnisvolle, weil erlebensgegründete Problemerkenntnis, Problemlösung und Wissensintegration. In den Szenen werden Lernende hingeführt zu

- interpersönlichen (Gesprächspartner/innen),
- intrapersönlichen (innere Stimmen, Teilpersönlichkeiten) und
- intersymbolischen Dialogen. Im intersymbolischen Dialog werden Bildsymbole, Begriffssymbole und Theorieaspekte vorübergehend zu Quasi-Persönlichkeiten, bekommen Stimme und Charakter verliehen.

Leitende achten bei der Inszenierung darauf, dass intrapersönliche und intersymbolische Dialoge auf Grund biografischer Hinweise nach Möglichkeit in interpersönliche Dialoge transponiert und so repersonifiziert werden.

Durch dialogische Inszenierung wird Lernenden eine verstandes-, gefühls- und zugleich körperbezogene Identifikation mit unterschiedlichen Bewusstseinszuständen (Realität, Wünsche, Träume usw.), Persönlichkeitsstrukturen (Optimismus, Pessimismus, neurotische Einfärbungen usw.) und Denkmustern (Kreislaufmodelle, Theorieaspekte usw.) ermöglicht. Wenn Wissens-, Entwicklungs- und Entscheidungswelten inszeniert werden, werden emotional (Erleben) und sozial (Austausch) verankerte Erkenntnisse selbstverständlich.

Szenisch-dialogische Bildung fördert also eine Verankerung von Neuorientierungen im Erlebensbewusstsein (Transformation und Integration sozialen Verhaltens) und eine experimentelle Entwicklung von konsens- und tragfähigen Gütekriterien (Volk-von Bialy 1994) für gemeinsames Lernen und Arbeiten.

Durch Angebote zum experimentellen Erleben beleuchtet szenisch-dialogische Bildung Menschen sowohl in ihren inneren Beziehungen und Verstrickungen (intrapersonale Erkundung) als auch in gegenwärtigen, vergangenen und künftigen Begegnungssituationen (interpersonale Erkundung) und wirkt in allen Zeitdimensionen:

- *Gegenwart:* Dialogische Inszenierungen – von Klein- und Kurzszenen bis hin zu komplexen rollenspielpädagogischen Arrangements – sind Ausgangspunkt für die Erfahrung von Handlungsbeschränkungen und Denkfehlern – von Kompetenzgrenzen und Defiziten – in mehr oder weniger komplexen Situationen. Mit Hilfe szenisch-dialogischer Bildung, verstanden als Angebot zu kooperativ-experimentellem Probehandeln, werden die eigenen Deutungs- und Handlungsmöglichkeiten erweitert, um gegenwärtige Herausforderungen befriedigender bewältigen zu können.

- *Vergangenheit:* Dialogische Inszenierungen schaffen die Voraussetzung für eine anschauliche Aufarbeitung schwieriger und relevanter psychosozialer Situationen in Schule und außerschulischem Alltag (z.B. szenisch-dialogische Reinszenierung von Gewaltkonstellationen, von Ausschluss und Unterwerfung) durch Chance zum erlebten Perspektivwechsel.

  Dialogische Inszenierungen ermöglichen die Rekonstruktion von Grenz- und Umbruchsituationen im Denken und Handeln von Wissenschaftlern, Politikern, Religionsführern und Künstlern (genetisch-dramaturgische Methode) ebenso wie von Figuren aus dem Alltag einer historisch-realen oder fiktiven Menschheitsepoche (Erzähl-Rollenspiele).

  Dialogische Inszenierungen beleben auch theoretische Modellwelten, indem beispielsweise durch Personen-Skulpturen, Themen- und Perspektivenparcours modellbezogene und thematische Aspekte, Qualitätskriterien und Wahrnehmungsperspektiven im dreidimensionalen Außen- und Innenraum mono- und dialogisch repräsentiert werden (z.B. Volk-von Bialy 1994).

- *Zukunft:* Inszenierungen sind Grundlage für Entwicklung von Veränderungsstrategien (Szenariotechniken: Planspiel, Mikrowelten; z.B. Senge 1996) und zugleich Trainingsfeld für handlungsrelevante Integration neuen Wissens und Könnens (Probehandlungen für künftige Echtsituationen, trainierendes Rollenspiel).

Als ein Hauptelement szenisch-dialogischer Bildung neben gestaltpädagogischen Vorgehensweisen, Neurolinguistischem Programmieren (NLP) und anderen leib- und bewegungsintegrierenden Lehr-Lern-Verfahren wurde von 1972 an durch Wolfram Mävers und andere *(DGRS)* die Methodik der Rollenspielpädagogik entwickelt. Diese für professionelle Inszenierungen in Bildungsveranstaltungen bewährte Methodik skizziere ich im Folgenden.

Zur Entwicklung der Rollenspielpädagogik

Als Anfang der Siebzigerjahre erstmals Rollen- und Planspiele in der Aus- und Weiterbildung von Soziologen/Soziologinnen, Sozialarbeitern/Sozialarbeiterinnen, Lehrern/Lehrerinnen und Erziehern/Erzieherinnen angepriesen, selten jedoch überzeugend praktiziert wurden, stand noch eine konformistisch-affirmative Rollensoziologie Pate für diese Unterrichtsmethodik. Ausgangspunkt dieser soziologischen Richtung war der Gedanke, dass Menschen in ihrem Leben gesellschaftliche Rollen ausfüllen müssen – in erster Linie Berufs- und Familienrollen. Erziehung hieß in diesem Verständnis: Vorbereitung auf die geforderten Rollenmuster – Vater, Mutter,

Krankenschwester, Polizist. Dabei sollten die Rollen möglichst spielerisch übernommen werden, so wie man es bei Kindern beobachten konnte. Ein kleiner emanzipatorischer Anspruch war zumeist beigemischt: Rollenkonflikte wurden einbezogen, zu starre Rollenmuster sollten flexibilisiert werden – beispielsweise wurden neue Rolleninhalte für Männer und Frauen in einer mehr Gleichberechtigung ermöglichenden Gesellschaft diskutiert (z.B. Kochan 1975). Nicht angezweifelt wurde bei alledem, dass man zur Erfüllung bestimmter gesellschaftlicher Funktionen Rollen spielen muss, weil man dieser soziologischen Tradition zufolge immer Rollen spielt.

Die Auffassung von Eingebundenheit des Menschen in Rollen stellen nicht nur Wolfram Mävers und ich in Frage. Durch zwei Zitate von Fritz Perls, dem Begründer der Gestalttherapie, wollen wir dies verdeutlichen: »Nach meiner Meinung ist ein Erwachsener ein Mensch, der die *Rolle* eines Erwachsenen spielt, und je mehr er die Rolle spielt, desto unreifer ist er oft.« (Perls 1974, S. 35) »Diese Manipulation der Umwelt durch das Spielen gewisser Rollen ist das Charakteristikum dafür, dass wir unreif bleiben.« (Perls 1974, S. 43).

Entsprechend versteht sich Rollenspielpädagogik, wie die Gestalttherapie in der Tradition Humanistischer Psychologie verankert, nicht als Trainingskonzept zur Übernahme erwünschter Rollen, sondern als Konzept, das Rollenspiel-Akteuren/Akteurinnen dazu verhelfen kann, jenseits zugeschriebener und übernommener Rollenzwänge zu echterem, kreativerem, weitgehend selbstbestimmtem, aber auch umsichtigem und gesamtverantwortlichem Handeln zu finden.

Pädagogisches Rollenspiel in all seinen Formen und methodischen Schritten bietet Chancen, an vorgegebene und nicht hinterfragte Rollen gebundene Selbstbeschränkungen zu überwinden und sich freiere, spontane Handlungsformen jenseits der Rollen-Identität zu eröffnen, indem man

- in geschützter, experimenteller Situation die Grenzen des eigenen Rollengefängnisses ab- und überschreitet,
- Interpretations- und Handlungsalternativen zu den Rollenklischees erfährt und erprobt,
- sich agierend insbesondere mit solchen Personen identifiziert, mit denen man Schwierigkeiten hat, die einem bisher sogar eher als feindlich, fremd und unverstehbar erschienen sind,
- Sympathie für das eigene Lebensschicksal durch die Mitlernenden erfährt und
- Mitgefühl auch für die Handlungsnöte der anderen Gruppenteilnehmer/innen entwickelt.

Pädagogisches Rollenspiel transformiert die Rollen-Identität, fördert die Ich-Identität der Lernenden, ihre Selbstbestimmung im herrschaftsfreien Dialog (Habermas 1988) und ist damit eher ein Meta- oder Trans-Rollen-Spiel. In diesem Sinne dient Rollenspielpädagogik zur Selbstbelebung, zur Selbstverwirklichung jenseits der übernommenen und überkommenen gesellschaftlich-kulturellen Konventionen, ist gleichsam ein kulturkritisches Revitalisierungs- und Reanimationskonzept.

So wenig, wie Rollenspielpädagogik sich als Anleitung zum Rollentraining versteht, so wenig hat sie auch mit darstellendem Spiel oder Spontantheater zu tun. Dadurch, dass beim Leiten der Rollenspiele auch ästhetisch-dramaturgische Gesichtspunkte berücksichtigt werden – beispielsweise die schrittweise Einkreisung, Verdichtung und Vertiefung eines Kommunikations- und Selbstklärungsproblems über mehrere Spielszenen hinweg –, erweckt es für Außenstehende, die sich noch nicht in der Situation von Hauptakteuren/Hauptakteurinnen erlebt haben, den Eindruck, hier werde Spontantheater gespielt.

Was jedoch zum Theaterspielen fehlt, ist das Publikum. Die augenblicklich nicht ins Spielgeschehen eingebundenen Zuschauenden sind nicht außenstehende Voyeure, die gegen Bezahlung auf festen Plätzen dem Spielgeschehen mit beliebigem inneren Engagement folgen, sondern Gruppenteilnehmer/innen, die

- lernen wollen, indem sie sich in die Haupt- und Nebenakteure/akteurinnen hineinversetzen und
- in den Auswertungsphasen nach den Szenen die Klärungsbemühungen der Hauptakteure durch Rückmeldung unterstützen.

Bei Szenenwechsel oder Szenenwiederholung kann aus jeder Zuschauerin schnell eine Nebenakteurin werden, sodass sich bei prozessangemessener Anleitung eher selten die Situation distanzierten Unbeteiligtseins in der Lerngruppe ergibt. Zudem werden Gruppenteilnehmer/innen bisweilen aufgefordert, ihre spontanen Impulse in szenen- und dialogangemessener Form in die Inszenierung einzubringen.

Zur rollenspielpädagogischen Methodik

Um Ihnen einen Überblick zu ermöglichen, skizziere ich zentrale Aspekte einer Methodik der Rollenspielpädagogik. Ausführlicher wird diese Methodik an anderer Stelle dargestellt (Mävers/Volk-von Bialy 1995b).

Inszenierungsformen

Rollenspielpädagogik will die Entwicklung einzelner und von Gruppen durch drei Prototypen von Inszenierungen fördern, in denen Lernende schwerpunktmäßig bestimmte Zielvorstellungen und Handlungsmuster erlebensgegründet sichten und gegebenenfalls revidieren können:

- Bei Inszenierungen mit dem Schwerpunkt auf *Selbsterkundung* (sog. Protagonisten/Protagonistinnen-Rollenspiele) steht eine Person als Hauptakteur/in im Mittelpunkt, die von der Gruppe bei ihrer konstruktiven Bewältigung subjektiv schwieriger Kommunikations- und Selbstklärungssituationen unterstützt wird.

Dabei kann im günstigen Fall eine über die bisherige Art der Lebensbewältigung hinausweisende Erfahrung ermöglicht werden.

- An Inszenierungen mit dem Schwerpunkt auf *Sozialerkundung* (sog. Gesamtgruppen-Rollenspiele) ist zumeist die gesamte Lerngruppe aktiv beteiligt. Die Teilnehmer/innen agieren in selbst gewählten Identifikationen und mehr oder minder stark vorstrukturierten Ausgangsszenen, in die nach Möglichkeit bedeutungsvolle Themen aus dem jeweiligen Lernprozess der Gruppe einbezogen werden.
- In Inszenierungen mit dem Schwerpunkt auf *Kulturerkundung* (sog. Erzähl-Rollenspiele – textbezogen oder geschichtenentwickelnd) (inter-)agieren einige bis alle Teilnehmer/innen mit ihren unverstellten spezifischen Ausdrucksmöglichkeiten in für sie subjektiv bedeutsamen Situationen. Diese Situationen ergeben sich entweder vor dem Hintergrund rollenspieltauglicher literarischer Vorlagen (Bibel- oder Romanpassagen, Kurzgeschichten, Märchen oder Sagen) oder Geschichten erzeugender Konstellationen (historische Begegnungen, utopische Szenarien).

Mit diesen drei Inszenierungsformen pädagogischen Rollenspiels werden lediglich Prototypen beschrieben. Besonders wirksam werden Selbst-, Sozial- und Kulturerkundungs-Rollenspiele durch ihre prozessgerecht-spontane Mischung und Abfolge.

Kultur und Entwicklungsrichtungen

Bei rollenspielpädagogischen Inszenierungen – bei Vorbereitung, Durchführung und Auswertung von Rollenspielen – werden

- für Sozialisation und Enkulturation bedeutsame Erfahrungsbereiche systematisch einbezogen,
- Absprachen zum gemeinsamen Handeln der Lerngruppenmitglieder durch Richtungsbestimmungen in diesen Kulturbereichen erleichtert und
- die Persönlichkeitsintegration und Wachstum unterstützenden Potenziale der Einzelnen wie der Gruppe aktiviert und genutzt.

Pädagogisches Handeln wird von Wolfram Mävers und mir verstanden als kritische Sichtung und Weitergabe von Kulturwerten in lebendigen, erlebensbezogenen Dialogen. Diese Art der Kulturbetrachtung erstreckt sich auf die Einzelnen, auf Gruppen und auf den kulturellen Rahmen, in dem sich die Einzelnen als Mitglieder unterschiedlicher Gruppierungen bewegen.

- Als *wertvolle »Individualkultur«* sehen wir ein System von Einstellungen und Handlungsweisen an, innerhalb dessen Lernende ein realitätsangemessenes Selbstbild verbunden mit lebensbejahendem Selbstumgang entwickeln können, beides als Voraussetzung für konstruktive Gestaltung von Welt und für eine ständig sich verfeinernde Formung tragfähigen Selbstwerterlebens.

Wenn wir die Förderung der Individualkultur durch Pädagogisches Rollenspiel im Blick haben, unterstützen wir im Wesentlichen zwei Entwicklungrichtungen:
- Gefördert wird die *erlebensadäquate Handlungsfähigkeit* der Akteure, und
- gestärkt werden ihre *konstruktiven Ich-Funktionen*.

● Als *wertvolle »Gruppenkultur«* sehen wir ein System von Beziehungen an, in dem selbst gewählte, abgesprochene und sinnvolle Aufgaben in einem Klima von Transparenz, Zuverlässigkeit und Flexibilität gemeinsam so bewältigt werden können, dass damit zugleich das Selbstwerterleben der Einzelnen tragfähiger wird.

Liegt unser Fokus auf Förderung der Gruppenkultur, so unterstützen wir als Leitende die Akteure/Akteurinnen bei der Weiterentwicklung ihrer,
- *Beziehungsfähigkeit* und
- Verantwortungsbereitschaft.

Diese vier Richtungsvorgaben gelten bei unserer Arbeit mit allen Rollenspiel-Varianten gleichermaßen. Das Protagonisten/Protagonistinnen-Rollenspiel bleibt weitgehend auf diese Entwicklungsrichtungen beschränkt, weil die in diesem Prototyp von den Hauptakteuren/Hauptakteurinnen eingebrachten Themen im Wesentlichen aus dem psychosozialen Bereich der Familie, der Zuammenlebens- und Lerngruppen stammen.

● Als *wertvolle »Gesellschaftskultur«* sehen wir ein System von Übereinkünften und Institutionen an, das uns dabei unterstützt, die globalen wie regionalen gesellschaftlichen, ökologischen, wirtschaftlichen und mentalen Prozesse in ihren Wirkungen und Wechselwirkungen zu durchschauen und auch emotional nachzuvollziehen, und uns zugleich befähigt, im Bewusstsein dieser Wirkungen verantwortlich an der Gestaltung einer Welt mitzuwirken, in der sich Individual- und Gruppenkultur im oben beschriebenen Sinne entfalten können.

Wenn wir die Entfaltung der Einzelnen in ihrem Verhältnis zur Gesellschaft unterstützen, wenn wir Gesamtgruppen-Rollenspiele konzipieren oder Texte für rekonstruierende Erzähl-Rollenspiele auswählen, wenn wir auf dieser Erlebensgrundlage gemeinsam über den Ausbau einer lebens- und entwicklungsbejahenden Gesellschaftskultur nachdenken, geht es uns als Leitenden insgesamt darum, die Akteure/Akteurinnen dabei zu unterstützen,
- eine *eigenständige kulturelle Identität* zu entwickeln und
- ihre Fähigkeit und *Bereitschaft zum Engagement* für Erhaltung und Schaffung lebenswerter Bedingungen in Natur und Gesellschaft zu stärken.

In szenisch-dialogischer Bildung, in deren Mittelpunkt die kritische Sichtung und Weitergabe von Kulturwerten steht, werden die drei Kulturbereiche so einbezogen, dass unmittelbar sinnliches Erleben dieser Kulturqualitäten möglich wird. Lernende bekommen so Hilfsmittel an die Hand, die sie befähigen, sich kritisch mit Kultur auseinander zu setzen, und ihnen ermöglichen, als wertvoll Erachtetes in lebendigen, weitgehend selbstbestimmten kooperativen Prozessen experimentell handelnden Lernens zu integrieren.

Balance von systematischen Schrittfolgen und situationsaufgreifender Spontaneität

Bei angemessener Anleitung, also durch bestimmte variabel einzusetzende methodische Schritte verbunden mit einfühlsam-kreativer Dramaturgie und Regie, wird simulatives Agieren in Szenen und Dialogen als der Echtsituation ähnlich erlebt, d.h. einschließlich der diese Situation in der erlebten oder erwarteten Realität begleitenden Gefühle.

Die Methodik szenisch-dialogischer Bildung ist also angesiedelt im Spannungsfeld von schrittweise-systematischer und spontan-situationsaufgreifender Dramaturgie und Regie, von relativ standardisierten Interventionsschrittfolgen und spontan-intuitiven Leitungsinterventionen:

- Einerseits sollte man sich zur professionellen Leitung von Rollenspielen bestimmte an lernpsychologischen und gruppendynamischen Prinzipien orientierte Techniken in einer klaren Schrittfolge erarbeiten. Dazu bietet sich eine zweijährige berufsbegleitende Ausbildung in Rollenspielpädagogik bei der Deutschen Gesellschaft für Rollenspielpädagogik und szenische Gruppenverfahren *(DGRS)* an.
- Um szenisch-dialogische Lernprozesse prozessgerecht-spontan anleiten – initiieren und begleiten – zu können, sind von Rollenspielpädagogen/-pädagoginnen neben diesem leitungstechnischen Know-how und allgemeiner Beratungskompetenz insbesondere Kompetenzen zur situationsaufgreifenden Dramaturgie und Regie gefordert. Diese Kompetenzen eignet man sich im Wesentlichen über reflektierte Experimente mit Rollenspielpädagogik und szenisch-dialogische Bildungsmethodik an. Empfehlenswert zur Entwicklung dieser Regie- und Dramaturgiekompetenz ist eine regelmäßige Supervision der Rollenspielpraxis im Berufsfeld, wenn man damit anfängt, ergänzt durch sporadische Supervision zu schwierigen Rollenspielsituationen, Bildungsthemen und Akzeptanzfragen.

Um diese polaren Aspekte des Leitungshandelns zu konkretisieren,

- beschreibe ich exemplarisch eine methodische Schrittfolge für das Protagonisten/Protagonistinnen-Rollenspiel als einem Rollenspielprototyp und
- benenne ich allgemeine Aufmerksamkeitsgesichtspunkte für Dramaturgie und Regie während der Anleitung pädagogischer Rollenspiele.

Methodikschritte beim Protagonisten/Protagonistinnen-Rollenspiel

Ich stelle Ihnen an dieser Stelle nur ein grobes Schema *einer* Rollenspiel-Form im Konzept der Rollenspielpädagogik vor. Eine umfassendere und detailliertere Darstellung – dort auch für die Anleitung von Gesamtgruppen- und Erzähl-Rollenspielen – können Sie an anderer Stelle nachlesen (Mävers/Volk-von Bialy 1995a).

Es ist für den Gruppen- und Erkenntnisprozess förderlich, zumindest folgende methodischen Hinweise bei der Inszenierung von Protagonisten/Protagonistinnen-Rollenspielen zu beachten.

Schritt 1: Förderung der Inszenierungsbereitschaft

Das Scheiterrisiko rollenspielpädagogischer Arbeit in Bildungseinrichtungen (Volk-von Bialy 1994/95) wird verringert, wenn Sie als Lehrende daran mitwirken, gleichzeitig eine Akzeptanz dieser Methodik im Klassenraum und ein generelles Einverständnis für szenisch-dialogische Bildung so zu fördern, dass

- professionelles szenisch-dialogisches Vorgehen im Bildungssystem – in der Lehreraus- und Weiterbildung – zum festen Methodenrepertoire wird *(Methodikakzeptanz).;*
- szenisch-dialogisches Lernen in der jeweiligen Bildungseinrichtung selbstverständlich wird, weil ein Verständnis der Wirksamkeit leib- und erlebensbezogenen Lernens mit Kollegen/Kolleginnen und Eltern erarbeitet wurde *(Lehrerbildung – Elternbildung)*;
- ein grundsätzlich erlebensorientiertes Lehr-Lern-Arrangement in der Schule, im Kollegium, im Jahrgangs- und Klassenteam beschlossen und über gemeinsame Weiterbildung erlebt und methodisch konkretisiert wird *(Schulprogramm – Schulprofil)*;
- in allen Fächern und zu allen Themen Ausdrucks- und Bewegungsspiele, kinästhetische Experimente und Gesamtsinnesanregungen, kreative Medien, kreative Ausdrucksformen und Rollenspiele genutzt werden, um Wissen zu veranschaulichen und zu Können zu integrieren *(Lernkultur)*;
- Schüler/innen schrittweise an szenische Interaktionen im Klassenraum (»warming up« durch kleine Szenen und Dialoge, Vorstellung durch Identifikation mit anderen u.Ä.) herangeführt werden und die Lernwirksamkeit szenisch-dialogischer Bildung in kontrastierenden Lernexperimenten erfahren können *(Lernselbstverständnis)*;
- eine grundsätzliche und situative Bereitschaft der Schüler/innen gefördert wird, ihre Lern-, Klärungs- und Entwicklungswünsche in Szenen und Dialogen auszudrücken *(Methodikbereitschaft)*.

Schritt 2: Auswahl der Themen und Hauptakteure

In der Lerngruppe werden zum jeweiligen Unterrichtsthema oder zu aktuellen sozialen Problemen Klärungs- und Inszenierungswünsche gesammelt und für Protagonisten/Protagonistinnen-Rollenspiele ein/e Hauptakteur/in mit seinem/ihrem Thema so ausgewählt, dass er/sie die Aufmerksamkeit der Gruppe hat und sich bei der

Darstellung seines/ihres Klärungswunsches auf sozial sicherem Boden bewegen kann. Es müssen also die Person und das Klärungsthema in der Gruppe akzeptiert sein. Ist diese Akzeptanz nicht vorhanden, werden vorweg entsprechende Widerstände und Störungen partnerschaftlich-kreativ thematisiert und bearbeitet.

Leitende wählen zudem nur solche Problemstellungen aus, zu denen sie eine distanziert-einfühlsame Begleitung und durchgehenden Schutz des/der Hauptakteurs/Hauptakteurin gewährleisten können. Analoge Problemstellungen sollten bei den Leitenden durch selbsterkundungsorientierte Fortbildung und Supervision weitgehend geklärt worden sein, sodass weder Verschmelzung (zu viel Einfühlung in den/die Akteur/Akteurin) noch moralische Entrüstung (zu viel Distanzierung) eine aufmerksame Begleitung der Hauptakteure be- oder verhindern.

Schritt 3: Klärung- und Veränderungswünsche

In der Gruppenmitte herumgehend, wodurch die Aufmerksamkeit der Gruppe auf das Anliegen des Hauptakteurs konzentiert wird und zugleich die Gedanken und Gefühle durch Bewegung gelöst werden, erarbeitet ein Leiter mit dem Hauptakteur Klärungs- und eventuell auch schon Veränderungswünsche. Dazu bedient er sich des aktiven Zuhörens, der Hervorhebung gefühlshaltiger Aussagen (Gesprächstherapie – z.B. Thomann/ Schulz von Thun 1988), des konkretisierenden Nachfragens *(NLP)* und anderer Beratungstechniken.

Die co-leitende Person – es empfiehlt sich, Rollenspiele im Teamteaching anzuleiten – achtet auf Aufmerksamkeit und Resonanz in der Gruppe.

Schritt 4: Szenenauswahl im Kontext möglicher Szenenfolgen

Erfahrene Leitende imaginieren parallel zur Darstellung geäußerter und nonverbal angedeuteter Klärungswünsche des Hauptakteurs eine szenisch-dialogische Dramaturgie, die sie im Verlauf der Szenen und ihrer Auswertung in der Gruppe immer wieder erneuern, und schlagen eine Einstiegsszene im Kontext einer möglichen Szenenfolge vor.

Leitende entwickeln szenische Vorstellungen zur geschilderten Klärungssituation und locken die Akteure direkt in diese Ausgangsszene oder in eine vorgelagerte Szene, die vermutlich die Entwicklung hin zum gegenwärtigen Problem verdeutlicht.

Je nachdem, was die vorgelagerte Szene an Material offen legt,
● geht man anschließend zurück in die Ausgangsszene oder
● bietet dem Hauptakteur an, sich in Regressionsszenen (im Kontakt mit frühen Bezugspersonen) zu erleben oder
● in Progressionsszenen (Traum- und Märchenbilder, Utopien, Momente der Stärke, in denen bisher undenkbare Verhaltensvarianten vorgeprobt werden können),

● wenn die Situation durch Bearbeitung der vorgelagerten Szene geklärt scheint, in Transferszenen (Erprobung des Geklärten in einer zukünftig-realitätsnahen Situation, die der Ausgangssituation ähnlich ist oder deren Eintreffen von dem Hauptakteur erwartet bis befürchtet wird).

Vor dem Hintergrund einer erfahrenen Gruppe sind Tiefungen des Erlebens, verbunden mit vorübergehendem regressiven Eintauchen in die Vergangenheit, in die Traumata der Kindheit und in die Verwicklungen in der Ursprungsfamilie oder in ersehnte Utopien, in Traumwelten nicht ausgeschlossen. Diese Tiefungsszenen werden jedoch nur insoweit durch die Leitenden initiiert, als sie erforderlich erscheinen, um das jeweilige Klärungs- oder Bildungsanliegen produktiv zu bewältigen und das von dem/der Hauptakteur/in definierte Handlungsziel zu erreichen.

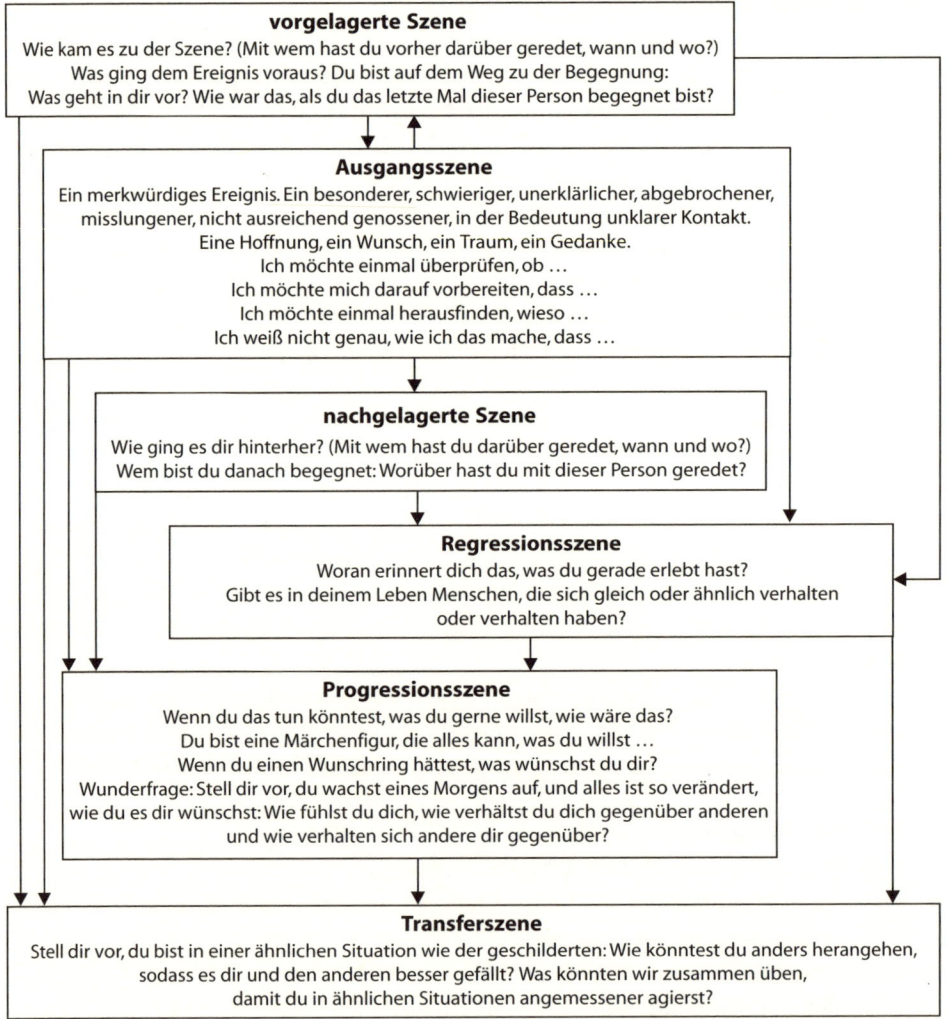

Wie faszinierend und tief das Erleben auch für die Hauptakteure/-akteurinnen sein mag, wenn man in Regressionsszenen hineingeht, was sehr behutsam und umsichtig zu erfolgen hat, oder wenn man Progressionsszenen aufsucht, in denen unter vorübergehend gemindertem Realitätsdruck zum Teil erstaunliches Verhalten möglich ist, zentral bleibt immer das Anliegen der Rollenspielpädagogik, die Akteure/Akteurinnen bei der Bewältigung ihrer konkreten, alltäglichen, meist weniger spektakulären, aber ungleich bedeutsameren, weil beeinflussbaren, Realität im Hier und Jetzt zu unterstützen. Es ist es diesem Konzept zufolge unabdingbar, durch Wahl der Szenenfolge den prinzipiellen Dreierschritt von der Realität (Ausgangs-, vor- oder nachgelagerte Szene) zur Kindheit oder zur Vision und von da zurück zur Realität immer zu vollziehen und die Akteure weder in der Ursprungsfamilie gründeln noch in Traumvorstellungen schweben zu lassen.

Leitende wählen die Gegenwart als Ausgangs- und Endpunkt der Szenenabfolge und schaffen so Bedingungen für die Möglichkeit eines Lerntransfers in den Alltag.

Man kann als Dramaturg dieser Szenenfolge auch die Akteure von der Ausgangsszene in mehrere nachgelagerte Szenen führen, die Regressions- und Progressionsszenen weglassen und die letzte nachgelagerte Szene als Tranferszene nutzen.

Als flexible Dramaturgen bieten Leitende nach Möglichkeit nicht nur eine, sondern mehrere Spielvarianten an, um dem Hauptakteur immer wieder Mitwirkungs- und Entscheidungsspielräume zu eröffnen, ohne ihn jedoch kognitiv zu überfordern und dadurch aus dem tranceähnlichen Erlebensfluss herauszubringen.

Diese Szenenfolge suchen die Leitenden in *einem* Erlebensbogen zu realisieren. Sie bauen also flexible dramaturgische Spannungsbögen für zeitliche begrenzte Tageseinheiten unter Beachtung der lernrelevanten Biorhythmen der Akteure und Zuschauenden auf.

Schritt 5: Szenenaufbau und Szenengefühl

Die Leitenden unterstützen die Hauptakteure dabei, die Szene (Ort, Zeit, Einrichtung, Requisiten) zu imaginieren, und lassen meist die Hauptakteure allein die Requisiten platzieren, bis der Erlebensprozess (eine Art bewusstheitsbegleiteter Trancezustand) sich andeutet oder möglich wird. Als Maßstab für ausreichende Szeneneinstimmung können Leitende das Phänomen ansehen, dass sich bei ihnen in Identifikation mit dem szenischen Arrangement eine Art besonderes »Szenengefühl« einstellt, ein Eindruck des Hineingesogen-Werdens in die Szene. Wahrscheinlich ist, dass sich auch bei den Zuschauenden ähnliche Ko-Trance-Anzeichen einstellen.

Schritt 6: Auswahl und Vorstellung der Nebenakteure

Die Nebenakteure/-akteurinnen für die jeweilige Szene werden von der Hauptakteurin ausgewählt oder stellen sich ihr zur Verfügung, wenn sie starke Hemmungen bei der Auswahl hat. Der/die Hauptakteur/in stellt die Personen, die durch die Nebenakteure/-akteurinnen verkörpert werden sollen, den Zuschauenden möglichst anschaulich vor. Die Nebenakteure/-akteurinnen achten darauf, dass sich auch bei ihnen eine Art Erlebenstrance, verbunden mit einem Wechsel im Körpergefühl und in der Erlebensweise, einstellt. Bis dahin befragen sie den/die Hauptakteur/in nach Details seiner/ihrer von diesem/dieser so erlebten Identität. Es geht bei dieser Vorstellung nur darum, die Nebenakteur/innen so zu inszenieren, wie sich der/die Hauptakteur/in sie vorstellt, unabhängig davon, wie die Person auf andere wirkt. Denn nicht die »wirkliche« Person, sondern unsere besonderen Fantasien zu ihr bestimmen unser Verhalten ihr gegenüber. Wenn dem/der Hauptakteur/in die vorzustellende Person als »Monster« erscheint, wird sie von der Nebenakteurin eben auch als »Monster« dargestellt. Wenn der/die Hauptakteur/in entsetzt oder begeistert ausruft: »Genau so ist oder war er oder sie!«, dann liegt der/die Nebenakteur/in mit Identifikation und Ausdruck richtig.

Schritt 7: *Dialoge und Perspektivwechsel*

Die Leitenden regen Dialoge an. Dabei kann der/die Hauptakteur/in aufgefordert werden, mehrfach die Betrachtungsperspektive zu wechseln (Rollentausch), also sich in die erlebte Ausdruckswelt der durch Nebenakteure/-akteurinnen verkörperten Gegenüber hineinzuversetzen, wenn frühere Dialoge rekonstruiert werden sollen oder wenn den Leitenden zur Problemklärung eine Veränderung der Perspektive sinnvoll erscheint. Indem die räumlich-personale Erlebensperspektive der Lernenden mehrfach gewechselt wird, erfahren die Akteure Besonder- und Einzelheiten unterschiedlicher Betrachtungsweisen oder thematischer Zugänge und Zugriffe auf einen Wirklichkeitsausschnitt, die ihre Ausgangsposition relativiert und sie offener und toleranter werden lässt. Zudem erfahren sie durch Perspektivwechsel Zusammenhänge und Hintergründe, durch deren Einbeziehung ihr Situationsverständnis komplexer, ihr Handeln umsichtiger und verantwortlicher wird. So vermag sich also eine im Bewusstsein sinnlich verankerte übergreifende, umsichtsfördernde, distanziert-ganzheitliche Situations- und Problemeinschätzung herauszubilden.
Eine Perspektiverweiterung wird gefördert

- über Identifikation mit anderen Personen,
- über Rückmeldung durch Gruppenteilnehmer/innen in Identifikation mit anderen Personen und
- über eine zeitweilige Positionierung von (Haupt-)Akteuren/Akteurinnen außerhalb der Szene.

Der/die Hauptakteur/in kann jedoch auch aufgefordert werden, die Situation erst einmal nur aus ihrer speziellen Sichtweise zu betrachten, wenn es um Neuerwerb von Handlungsmustern geht, z.B. zur sozialen Durchsetzung, wobei Alternativszenen in Improvisationen entwickelt werden, in denen die Nebenspieler/innen herausfordernde Dialoge erfinden.

Schritt 8: Unterbrechungen – Schnitte, Beiseitesprechen und Doppeln

Das Szenengefühl der Akteure ist erstaunlich stabil, sodass kurze Unterbrechungen der szenischen Abläufe diesen »Erlebens-Trance-Zustand« nicht zerstören können. Diese Tatsache nutzen Leitende, um im szenisch-dialogischen Prozess klärendes und Erkenntnis förderndes Material an die Oberfläche zu fördern.

Wo die Hauptakteure in Innenwelten aussteigen oder sich in der Szene festgefahren haben, sodass ein Innehalten ihnen gut tun könnte,

- unterbrechen die Leitenden Szene und Dialoge durch Schnitte (die Szene wird dann gleichsam eingefroren),
- lassen die Akteure/Akteurinnen beiseite sprechen, sodass Nonverbales – Gedanken und Gefühle – in inneren Gesprächen verbalisiert werden kann, und
- bieten den Hauptakteuren/-akteurinnen Sätze an (doppeln sie gleichsam), die diese in Weiterführung des inneren Gesprächs oder des szenischen Dialogs auf Stimmigkeit und Wirkung hin überprüfen können.

Schritt 9: Abbruch und Auswertung der Szene

Leitende brechen eine Szene ab,

- wenn ein Zwischenschritt im Klärungs- und Veränderungsprozess vollzogen ist, der gewürdigt und im Bewusstsein des Hauptakteurs verankert werden soll,
- wenn die Gruppe als »Resonanzkörper« einbezogen werden sollte und
- wenn die Dialogsituation stagniert, sich im Kreis zu drehen beginnt oder auf andere Weise unproduktiv für den Selbsterkundungsprozess des Hauptakteurs, für die Nebenakteure, die Zuschauenden oder die Leitenden selbst wird.

Dann wird normalerweise die Szene mit ihren Dialogen in einer Gruppenrunde außerhalb des Szenenortes ausgewertet, indem

- der Hauptakteur zuallererst seine Befindlichkeit, seine Gefühle und Gedanken im Hier und Jetzt (»Wie geht es dir gerade?«) und während der Szene (»Wie hast du dich in der Szene erlebt?«) mitteilt,
- Nebenakteure/-akteurinnen ihr szenisches Erleben aus ihren Identifikationen heraus schildern (»Wie habt ihr euch als ... in Beziehung zum Hauptakteur erlebt?«),
- Zuschauende ihre Wahrnehmungen ohne Verurteilungen und Abwertungen rückmelden (»Was habt ihr vom Hauptakteur und von dem Szenenverlauf wahrgenommen, was den Hauptakteur in seinem Klärungswunsch voranbringen könnte?«).

Schritt 10: Abbruch und Auswertung der Szenenfolge

Leitende beenden die Szenenfolge,

- wenn Klärungs- oder Veränderungs(zwischen)ziele erreicht scheinen,
- wenn die Aufmerksamkeit der Gruppe für Szenenfortsetzungen nicht mehr gewährleistet ist oder
- wenn die Zeit nur noch die sorgfältige Auswertung der letzten Szene zulässt.

Günstig ist es, die Szenenfolge in folgenden Schritten auszuwerten:

- Es erfolgt als Erstes die normale Abschlussauswertung der Szene (Schritt 9).
- Zweitens wird in einer Prozessanalyse der Szenenfolge ein Vergleich zwischen Klärungs- und Veränderungswünschen (Schritt 3)und dem Klärungs- und Veränderungsergebnis angeregt. Dabei wird die immer vorangehende Selbsteinschätzung des Hauptakteurs durch Fremdeinschätzungen aus der Gruppe ergänzt. Eventuelle positive Ergebnisse werden besonders im Bewusstsein des Hauptakteurs verankert.
- Drittens werden Hauptakteur, Nebenakteure/-akteurinnen und Zuschauende in die Gruppe reintegriert, indem
  - die Nebenakteure/-akteurinnen vom Hauptakteur aus ihren Identifikationen »entlassen« werden, also die Erlebens-Trance symbolisch aufgelöst wird, und
  - Gruppenmitglieder mit dem Hauptakteur ihre Parallelerfahrungen zu Szenen und Themen teilen (sharing).
- Viertens schließlich können an diese Szenenfolge angeschlossen werden:
  - gemeinsame Gruppengespräche zu den Themen der Szenen,
  - weitere Inszenierungen mit anderen Hauptakteuren/-akteurinnen im Protagonisten/Protagonistinnen-Rollenspiel oder
  - andere Rollenspielprototypen (Gesamtgruppen- oder Erzählrollenspiele).

Allgemeine Aufmerksamkeitsgesichtpunkte für Dramaturgie und Regie

Um einen situations- und prozessangemessen flexiblen und umsichtigen Einsatz der Inszenierungsformen mit ihren Methodikschritten sowie eine kritische Reflexion und Weiterentwicklung des Leitungshandelns zu gewährleisten, sind besondere Anforderungen an die Lehr- und Leitungskompetenz für szenisch-dialogische Bildung zu stellen:

- Leitende erleichtern erhoffte Selbstklärungsprozesse, indem sie einzelnen Lernenden hierfür Plattform (Gruppendynamik) und Rahmen (Angebote zu dialogischen Inszenierungen) sichern.

- Die sich in szenisch-dialogischen Zusammenhängen Erprobenden (Hauptakteure/-akteurinnen) erhalten durch Anregungen zu Szenen und Dialogideen der Dramaturgen/Dramaturginnen Gelegenheit, ihre besonderen Unklarheiten und Schwierigkeiten anschaulich zu erfahren, ihre Konflikte »anzuleben« und sich dabei mit freundlicher Aufmerksamkeit zu begleiten (Bewusstheit). Sie werden dazu ermuntert und dabei unterstützt, ihre Stärken – ihre konstruktiven Möglichkeiten (Ich-Funktionen) – zu entfalten, ohne ihre Schwächen zu verleugnen.

- Als Regisseure/Regisseurinnen achten Leitende darauf, dass bei den Hauptakteuren/-akteurinnen selbsterkundendes Experimentieren, keinesfalls jedoch (theatralisches) Vorzeigen die Szene und die Dialoge bestimmt, damit sich authentisches, tiefes Erleben einstellen kann. Sie fördern die Balance von selbsterprobender Spontaneität und selbsterkundender Reflexivität im Inszenierungs- und Auswertungsprozess.

- Um Bereitschaft der Akteure zum Verhaltensexperiment zu fördern, provozieren Leitende unerwartete Selbstentdeckungen, indem sie gezielt für einzelne Akteure oder kleinere Untergruppierungen dialoghaltige Szenen arrangieren. Zudem integrieren sie spontane Impulse aus der Gruppe, indem sie Reaktionen, die sich abseits vom Intendierten aus der Dynamik des Gruppenprozesses und der Kreativität Einzelner ergeben, bündeln und in die Szene dialogisch einfädeln.

- Leitende wirken so dramaturgisch auf das szenisch-dialogische Arrangement ein, dass es möglichst zu Szenenabfolgen kommt, die als vollständige Handlungsgestalten auch für die Zuschauenden ästhetisch zufrieden stellend sind. Sie haben dabei jedoch nicht das Ästhetische primär im Blick, weil sonst die Gefahr besteht, in eine Produktion kunsthandwerklichen Kitsches abzugleiten, wodurch transferbefähigende Selbsterkundung der Akteure eher behindert wird.

- Bei Begleitung der Nebenakteure/-akteurinnen, die Personen, Teilpersönlichkeiten und Symbole aus dem Situationskontext in der Szene nachstellen, ist um realitätsnaher Impulse für die Hauptakteurin willen identifikatorische Präzision wünschenswert. Wenn erforderlich, müssen Leitende spontan in der Lage sein, sich als glaubwürdige Nebenakteure in die Szene und den Dialog einzuschalten oder Regieanweisungen für die Nebenakteure zu formulieren.

- Weil Rollenspielpädagogen/-pädagoginnen die Aufmerksamkeit auf Einzelne und die Gruppe insgesamt als gleichwertig verteilen, muss jede Arbeit mit Einzelnen in ihrer Wirkung auf das Gesamt der Gruppenteilnehmer mitreflektiert werden. Im Protagonisten/Protagonistinnen-Rollenspiel beispielsweise steht die Hauptakteurin mit ihrer Individualdynamik nicht *absolut* im Mittelpunkt, sondern nur *relativ* zur Dynamik der Gruppe, zur Möglichkeit der Gruppenteilnehmer, das Erleben der Protagonistin für diese und für sich selbst produktiv zu begleiten. Als pädagogisch-sozialtherapeutisch arbeitende Lehrende achten Rollenspielpädagogen/-pädagoginnen also darauf, dass sie die Hauptakteure/-akteurinnen vor eigener und fremder Überforderung und Destruktivität schützen.

Literatur

von Bialy, J./Volk-von Bialy, H.: Siebenmal Perls auf einen Streich – Die klassische Gestalttherapie im Überblick. Paderborn 1998.

Büttner, H./Volk-von Bialy, H.: Teamorientierte Kommunikation – was ist Teamfähigkeit, woran erkennt man sie und wie kann man sie fördern? In: Beiler, J./Lumpe, A./Reetz, L. (Hrsg.): It´s time for team – Dokumentation des Symposiums in Hamburg am 14./15.9.1995. Hamburg 1997.

Habermas, J.: Theorie des kommunikativen Handelns. Frankfurt a.M. 1988.

Kochan, B. (Hrsg.): Rollenspiel als Methode sprachlichen und sozialen Lernens. Kronberg/Ts. 1975.

Mävers, W./Volk-von Bialy, H.: Rollenspielpädagogik – Entwicklungsperspektiven für ein erlebensgegründetes Lehr-Lern-Verfahren. In: Materialien des Arbeitskreises Pädagogisches Rollenspiel (APR) H. 29/30, 1995a.

Mävers, W./Volk-von Bialy, H.: Vom Pädagogischen Rollenspiel zur Rollenspielpädagogik. In: Burbach, C./Merkel, E.C. (Hrsg.): Aufbruch zum Diesseits – Festschrift für Wilhelm Fahlbusch. Hannover 1995b.

Moreno, J.L.: Psychodrama und Soziometrie, Köln 1989.

Perls, F.: Gestalt-Therapie in Aktion. Stuttgart 1974.

Petzold, H./Mathias, U.: Rollenentwicklung und Identität. Von den Anfängen der Rollentheorie zum sozialpsychiatrischen Rollenkonzept Morenos. Paderborn 1982.

Senge, P.M.: Die fünfte Disziplin – Kunst und Praxis der lernenden Organisation. Stuttgart 1996.

Thomann, C./Schulz von Thun, F.: Klärungshilfe – Handbuch für Therapeuten, Gesprächshelfer und Moderatoren in schwierigen Gesprächen. Reinbek 1988.

Volk-von Bialy, H.: Das pädagogische Rollenspiel als Lehr-Lern-Verfahren in einer neubestimmten Unterrichtswirklichkeit, Teile 1 und 2. In: Themenzentrierte Interaktion, H. 2/1994. Teil 3 in: Themenzentrierte Interaktion, H. 1/1995.

Volk-von Bialy, H.: Pädagogisches Rollenspiel – Erleben um zu verstehen. In: Buddrus, V. (Hrsg.): Humanistische Pädagogik – Eine Einführung in Ansätze integrativen und personenzentrierten Lehrens und Lernens. Bad Heilbrunn 1995.

Volk-von Bialy, H.: Was ist mir mein Unterricht wert? Vorschläge zur Selbstbewertung der Lehrtätigkeit – Ein Entwurf für eine System der Qualitätssicherung. In: Beiler, J./Lumpe, A./Reetz, L. (Hrsg.): Schlüsselqualifikation, Selbstorganisation, Lernorganisation – Dokumentation eines Symposions in Hamburg. Hamburg 1994.

Anmerkungen

DGRS (Deutsche Gesellschaft für Rollenspielpädagogik und szenische Gruppenverfahren):
Die DGRS (ehemals APR) gibt seit 1977 Materialien zur Theorie und Praxis Pädagogischen Rollenspiels heraus. Diese Materialien können über die Geschäftsstelle bezogen werden: DGRS c/o Ev. Fachhochschule, Blumhardtstr. 2, 30625 Hannover, Tel+Fax: (05130) 6189. Dort können auch Aus- und Weiterbildungsprogramme zur Rollenspielpädagogik angefordert werden.

NLP (Neurolinguistisches Programmieren):
Diese pädagogisch-therapeutische Methodik wurde von Bandler und Grinder vor dem Hintergrund ihrer Analyse erfolgreicher Psychotherapeuten (Erickson, Perls, Satir) entwickelt.

Hans Christoph Berg/Ueli Aeschlimann/Astrid Eichenberger

Lehrstückunterricht

Exemplarisch – genetisch – dramaturgisch

Einleitung: Ein neues Phänomen ...

Es gibt seit einigen Jahren ein paar Dutzend erfahrene Lehrerinnen und Lehrer, die zwar weiterhin ihren normalen, guten Unterricht mit zwanzig plus × Stunden wöchentlich machen, die aber nun darüber hinaus sich für zwei, drei Jahre in einer kleineren, fachübergreifenden Kollegenrunde mit Beratern zusammentun, um zumindest jeweils eine einzige – allerdings zentral wichtige – Unterrichtseinheit zum Lehrstück auszugestalten und zugleich dabei und dadurch die exemplarisch-genetisch-dramaturgische Unterrichtsmethode nach Wagenschein und Hausmann sich anzueignen:

- exemplarisch: in einer sorgfältig ausgewählten Unterrichtseinheit so gründlich in die Tiefe und in die Weite gehen, dass im Einzelnen das Ganze sichtbar wird;
- genetisch: nicht nur die Ergebnisse der Wissenschaften lehren, sondern auch die zugehörigen Wege entdecken und gehen lernen, die zu diesen Ergebnissen geführt haben;
- dramaturgisch: einen Handlungszusammenhang aus Lernsituationen und Lernaufgaben als unterrichtlichen Rahmen für die angestrebten Lernprozesse gestalten – mit vorsichtigem Seitenblick aufs Theater.

Um diese exemplarisch-genetisch-dramaturgische Methode zu lernen, praktizieren diese Kolleginnen vor dem Auskomponieren eigener Lehrstücke zunächst das Neuinszenieren bewährter Lehrstücke von Wagenschein und anderen Didaktikklassikern wie Junge, Willmann, Faraday, Diesterweg, Goethe, Lessing, Rousseau und Galilei.

Niemand aus der Kollegenrunde müsste das alles tun: Das zweite Examen ist längst überstanden, die lebenslängliche Anstellung garantiert, diese Zusatzarbeit bringt keinen Gehaltszuschlag (kostet stattdessen sogar noch eine Fortbildungsgebühr), es geht ohne heiße Karriereaspirationen, auch die jeweilige Unterrichtseinheit ist ja meist mehrfach erprobt und im Unterrichtsrepertoire verankert. Warum also sich nochmals aufraffen und jahrelang probieren und studieren und diskutieren und (für Lehrer besonders heikel) dokumentieren, und dann noch mal probieren und studieren und und und ... in immer neuen Optimierungsrunden, jahrelang, so lange, bis mindestens eine Unterrichtseinheit als persönliches Meister- und Musterstück zu einem »Lehrstück« herangereift ist. Natürlich gibt es verständliche Bedenken: So viel Aufwand für ein einziges Lehrstück: Wäre ein multiples Methodentraining nicht viel effizienter? Feste Repertoirestücke angesichts stets veränderlicher Jugendlicher und Zeitsignaturen: Werden das nicht gusseiserne Langeweiler? Aber trotz aller Schwierigkeiten und Bedenken: es gibt inzwischen diese Lehrerinnen und Lehrer mit ihrem »Lehrstückunterricht« – ein neues, ein hartnäckiges, ein rätselhaftes Phänomen!

Zwei Gründe gibt es wohl für die Beachtung dieses Phänomens »Lehrstückunterricht« in einem Methodenbuch: Erstens ist in Lehrstücken die exemplarisch-genetisch-dramaturgische Unterrichtsmethode inkorporiert. Zweitens ist Lehrstückunterricht – ähnlich wie Projektunterricht – selber eine Methodenkonzeption.

Wir wollen im Folgenden zunächst das Heureka des Lehrkunstansatzes skizzieren, samt seiner Verwurzelung in der Praxis Kollegialer Lehrkunstwerkstätten, zweitens wollen wir ein Lehrstückexempel berichten: »Fabeln mit Lessing«; drittens schließlich bringen wir als Theorieüberblick »zehn Thesen zur Lehrkunstdidaktik«.

Die Wiederentdeckung der Unterrichtsexempel und ihre Ausgestaltung zu Lehrstücken

Wagenscheins Primzahlunterricht in erster Lesung

»Wagenschein gehört längst zu den Klassikern der Didaktik, seine Schriften müssen im Original gelesen werden« – so Glöckels Aufforderung (1990, S. 124), die wir hier den Lesern gerne weitergeben wollen. Wagenscheins zehnseitiger Unterrichtsbericht – leicht zugänglich in seinem Buch »Naturphänomene sehen und verstehen. Genetische Lehrgänge« (1995, S. 228ff.) – zeigt deutlich die drei Komponenten seiner Methode, wie er sie in »Verstehen lehren. Genetisch – Sokratisch – Exemplarisch« (1997) dargelegt und mit vielen Beispielen belegt hat:

● »Das Genetische gehört zur Grundstimmung des Pädagogischen überhaupt. Pädagogik hat mit dem Werdenden zu tun: mit dem werdenden Menschen und – im Unterricht, als Didaktik – mit dem Werden des Wissens in ihm.
● Die sokratische Methode gehört dazu, weil das Werden, das Erwachen geistiger Kräfte, sich am wirksamsten im Gespräch vollzieht.
● Das exemplarische Prinzip gehört dazu, weil ein genetisch-sokratisches Verfahren sich auf exemplarische Themenkreise beschränken muss und auch kann. Denn es ist – ich sage nicht ›zeitraubend‹ sondern – ›muße-fordernd‹ und deshalb von hohem Wirkungsgrad.« (1997, S. 75).

Im Primzahlunterricht können wir diese drei Methodenkomponenten in actu beobachten:

● Zunächst das Exemplarische als Konzentration auf ein zugleich bündiges *und* weit ausstrahlendes Thema: »Der ebenso einfache wie geniale antike Beweis dafür, dass die Folge der Primzahlen niemals abbrechen kann, gehört zu den wenigen wirklich unentbehrlichen Stücken des mathematischen Lehrgutes. Ohne irgendwelche Vorkenntnisse vorauszusetzen, lässt er erfahren, was es heißt, mathematisch zu denken. Für die überhaupt dafür Empfänglichen ist das aktive Begreifen dieses souveränen Verfahrens ein unvergessliches Erlebnis.« (Wagenschein, 1995, S. 228)

- Sodann die sokratische Komponente: Nirgendwann wird den Schülern die Lösung fix und fertig aufgetischt. Stattdessen muss sie im lebendigen Gruppengespräch errungen werden, das von Wagenschein in zurückhaltender Beharrlichkeit moderiert wird.
- Schließlich die genetische Komponente: Als krönenden Abschluss dieses Lehrgangs vergleichen die Jugendlichen ihre eigene Formulierung der Lösung mit der Euklids, von dessen Problemstellung sie ja ausgegangen waren. – Soweit in knappen Strichen eine erste, methodisch interessierte Lesung.

Wagenscheins Primzahlunterricht in zweiter Lesung

Wenn wir Wagenscheins Bericht nochmals mit einem ruhigen Blick durchgehen, dann bemerken wir vielleicht, dass wir ihn vorher mit unserem Methodenblick noch gar nicht ausgeschöpft haben. Haben wir vielleicht den zweiten Schritt vor dem ersten getan: haben die inhaltliche Spezifik übergangen, weil wir schon methodisch generalisieren wollten? Lesen wir nochmals seine Einleitungssätze, die wir vorhin als Hinweis auf das Exemplarische verbucht haben: »Der ebenso einfache wie geniale antike Beweis dafür, dass die Folge der Primzahlen niemals abbrechen kann, gehört zu den wenigen wirklich unentbehrlichen Stücken des mathematischen Lehrgutes. Ohne irgendwelche Vorkenntnisse vorauszusetzen, lässt er erfahren, was es heißt, mathematisch zu denken. Für die überhaupt dafür Empfänglichen ist das aktive Begreifen dieses souveränen Verfahrens ein unvergessliches Erlebnis.« Wagenschein selbst spricht in diesen Sätzen von Euklids Primzahlbeweis als einem exemplarischen Inhalt – einem Inhalt, an dem man exemplarisch, also ein für alle Mal mathematisch denken lernen kann. Und in seinem Bericht gibt er sich außerordentlich Mühe, auch die mathematisch ungeschulten Leser (wie im Unterricht die Schüler) dieses unvergessliche Erlebnis mitvollziehen zu lassen.

Unterrichtsexempel: Inhalt und Methode

Diese zweite Lesung – eigentlich die erste, weil bescheidenere Lesung –, diese Inhaltslesung, diese Wiederentdeckung der exemplarischen Inhalte in der exemplarischen Methode, dieser »Lehrstückblick« ist das Heureka der Lehrkunstdidaktik mit ihrem Weitergang zum Lehrstückunterricht. Es ist der Blick für die konkrete (wörtlich die »zusammengewachsene«) Einheit von Inhalt und zugehöriger Methode oder auch Einheit von Methode und zugehörigem Inhalt. Und gegenüber diesem ganzheitlichen Lehrstückblick werden zwei gegenläufige Halbierungen deutlich: wenn einerseits das

Exempel nur noch Unterrichtsstoff ist, oder wenn andererseits vom Exempel nur noch die Methode interessiert. Bildlich gefasst: Zum Exempel gehören Ross und Reiter. Wagenscheins klassische Formulierung dieses Exempelblicks:»Faradays Kerze sollte jeder Lehrer kennen; sie beschenkt uns mit Verbindungen zur ganzen Physik.« (1995, S. 116). Diese Zusammengehörigkeit von Inhalt und Methode (und entsprechend auch von Didaktik und Methodik) ist entscheidend. Und dieses Ernstnehmen, dieses Festhalten der Inhalte in allen Methodenüberlegungen ist die Quelle unserer Unterrichtserprobungen geworden, die sich dann allmählich zum Lehrstückunterricht ausgewachsen haben (s.u.). Für einen bloßen Methodenblick ist Wagenscheins Primzahlbericht bald abgeerntet, ein ganzheitlicher Exempelblick dagegen wird von seiner genauen Beschreibung des damaligen Unterrichtsprozesses angezogen, eingefangen, und plötzlich spürt man die Herausforderung zum Nachmachen, zum Selberprobieren, zum Variieren: Sieben Wagenscheinexempel haben wir inzwischen für uns umgeschrieben und nachgespielt: Ahrens: Himmelsuhr, Nölle: Pythagoras, Werner: Primzahlen, Brüngger: Archimedes, Klein: Fallgesetz, Aeschlimann: Barometer, Ungar: Erdgeschichte (alle in: Berg/Schulze 1995, 1997, 1998).

Vom Unterrichtsexempel zum Lehrstück

In seinem großen Buch über »Didaktik als Dramaturgie des Unterrichts« durchmustert Hausmann (1959) die mehrtausendjährige Dramaturgiegeschichte nach Anregungen für die Unterrichtsgestaltung. (Wer Zeit und Mühe aufbringen kann, um sich in Hausmanns weiten Horizont einzustudieren, wird durch reiches Orientierungswissen belohnt werden – hierzu wollen die folgenden Kostproben Appetit machen; allerdings ist das Hausmannstudium nur eine Hilfe und keine Voraussetzung für Verständnis und Praxis der Lehrstückdramaturgie.) Eines von Hausmanns Fundstücken macht seine Suchrichtung besonders deutlich: »... der Vergleich, in dem Hamann selbst die didaktische Aufgabe des Lehrers mit der dramaturgischen Aufgabe des Theaterleiters gleichsetzte. Dieser Vergleich ist in einen entscheidenden Gedankengang der ›Fünf Hirtenbriefe‹ eingeschaltet und besagt, dass das ›ganze Amt‹ eines Mannes, ›der eine kleine Republik von Kindern zu regieren‹ beauftragt ist, ›mit einem Schauspiel von fünf Akten die meiste Ähnlichkeit hat‹.« (S. 70) In unserer Arbeitsgruppe hat besonders folgender Hinweis gewirkt: »Lessings Fabelbuch ist ein Grundbuch der Didaktik.« (Hausmann 1959, S. 159) Auch für Hausmann ist in Lessings Fabelexempel seine Methode inkorporiert. Denn Lessings Fabelbuch zeigt und diskutiert inhaltlich und methodisch, wie in eins Anschauung und Erkenntnis, wie »anschauende Erkenntnis« entwickelt werden kann. Und auch bei Hausmanns Lessinghinweis sind wir nicht beim Studieren stehen geblieben, sondern sind zum Studieren *und* Probieren weitergegangen, haben Lessings sehr konkrete didaktischmethodische Unterrichtsvorschläge in heutigen Schulen erprobt (wie es mit seinen Dramen im Theater ja selbstverständlich ist) – übrigens mit gutem Erfolg (s.u.).

Bei Hausmann fanden wir theoretisch besonders erhellend und wichtig seine dramaturgische Charakterisierung zweier Grundgestalten des Unterrichts: »So wäre dem tektonisch geschlossenen Typus des Unterrichts mit seinen alternativen Varianten nach dem Vorbild der Freytagschen Grundgestalten der dramatischen Form zunächst der tektonisch offen angelegte Unterricht gegenüberzustellen. Dann ergäbe sich, dass der Unterricht im Sinne des Regeltypus der Freytagschen Dramaturgie von Anfang an und in allen seinen Einzelheiten zielstrebig und folgerichtig auf einen vorbestimmten Ausgang bezogen ist, dass seine Spannungen Überraschungs- und Entscheidungsspannungen und seine Prinzipien die Präformation, die Unterrichtsökonomie und die Geschlossenheit der Form sind. Für den Unterricht nach dem Gegentypus müsste dann angenommen werden, dass er ein entwickelnder und aufhellender Unterricht ist, der mit beunruhigenden Fragen anhebt und dessen thematische Mitte anfangs noch nicht feststeht. Bei dieser Art des Unterrichts geht es jeweils um eine werdende Einheit, seine Spannungen sind Erwartungs- und Geheimnisspannungen und seine Prinzipien die Epigenese, die Assimilation, der Ausgriff in die Welt und die fortgesetzte Integration. Auf diesem Standpunkt ergibt sich dann auch die Aufgabe einer mehrdimensionalen Strukturanalyse des unterrichtlichen Geschehens ...« (1959, S. 133)

Faszinierend dann Hausmanns Weitergang zu Brechts Lehrstücken: »Hier genügt es daher, nur kurz darauf hinzuweisen, dass die demonstrative Auslegung von ›Vorfällen‹ zum Zwecke der Diskussion und Kritik völlig unabhängig von ihrer Entwicklung auf dem Theater zu einer geläufigen methodischen Form der heutigen Didaktik ausgebaut worden ist. Gleichwohl bleibt eine Durchsicht der dramaturgischen Techniken des epischen Theaters und der Erfahrungsregeln der nichtaristotelischen Dramaturgie unbedingt ratsam, weil ihnen aufschlussreiche Hinweise entnommen werden können, z.B. über Sinn und Methode des provokativen und appellativen Pointierens, über die dialektische Variierbarkeit der Positionen und über den Verfremdungseffekt in seinen zahlreichen Anwendungsmöglichkeiten.« (S. 134f) Aus Hausmanns produktiven Vergleichen von Dramaturgie und Didaktik haben wir die Charakterisierung unserer Lehrstücke als »improvisationsoffene Mitspielstücke« gelernt, im Sinne Brechts: »Die Form der Lehrstücke ist streng, jedoch nur, damit Teile eigener Erfindung und aktueller Art desto leichter eingefügt werden können.«

Hausmanns grundgelehrtes und blitzgescheites Buch ist ein labyrinthisches Schatzhaus, in dem man sich leicht verirren kann. Theodor Schulze hat daher diese Schätze zuhanden praktizierender Lehrerinnen umzuarbeiten versucht (vgl. Berg/Schulze 1995, S. 361–420). »Ihm ist damit m. E. [schreibt Klafki] ein ›Kleines Handbuch der Lehrstück-Dramaturgie‹ von hoher theoretischer und praktischer Qualität gelungen ...« (in Berg/Schulze 1997, S. 19). Schulzes Eröffnungssätze: »Die Lehrkunst, die wir hier vorstellen, beschäftigt sich vorrangig mit Lehrstücken. Lehrkunstdidaktik ist Lehrstückdidaktik. Ein Lehrstück ist eine dramaturgisch gestaltete Vorlage für eine begrenzte, in sich zusammenhängende und selbstständige Unterrichtseinheit mit einer besonderen, konzept- und bereichserschließenden Thematik.«

Kollegiale Lehrkunstwerkstätten als Mutterboden für Lehrstückentwicklung

Seit einigen Jahren werden im Kanton Bern Kurse zur Langzeit-Lehrerfortbildung ausgeschrieben unter dem Titel »Lehrkunstwerkstatt«. In dem 12-seitigen Prospekt ist zu lesen: »Auch in der Didaktik gilt: An ihren Früchten sollt ihr sie erkennen. Darum wollen wir in unserer Lehrkunstwerkstatt erstens unser Repertoire an Unterrichtseinheiten erweitern und verbessern, zweitens daran unser Repertoire an Unterrichtsmethoden entfalten und drittens an beidem unsere kollegialen Kooperationsformen fördern – drei Schritte auf dem Weg zur guten Schule:

- Gute Schule braucht auch Lehrerinnen und Lehrer, die ein breites Repertoire guter Unterrichtseinheiten meistern. In unserer Lehrkunstwerkstatt gehen wir daher aus von einer Sammlung vorbildlicher Unterrichtseinheiten (wir sprechen gerne von »Lehrstücken«) – beispielsweise Faradays Kerze, Lessings Fabeln und Rousseaus Botaniklehrbriefe. Diese Lehrstücke erproben, variieren und entwickeln wir weiter in der Lehrkunstwerkstatt und im Unterricht; natürlich fügen die Teilnehmerinnen und Teilnehmer immer wieder auch Eigenkreationen der Sammlung ein.
- Gute Unterrichtseinheiten zeichnen sich auch dadurch aus, dass sie nach genetisch-dramaturgischer Methode gestaltet sind, und also die Unterrichtsgegenstände in ihrem Werdeprozess (= genetisch) mit allen Überraschungen, Spannungen und Widersprüchen (= dramaturgisch) bringen.
- Gute Werkstattarbeit braucht auch fachübergreifende kollegiale Kooperation, weil gute Lehrstücke und gute Lehrmethoden genauso wenig an Fächergrenzen Halt machen wie Schülerinteressen – und wie die Interessen der Menschheit.

Wir versuchen alle drei Werkstattkomponenten – Lehrstücke, Lehrmethoden, Kooperationsformen – gemeinsam kreativ zu gestalten, gemeinsam praktisch zu üben und gemeinsam theoretisch zu begreifen.

Ziele und Ergebnisse: Nach dem zweijährigen Kurs haben – wie wir hoffen – alle Teilnehmerinnen und Teilnehmer exemplarisch ihr Unterrichtsrepertoire um einige Meisterstücke bereichert, haben darin die genetisch-dramaturgische Methode konkretisiert und haben beim Entwickeln von einem Dutzend fachfremder Lehrstücke Einblicke in viele bislang fremde ›Schulzimmer‹ gewonnen. Insgesamt haben wir uns drei Schritte der guten Schule angenähert, in der alle Kolleginnen und Kollegen wie in einem guten Orchester die eigenen Stimmen meistern und die Stimmen der anderen Kolleginnen und Kollegen mithören, mittragen, mitgenießen.«

Unsere Kurswerbung mündet in folgende Sätze: »Lehrstücke komponieren, Lehrstücke inszenieren, Lehrstücke variieren: Es ist eine alte Idee: ›Unterricht‹ entspricht weder der Tätigkeit des Architekten, der alles vorausplanend festlegt, noch der des Gärtners, der in seiner Kunst des Pflegens und Wachsenlassens die stetige Entwicklung seiner Sprösslinge im Voraus zu fördern sucht, und sie entspricht auch nicht der Tätigkeit des Filmregisseurs, der jede unbedeutende Einzelheit einer Szene im

Voraus bestimmen muss. Vielleicht kommt das Unterrichten den Aufgaben eines Jazzband-Leaders am nächsten, der sich selbst mit dem Motiv (dem Lehrstück) bis ins Letzte auseinander setzen muss, sich dabei schon mögliche Varianten ausdenkt, und der daher später die von den Mitspielenden (den Schülerinnen und Schülern) ins ›Spiel‹ gebrachten ›Improvisationen‹ zu werten und zu schätzen weiß und sie dem Zusammenklang dienstbar machen kann. In diesem Sinn hoffen wir auf gute ›Unterrichtsmusik‹ in guten ›Schulorchestern‹.« (vgl. Berg/Schulze 1998, S. 291ff.)

Das Berner Fortbildungsprojekt hatte natürlich eine längere Entwicklungsgeschichte (vgl. Berg 1993, S. 39, S. 195; Berg/Schrewe in Buhren/Rolff 1996, S. 149ff.). Aber hier interessiert eher, dass dieses Angebot gut angenommen wurde: im Herbst 98 ist die vierte Zehnergruppe gestartet, und die erste Gruppe hat bereits eine Ernte von vier Lehrstücken eingebracht.

Lehrstücksammlung 98

	Regelkreis. Vom Autofahrer zum Autopiloten (1)
20. Jh.	Teich als Lebensgemeinschaft, nach Junge (8)
	Kerze, nach Faraday (14)
	Wettersteine. Elementare Geomorphologie, nach Wagenschein (4)
	Chemisches Gleichgewicht (7)
19. Jh.	Cauchys Elastizitätsformel (1)
	Goethes Italienische Reise (1)
	Kanonkünste, auch mit Bach (5)
	Linnés Blumensträuße, nach Rousseau (3)
17. Jh.	Pascals Barometer, nach Wagenschein (3)
	Galileis Fallgesetz, nach Wagenschein (9)
16. Jh.	Mercators Weltkarte (2)
13. Jh.	Heimatlicher Dom in Nürnberg und Bern (12)
	Archimedes' Kreis und Kugel, auch nach Wagenschein (5)
	Euklids Primzahlbeweis, nach Wagenschein (3)
	Pythagoras' Lehrsatz, nach Euklid, Willmann, Wagenschein, Wyss und Loomis (2)
	Aristoteles' Metaphysik, nach Willmann (2)
	Platonsche Körper, nach Wyss (4)
	Poseidon. Griechische Plastik (1)
	Äsops Fabeln, mit Lessing gegenüber La Fontaine (8)
Antike	Himmelsuhr, nach Aratos, Comenius, Diesterweg und Wagenschein (8)

Zum gegenwärtigen Entwicklungsstand: Seit dem Erscheinen der lehrkunstdidaktischen Grundschrift (Berg/Schulze 1995) hat sich unsere publizierte Lehrstücksammlung von zehn auf zwanzig verdoppelt, auch die Anzahl der durchschnittlichen

Unterrichtsdurchgänge hat sich verdoppelt. Insgesamt steckt in dieser Lehrstück-sammlung ein Erfahrungsvolumen von 1500 Unterrichtsstunden. »Es gibt m.W. (so Klafki in: Berg/Schulze 1997, S. 15) in der deutschen Didaktik keine andere Richtung, die die so oft geforderte Kooperation von Unterrichtstheorie und Unterrichtspraxis in gleichem Umfang, mit vergleichbar langem Atem sowie mit ähnlicher Breite beteiligter Praktikergruppen unterschiedlicher Schularten verwirklicht hat.«

Ein Liestaler Lehrstückexempel: Fabeln, nach Lessing – Kurzbericht über die sechste Unterrichtsvariation

Vorbemerkungen

Fünf charakteristische Merkmale einer lehrkunstdidaktischen Unterrichtsentwick-lung lassen sich aus der Kapitelüberschrift herausheben:

- »Liestal«: Lehrkunstdidaktik hat im Lehrerseminar Liestal (demnächst Pädagogi-sche Hochschule beider Basel) eine langjährige Tradition. Denn Lehrstück-entwicklung braucht Lehrkunstwerkstätten: Nach langjährigen Vorbereitungen (vgl. Eichenberger, in Berg/Schulze 1995, S. 335ff.; Eichenberger u.a. 1999) be-ginnt im Sommer 99 eine Liestaler Lehrkunstwerkstatt in Zusammenarbeit mit den Lehrkunstwerkstätten in Marburg, Bern, Zürich und Gouda. Die Lehrstücke Kerze nach Faraday, Teich nach Junge, und Himmelskunde nach Wagenschein (alle drei vgl. Berg/Schulze 1995) waren in vorangehenden Jahren in Liestal in SCHILF- und Fortbildungskursen inszeniert worden. Auch im diesjährigen Kurs ging es darum, anhand eines konkreten Lehrstücks – dieses Jahr die Fabeln nach Lessing – Einblick in die Lehrkunstdidaktik zu geben.
- »Lehrstückexempel«: Lehrstückunterricht lässt sich nicht ohne Exempel darstel-len, allerdings können wir hier aus Raumgründen nur mit einem Zitat auf dessen diskursive Rahmung verweisen: »Fabeln gehören zu den kürzesten literarischen Formen, und doch vereinigen sie sowohl narrative wie dramatische, bildhafte und reflexive Momente« (Berg/Schulze 1995, S. 264).
- »Kurzbericht«: Ausführliche dreißigseitige Berichte über wirklich gelaufenen (und nicht nur geplanten) Unterricht – in großer Offenheit gegenstandsnah *und* schülernah *und* lehrernah geschrieben (vgl. Berg/Schulze 1998, S. 10) – haben sich seit Jahren als unverzichtbare Grundform der Entwicklung didaktischer Produk-tivität und Reflexion erwiesen. Hier können wir allerdings nur mit einer gekürzten Kostprobe hoffen, Appetit auf die Lektüre unserer Langberichte zu machen.
- »Nach Lessing«: Zwei Drittel der bislang vorgelegten Lehrstücke sind nach (klas-sischen) Vorlagen gearbeitet – bei Theaterinszenierungen wäre das erstaunlich wenig, bei Unterrichtsinszenierungen ist das erstaunlich viel. Und weil wir in der Didaktiktradition zwar Erfahrungen mit der Interpretation didaktischer Werke haben (vgl. z.B. Hausmann über Lessing 1959, S. 159ff.; Klafki über Junge/Wagen-

schein 1995, S. 197ff., S. 355), aber wenig Erfahrung mit ihrer Realisierung, deshalb hat es leider sehr lange gedauert, bis wir die Lehridee der lessingschen »Fabelrezepte« und ihre Ausgestaltung zum Dreiakter gefunden haben.

● »Sechste Unterrichtsvariation«: Wagenschein hat seine Lehrstücke jahrelang zurechtgemodelt; und auch im Lehrkunstensemble ist fast nie ein Lehrstück schon beim ersten Wurf geglückt. Ohne bewusst gepflegte vielfältige, auch schulpluralistische Erfahrungskumulation – oft im Gegensatz zur schulüblichen übersteigerten Originalitätsrhetorik – geht's halt nicht: wir müssen endlich das Variieren und Optimieren von Unterrichtseinheiten pflegen lernen (vgl. die Berichte über Kerzenvariationen, in Berg/Schulze 1995, S. 45f., S. 338ff., sowie die Synopsen über Geomorphologie und über die Kanonkünste, in Berg/Schulze 1997, S. 184f. und 1998, S. 195). Auch bei den Fabeln unterrichten Eichenberger/Aeschlimann daher nicht direkt »nach Lessing«, sondern »nach Kesten nach Lessing«. Und Kesten ihrerseits hatte damals die fünf Unterrichtsberichte aus Berg u.a. (1990), Berg/Gerth/Potthast (1990), Bohne u.a. (1992) in ihre Fabelfassung aufgenommen. Die vollständige Angabe dieser sechsten Lehrstückvariation wäre daher: Eichenberger/Aeschlimann, nach Kesten, nach Knieling/Wolf-Gutbrodt, Pusch u.a., Blum u.a., Messner/Vogt: Fabeln, nach Lessing. – Unter Einbezug der unpublizierten Fabelberichte wäre die Liestaler Variation sogar die elfte. – Lehrstücke zu erabeiten ist schwierig und schwierig zu erlernen. Wie geht man vor?

Fabeln kennen lernen: In den Inhalt vertiefen

Nach einer Begrüßungsrunde erhielten die Mentorinnen und Mentoren (= Praxislehrpersonen) die Fabeln von Lessing und die Aufgabe, in diesem Fabelschatz zu lesen und je zu zweit sich auf eine besonders schöne oder eindrückliche, nach subjektiven Kriterien ausgesuchte Fabel zu einigen. Diese Fabel wurde dann im Plenum vorgelesen und nicht kommentiert. Nach einer Pause erhielten die Teilnehmer und Teilnehmerinnen dann die Aufgabe, die ausgewählte Fabel in einem Rollenspiel darzustellen. Es standen farbiges Papier, Scheren, Klebestreifen und bunte Tücher zur Verfügung. Mit viel Eifer machten sich die Lehrerinnen und Lehrer an die Arbeit. Es wurde kreiert und geübt. Nur eine gute halbe Stunde stand zur Verfügung, dann begannen die Präsentationen. Wir haben fantasievolle Darstellungen gesehen.

Zum Abschluss dieses ersten Kursteils las Astrid Eichenberger eine Stelle aus dem Bericht von Katrin Kesten vor: »Besonders im Gedächtnis geblieben ist mir dabei das Spiel von Love und Björn. Sie setzten sich auf zwei Tischen gegenüber und erklärten, Love sei ein gebratenes Kaninchen auf einer Silberplatte, Björn sei ein gebratener Hase, ebenfalls auf einer Silberplatte. Zwischen beiden entspann sich ein Dialog über ihren Weg bis hin zu ihrem Bratendasein: Sie rekapitulieren ihr Leben, und dabei werden ihre völlig unterschiedlichen Lebenswelten deutlich. Das Kaninchen kennt keine wilde Natur, weiß nicht, was ein Eichhörnchen ist und erzählt von Käfig, Gittern und gestreichelt werden. Dem Hasen ist unverständlich, wie man sich von Menschen einsperren und streicheln lassen kann. ›Vor denen muss man davonlaufen, sonst wird man erschossen, so wie ich.‹ Das wiederum versteht das Kaninchen nicht. Es wurde von Anfang an gemästet mit Küchenabfällen, um irgendwann gebraten zu werden. ›Vielleicht ist das ja unsere Bestimmung, gegessen zu werden. Wir enden beide gleich. Nur du wehrst dich dagegen, und ich akzeptiere es als mein Schicksal.‹ Der improvisierte Dialog der beiden ging mindestens über zehn Minuten. Die Stunde war längst zu Ende, es gongte schon zum Mittagessen. Doch es herrschte eine eigentümliche Stimmung im Raum. Eine ganz ernsthafte und besinnliche Ruhe breitete sich aus, die durch Björns tiefe, raue Stimme und seine langsame Art zu reden noch verstärkt wurde. Die Frage nach dem Sinn des Lebens, nach der ›richtigen‹ Lebensphilosophie stand plötzlich im Raum. Die Vorlagefabel stammt von *Helmut Arntzen: Ein Kaninchen traf einen Hasen. Kümmerlich, bemerkte der Hase, sich von Menschen in einem Stall gefangen halten zu lassen. Da wir beide Braten werden, sagte das Kaninchen, ist der ganze Unterschied: ich warte und du rennst.*« (Berg/Schulze 1995, S. 270).

Fabeln umdichten: Die Struktur verstehen

Nach einer kurzen theoretischen Einleitung durch Ueli Aeschlimann wenden wir uns den Fabeln zu. In Lessings Buch findet sich ein Kapitel »Von einem besondern Nutzen der Fabeln in den Schulen«. Er beschreibt darin, wie man mit den Fabeln arbeiten soll. »Zum Beispiel die bekannte Fabel von dem Löwen und dem Esel fängt an: Der Löwe und der Esel taten sich zusammen und gingen auf die Jagd. – Hier bleibt der Lehrer stehen – Der Esel in Gesellschaft des Löwen? Der Löwe in Gesellschaft des Esels? Was wird der Esel sagen, was der Löwe?«

Viele und sehr unterschiedliche Antworten wurden von den Teilnehmern und Teilnehmerinnen formuliert. Drei Beispiele:

- Esel: In Gesellschaft des Löwen fühle ich mich beschützt.
- Esel: Der Löwe hat mich gefragt, ob ich mit ihm gehe, und ich kann bekanntlich nicht Nein sagen, sondern nur I–A.
- Löwe: Dieser Esel ist genauso dumm wie die letzten vier, die mit mir auf die Jagd zogen und die ich dann gefressen habe.

Lessing selbst hat auch zwei Fabeln dazu geschrieben: »man sehe die 7. und die 8. Fabel meines zweiten Buches«:

Der Löwe mit dem Esel, von G. E. Lessing.

»Als des Aesopus Löwe mit dem Esel, der ihm durch seine fürchterliche Stimme die Tiere sollte jagen helfen, nach dem Walde ging, rief ihm eine nasenweise Krähe von dem Baume zu: Ein schöner Gesellschafter! Schämst du dich nicht, mit einem Esel zu gehen? Wen ich brauchen kann, versetzte der Löwe, dem kann ich ja wohl meine Seite gönnen.

So denken die Großen alle, wenn sie einen Niedrigen Ihrer Gemeinschaft würdigen.«

Der Esel mit dem Löwen, von G. E. Lessing:

»*Als der Esel mit dem Löwen des Aesopus, der ihn statt seines Jägerhorns brauchte, nach dem Walde ging, begegnete ihm ein andrer Esel von seiner Bekanntschaft und rief ihm zu: Guten Tag, mein Bruder! – Unverschämter! war die Antwort.*

Und warum das? fuhr jener Esel fort. Bist du deswegen, weil du mit einem Löwen gehst, besser als ich? mehr als ein Esel?«

Wir besprechen Lessings Regeln, sodass wir nun folgende Möglichkeiten haben, bestehende Fabeln zu variieren:

- eine Fabel abbrechen und einen neuen Schluss erfinden,
- eine Fabel nach dem originalen Schluss noch weiterführen,
- einen wichtigen Umstand in der Fabel verändern,
- eine andere Moral in die Geschichte legen.

Die Teilnehmer/innen erhalten nun die Aufgabe, die im ersten Kursteil gewählte Fabel selber zu variieren. Als Einstimmung schauen wir uns das Rollenspiel (l. Kurstag) auf Video nochmals an. Während einer halben Stunde arbeiten nun alle in Zweiergruppen in den beiden Lichthöfen, im Zimmer oder im Korridor eifrig an der gestellten Aufgabe. Danach werden die Resultate im Plenum vorgelesen. Hier nur ein Beleg für die Kreativität und für die Effizienz aller Teilnehmenden.

Der Fuchs, von G. E. Lessing – und von Bruno Hofstetter und Thomas Boss:

Ein verfolgter Fuchs rettete sich auf eine Mauer. Um auf der anderen Seite gut herabzukommen, ergriff er einen nahen Dornenstrauch. Er ließ sich auch glücklich daran nieder, nur dass ihn die Dornen schmerzlich verwundeten. Elende Helfer, rief der Fuchs, die nicht helfen können, ohne zugleich zu schaden. – Der verletzte Fuchs schaffte es in der Nacht nicht mehr, seinen Bau zu erreichen, da ihn ein spitzer Dorn in seiner Pfote plagte. Inzwischen hatten seine Verfolger seine Höhle entdeckt und ausgeräuchert. Als der Fuchs sein zerstörtes Zuhause erreichte, wurde ihm bewusst, dass ihm der dornige Helfer schon zum zweiten Mal das Leben gerettet hatte. (Regel 3 und 4)

Nun folgen das Vorlesen und das Vergleichen von Fuchs und Rabe in den Variationen von Phädrus, Lessing und Thurber. Mit dem Vorblick auf den dritten Kursteil schließen wir ab: »Das nächste Mal werdet ihr selber eine Fabel erfinden. Vielleicht fällt euch im Laufe der Woche etwas ein, das ihr dann ausarbeiten könnt.«

Fabeln erfinden: Freies Variieren der Struktur

Heute sollen die Teilnehmer und Teilnehmerinnen nun selber Fabeln erfinden. Niemand war dabei, der es für zu schwer oder gar unmöglich hielt, Fabeln zu schreiben, oder dem nichts einfiel; rasch gehen die Teilnehmer und Teilnehmerinnen an die

Arbeit. Überall sieht man Zweiergruppen ernsthaft in ihre Fabel vertieft, dazwischen laut lachend, wenn ihnen eine Pointe in den Sinn gekommen ist. Nach einer Stunde treffen wir uns wieder im Plenum. Die zur Verfügung gestellte Zeit war natürlich knapp. Die Resultate sind deshalb unterschiedlich: Neben ausgezeichneten Resultaten gibt es viele interessante, fantasievolle Ansätze, die aber noch nicht ausgereift sind. Wir meinen: Es ist doch erstaunlich, was in nur einer Stunde alles entstanden ist.

Zwei Beispiele:

Der Schmetterling und die Raupe, von Olga Amrein, Peter Bretscher, Margret Adler und Monica Bitterlin:

Ein Schmetterling gaukelt von Blume zu Blume. Da entdeckt er am Boden eine fette, borstige Raupe. »Was bist du für ein hässliches, unnützes Ding! Frisst Löcher in die Blätter und ekelst die Menschen«, spricht er von oben herab und segelt davon. Später verpuppt sich die hässliche Raupe, und eines Tages schlüpft ein Schmetterling aus, gaukelt von Blume zu Blume und entdeckt am Boden eine fette, borstige Raupe ...

Die Schraube, von Michael Tschopp und Waldemar Braun:

Eine junge, wohlgewundene Schraube wollte sich selbstständig machen. Sie fühlte sich berufen, Großes alleine zu leisten. Fußvoran glitt sie ins Schraubenloch, um zu verbinden. Aber so fest sie sich auch anstrengte, sie schaffte es nicht. Kleinlaut bat sie: »Mutter, hilf mir!«

Soweit unser Kurzbericht über Gestalt und Gestaltung eines Lehrstücks in der Lehrerfortbildung – aus Unterrichtsrealisierungen herkommend und in neue Unterrichtsrealisierungen hingehend.

Lehrstückunterricht aus der Vogelperspektive – Zehn Thesen zur Lehrkunstdidaktik

Allgemeine Didaktik lässt sich heute vermutlich nur noch in einer Pluralität von unterschiedlichen didaktischen Konzeptionen ausarbeiten und vorantreiben. Die Wirklichkeit der Schule und des Unterrichts ist zu komplex und unser Wissen über diese Wirklichkeit zu differenziert, als dass es sich in einem einheitlichen System darstellen ließe. Wenn eine allgemeindidaktische Konzeption weiterhin handlungsanleitend und forschungsintensiv sein soll, wird sie sich auf einen bestimmten Aspekt der Schul- und Erziehungswirklichkeit konzentrieren müssen. So konzentriert sich die Lehrkunstdidaktik auf die Kunst des Lehrens – das heißt: auf die anspruchsvolle Gestaltung von Lehraufgaben und Lernsituationen. Insofern ist sie eine spezielle Didaktik.

1) *Konzentration auf Inhalte.* Im Mittelpunkt der Aufmerksamkeit und Reflexion der Lehrkunstdidaktik stehen die Inhalte des Unterrichts – genauer: einzelne, inhaltlich bestimmte Lehraufgaben und ihre Bearbeitung. Lehrkunstdidaktik ist nicht lehrerzentriert, aber auch nicht schülerzentriert, sondern inhaltzentriert.

2) *Konzentration auf die Gestaltung von Lehrstücken.* Die Lehrkunstdidaktik befasst sich nicht mit irgendwelchen Unterrichtsinhalten und Unterrichtsaufgaben. Sie konzentriert sich vielmehr auf eigenständige, komplexe und in sich zusammenhängende Lehraufgaben besonderer Art. Sie beschäftigt sich mit Unterrichtseinheiten, die zwischen 10 und 20 Unterrichtsstunden umfassen, die durch eine zentrale Thematik bestimmt sind und eine zusammenhängende Gestaltung ermöglichen oder erfordern. Wir nennen solche Unterrichtseinheiten »Lehrstücke«.

3) *Prinzip der exemplarischen Inhalte.* Die Inhalte, mit denen sich die Lehrkunstdidaktik befasst, haben exemplarischen Charakter und zwar in dem strengeren Sinne, den Martin Wagenschein in Beispielen und Begründungen herausgearbeitet hat. Exemplarisch in diesem Sinne ist nicht ein beliebiges Beispiel, an dessen Stelle auch irgendein anderes stehen könnte, sondern nur ein ausgezeichnetes. Das ist ein Beispiel, das die Aufmerksamkeit auf sich zieht, das bereits eine Geschichte hinter sich hat, das mit Erfahrungen und Reflexionen aufgeladen ist, das zugänglich und handhabbar und transparent ist.

4) *Prinzip des genetischen Lernens.* Die Aufmerksamkeit der Lehrkunstdidaktik gilt aber nicht nur Inhalten, sondern vornehmlich auch der Art ihrer Aneignung. Es geht ihr nicht um die Vermittlung von Kenntnissen und Fertigkeiten, sondern um die Erschließung von neuen Sichtweisen, Denkformen und Handlungsmöglichkeiten, die in den Inhalten aufgehoben sind. Doch für das genetische Lernen, wie wir es verstehen, ist nicht nur wichtig, dass der Lernende eine Einsicht gewinnt, sondern auch, dass sich in ihm ein aktives Interesse herausbildet, dass er motiviert und befähigt wird, sich weiterhin mit dem thematisierten Sachverhalt auseinander zu setzen.

5) *Prinzip der sokratischen Gesprächsführung.* Wie solche Lernprozesse in jedem einzelnen Schüler vor sich gehen, ist schwer zu sagen. Wir können nicht in die Köpfe der Schüler sehen, und oft wissen sie selbst nicht genau, was in ihnen vorgeht. Doch auf Grund von Beobachtung und Erfahrung lassen sich Bedingungen nennen, die genetische Lernprozesse ermöglichen, herausfordern oder fördern. Manche dieser Bedingungen sind enthalten in dem, was wir »Sokratisches Gespräch« nennen. Doch diese Bedingungen sind nicht allein an die Form des Gesprächs gebunden und nicht an die Kennzeichnung »sokratisch«. Ähnliche Bedingungen werden auch in den Verfahren des entdeckenden oder des problemlösenden Lernens erprobt und ausgearbeitet. Eine entscheidende Gemeinsamkeit ist die Orientierung an den Lernprozessen der Schüler.

6) *Prinzip der dramaturgischen Gestaltung des Unterrichts.* Im sokratischen Prinzip ist das Eingehen auf die Äußerungen und Reaktionen der einzelnen Schüler angesprochen. Doch diese Äußerungen und Reaktionen entstehen nicht in einer zufälligen oder unbestimmten Situation. Sie sind eingebettet in eine Folge von

Lernsituationen und Lernaufgaben, in einen unterrichtlichen Handlungszusammenhang, der vom Lehrenden bewusst herbeigeführt und in Szene gesetzt wird. Er schafft die Rahmenbedingungen für die intendierten Lernprozesse. Gottfried Hausmann hat darauf hingewiesen, dass es zwischen der Gestaltung und Inszenierung eines unterrichtlichen Zusammenhanges und der eines Dramas – neben vielen Unterschieden – eine Reihe sehr bemerkenswerter Gemeinsamkeiten gibt. Er spricht daher von der »Dramaturgie des Unterrichts«. Wir haben diese Hinweise aufgenommen und produktiv weiterentwickelt.

7) *Prinzip der ästhetischen Qualität von Erfahrungen.* Inzwischen haben wir auch verstanden, dass die Art zu lernen, um die wir uns bemühen, noch komplizierter und vielschichtiger ist, als wir angenommen haben. Es geht dabei nicht nur um intellektuelle Prozesse und um die Entwicklung von kognitiven Schemata, sondern ebenso um sinnliche Wahrnehmungen, um die Äußerung und Klärung von Emotionen und um die Ausbildung von Interessen, nicht nur um Begriffe und Formeln, sondern auch um Bilder, nicht nur um Erkenntnisse, sondern ebenso um Erlebnisse und Erinnerungen und um die Einbettung aller dieser Momente in die gesamte persönliche Entwicklung der Lernenden. Martin Wagenschein spricht von »Einwurzelung«. Neuerdings wird die in sinnlichen Wahrnehmungen, Gefühlen, Erinnerungen und ihrer künstlerischen Gestaltung aufgehobene Rationalität unter dem Gesichtspunkt der »ästhetischen Erfahrungen« neu bedacht (Mollenhauer, Otto). Wir sind überzeugt, dass diese Überlegungen nicht nur für den Kunstunterricht, sondern für die Gestaltung des Unterrichts insgesamt von Bedeutung sind.

8) *Bedeutung für Curriculumentwicklung und Curriculumtheorie.* Die Lehrkunstdidaktik ist keine Curriculumtheorie. Sie befasst sich nicht mit der Frage, was alles in allgemein bildenden Schulen gelehrt werden soll oder darf und was von den gewohnten Inhalten auch fortfallen kann. Doch sie enthält curriculumtheoretische Überlegungen, und sie führt möglicherweise zu curricularen Konsequenzen. Sie setzt zunächst die Rahmenvorgaben von Lehrplänen und Schulbüchern voraus; aber sie schafft innerhalb dieses Rahmens neue Schwerpunkte. Eine wichtige Herausforderung sehen wir darin, zu den von Wolfgang Klafki umrissenen Schlüsselproblemen geeignete Schlüsselthemen zu finden und zu erproben. In dem Maße, wie einzelne Schulen selber über einen Teil ihres Lehrangebots entscheiden können, wird auch der Bedarf an eigenständigen und interessanten Lehrstücken wachsen.

9) *Bedeutung für Schulentwicklung und Schulreform.* Die Lehrkunstdidaktik sucht Schulreform durch Unterrichtsreform zu ergänzen. Vor allem drei Momente sind in unserer bisherigen Arbeit hervorgetreten: Intensive Lernprozesse brauchen Zeit und Geduld. Konkrete Lernumwelten, inhaltsbezogene Handlungsmöglichkeiten und angeleitete Reflexionen sind der Boden, auf dem reichhaltige Erfahrungen gedeihen. Lehrerinnen und Lehrer wirken da am überzeugendsten, wo sie ihre eigenen Interessen und Erfahrungen, ihre besonderen Kompetenzen und Begabungen ins Spiel bringen können.

10) *Bedeutung für Didaktik als Wissenschaft und Theorie.* Die Theorie der Lehrkunstdidaktik wurzelt in der Praxis der Lehrkunst. Alle unsere Überlegungen, Behaup-
tungen und Konzepte sind hervorgegangen aus der Analyse der praktischen
Erfahrungen in der Komposition und Inszenierung von Lehrstücken. Die Lehrkunstdidaktik verfährt experimentell. Der Ort für Experimente ist die Lehrkunstwerkstatt. Auch hier geht es nicht um die Beobachtung von Versuchspersonen
unter experimentellen Bedingungen, sondern um Selbsterfahrung und Reflexion
der Lehrenden als Lernende, um Erprobung und Erfahrungsaustausch. Eine
wesentliche Voraussetzung für einen intensiven Erfahrungsaustausch ist die Gemeinsamkeit der Inhalte und der inhaltlich bestimmten Aufgaben (vgl.
Berg/Schulze 1998, S. 341ff.).

Ausblick: Ein weites Feld ...

Die Lehrkunstdidaktik ist Lehrstückdidaktik. Sie ist an der didaktischen Aufarbeitung
von kollektiven Lernereignissen und Schlüsselthemen und ihrer methodischen Ausgestaltung zu Lehrstücken interessiert, an der Erforschung genetischer Lernprozesse,
an der Analyse sokratischer und dramaturgischer Lernbedingungen, an der Bedeut-
samkeit ästhetischer Erfahrungen und an der Verbindung von wissenschaftlichen
Erkenntnissen mit Lebenserfahrungen. Produktionsziel lehrkunstdidaktischer
Unterrichtsentwicklung ist exemplarisch-genetisch-dramaturgischer Lehrstückunterricht. Ein weites Feld von interessanten Untersuchungen und Gestaltungsauf-
gaben tut sich auf.

Literatur

Berg, H.C./Gerth, G./Polthart, K.-H.: Unterrichtserneuerung mit Wagenschein und Comenius.
Münster 1990.
Berg, H.C.: Suchlinien 1993.
Berg, H.C./Schulze, T.. Lehrkunst. Lehrbuch der Didaktik. Neuwied 1995.
Berg, H.C./Schulze, T.: Lehrkunstwerkstatt 1. Neuwied 1997.
Berg, H.C./Schulze, T.: Lehrkunstwerkstatt 2. Neuwied 1998.
Bohne, J. u.a. (Hrsg.): Die religiöse Dimension wahrnehmen. Münster 1992.
Glöckel, H.: Vom Unterricht. Bad Heilbrunn 1990.
Hausmann, G.: Didaktik als Dramaturgie des Unterrichts. Heidelberg 1959.
Wagenschein, M.: Verstehen lehren. Genetisch – Sokratisch – Exemplarisch. Stuttgart [11]1997.
Wagenschein, M.: Naturphänomene sehen und verstehen. Stuttgart [3]1995.

Uwe Hameyer

Entdeckendes Lernen

Entdeckendes Lernen ist vielen Menschen vertraut. Talente entdecken, dem Geheimnis eines tibetanischen Gongs auf die Schliche kommen, die »Entdeckung der Langsamkeit« auf die eigene Zeitphilosophie anwenden: Das alles können entdeckende Betätigungsformen sein. So ist es auch bei der Sehnsucht nach der Karibik oder beim Schnäppchen, wenn jemand einen gut erhaltenen Chronometer auf einem Antiquitätenmarkt findet – zu günstigem Preis, versteht sich. Die Lust auf Entdeckungen *bewegt* die Menschen zum Denken und Nachforschen. Sie finden etwas Bemerkenswertes heraus. Auf Grund eines »Dazwischenseins« in der Bedeutung von *inter-esse* ist der Entdecker neugierig auf die Erkundung eines Bereichs der Wirklichkeit, der seine besondere Aufmerksamkeit findet. Ein Aktiviertsein im Sinne von *arousal* (Berlyne) entsteht: einer spannenden Beobachtung nachgehen, produktive Findigkeit entfalten und Gewohntes neu sehen lernen, um Wissen hinzuzugewinnen.

Darum geht es auch in der Schule. Durch Entdeckungsprozesse werden Vorstellungen auf den Prüfstand gestellt; Schülerinnen und Schüler formulieren und überprüfen eigene Sichtweisen. Beim Entdecken hinterfragen sie innere Bilder und entwickeln ihre »naiven« Theorien weiter. In erkundend-umformender Auseinandersetzung mit einem Gegenstand entsteht reflektierte Kundigkeit, wenn die Entdecker nicht nur betrachten, was sie zu sehen meinen, sondern mit dem Gegenstand erkenntniskritisch umgehen. Sie *lernen*, indem sie den Gegenstand rekonstruieren und neues Wissen über ihn herausfinden. Beispielsweise durch divergentes und konvergentes Denken. Oder sie befassen sich mit frappierenden Phänomenen: Mimikry bei Schmetterlingen und Menschen, die verblüffende Festigkeit der Schale von einem rohen Ei, die Orientierungsfähigkeit von Störchen über Tausende von Kilometern, mathematische Logeleien, die »Gesetze« von Wut und Aggression, optische Täuschungen, Verkehrsstau ohne ersichtlichen Grund, Kurseinbrüche in New York und Tokio, die Wirkung einer Höhlenbesichtigung auf die Gefühlswelt.

Ursprung – eine alte Idee

Die Reformpädagogik begründete die auf Erkundung aufbauende »Selbsttätigkeit des Kindes« als pädagogische Leitidee, nach der sich Themen wie die oben angedeuteten auch heute erlernen lassen. Der Idee entdeckenden Lernens durch Selbsttätigkeit wurde durch die Tübinger Beschlüsse (1951) amtliche Würde zuteil (Wagenschein war an ihrer Formulierung beteiligt). Die Empfehlungen des Deutschen Ausschusses für das Erziehungs- und Bildungswesen (1962) und des Deutschen

Bildungsrats (1970) fordern entdeckende Formen des Unterrichts. Der Bildungsgesamtplan (1973) und Empfehlungen der Kultusministerkonferenz meinen Ähnliches, wenn sie von der Notwendigkeit »offener« Lernformen sprechen. Erkundendes Lernen durch reflektiertes Selbertun gehört zum methodischen Bestand in der Schule. Die Umsetzungspraxis in den Fach- und Lernbereichen oszilliert allerdings beträchtlich, auch wenn die Pädagogik neuerdings von Lernzirkeln, Lernstraßen oder Lernstationen als eine vermutlich besonders motivierende methodische Linie herauszuarbeiten scheint. Ich verweise dazu auf Beiträge von Hagstedt (1992), Hegele (1996), Bauer (1997), Claussen (1997) und Puls (1998).

Die Unterrichts- und Lernformen allein sagen allerdings noch wenig darüber aus, ob und wie nachhaltig die Wissensaneignungsprozesse sind (s. u.a. Einsiedler/Rabenstein 1985). Entdeckendes Lernen ist nicht nur eine Frage des didaktischen Arrangements. Schülerinnen und Schüler müssen in die Lage versetzt werden, individuelle Lernstrategien zu nutzen und zu verfeinern, aus kognitiven Konflikten Erkenntnisse zu ziehen und weitere Lernschritte selber zu planen, das zielführende »Befragen« eines Gegenstands zu lernen, internes und externes Feedback auszuwerten, in schwierigen Situationen nicht zu scheitern. Die Lehrgangslogik oder das strenge Experiment sind dazu nicht immer geeignet, obwohl in ihnen selbstverständlich auch Entdeckungsphasen möglich sind; entdeckendes Lernen und strukturbildender Unterrichtsaufbau widersprechen sich keinesfalls. Da entdeckende Lernformen großenteils, jedoch nicht ausschließlich, flexible didaktische Strukturangebote erfordern, müssen wir uns in besonderer Weise um die individuellen Lernwege und um die Sicherung der Ergebnisse kümmern.

Die Qualität beginnt beim Entdeckungs*anlass*. Motivierende Anfänge für Unterrichtseinheiten können überdauernde Anstöße bewirken bis hin zum gelingenden Abschluss des Entdeckungsprozesses. Die Lernenden brauchen spätestens dort Lenkung, wo sie nicht allein weiterkommen oder tückische Lernblockaden lauern. »Um zu vermeiden, dass schulisches Lernen zum Erwerb eines trägen, mit seiner eigenen Systematik verlöteten und eingekapselten Wissens führt, muss der Lernende die relevanten Informationen aktiv, kreativ und auch situiert erwerben. Dafür eignen sich lebensnahe Lernarrangements besser als der herkömmliche Unterricht.« (Weinert 1998, S. 116)

Ich werde vier Formen entdeckenden Lernens unterscheiden und zeigen, was aus diesem »Formenkreis« für die Praxis des Lehrerhandelns folgt. Die Formen sind keine streng getrennten Phasen oder Lernabschnitte, sondern mit Qualitätsdimensionen eines Entdeckungsprozesses zu vergleichen, der durchaus aus allen Formen bestehen kann. Dabei wird zu zeigen versucht, dass Entdecken mit Entdeckenlassen zu tun hat, ohne dort auf Planung zu verzichten, wo es um didaktische Impulse geht und wo Ergebnisse gemeinsam zu sichern sind. Auch müssen die Schülerinnen und Schüler über eigene Entdeckungen reden und diese vorstellen; kann jemand eine Entdeckung in Sprache fassen, ist es leichter für ihn und die Lehrerin, sich zu vergewissern, inwieweit er neue Erkenntnisse in das eigene Wissenssystem transferiert hat oder dieses umzustrukturieren im Stande ist.

Entdecken – eine explorative Tätigkeit

Betrachten wir die Bedeutung des Entdeckens ein wenig genauer. Ein Entdecker beobachtet zunächst, was an einer Sache merkwürdig oder »komisch« zu sein scheint. Dabei kann er sich auf eine eigene Frage beziehen, die er an die Sache richtet, vielleicht auf eine eigene Hypothese oder eine »stille« Theorie zur Dekodierung des »Komischen«. Darüber hinaus benötigt er *prozedurales Wissen* (Dörner 1989). Wie sieht ein guter Forschungsprozess aus? Was muss ich tun? Vielleicht entscheidet sich der Entdecker für ein selbst ausgedachtes Experiment, um dem Geheimnis des Gegenstands auf die Schliche zu kommen. Ein anderer findet bei der Gestaltung eines Kunstwerks seine persönliche Lieblingstheorie kontrastiver Farbkombinationen.

Wer etwas entdeckt, tut das jedoch nicht nur durch Gestalten und Formen von etwas, sondern auf Grund sehr unterschiedlicher *Tätigkeiten*: beobachten und untersuchen, bauen und erfinden, analysieren und experimentieren, komponieren und arrangieren, intervenieren und kommunizieren. Geht es bei einer Reihe dieser Tätigkeiten darum, einen kognitiven Konflikt, einen Erkenntniswiderspruch oder etwas im Moment Unschlüssiges zu lösen, so ist in anderen Fällen der schöpferische Akt angesagt bei einer technischen Konstruktion oder bei der Spezialisierung eigener Talente beim Erforschen des Sternenhimmels. Mit Intuition, Kreativität und einer prozeduralen Logik des forschenden Lernens wird dem Gegenstand oder Phänomen etwas abgewonnen. Der »Forscher« will schließlich etwas Bedeutsames herausfinden. Ein Ergebnis der Exploration kann auch darin bestehen, dass der »Entdecker« erkennt, seine Forschungsfrage oder Suchrichtung neu stellen zu müssen.

Entdecker haben meistens keine perfekte Methode des Vorgehens parat. Sie lernen »beim Gehen« und planen weitere Entdeckungsschritte. Unterwegs müssen sie entscheiden, ob Richtung und Tempo des Vorankommens noch korrekt sind. Auf diese Weise sind sie *Forscher*, die mit ihren Ideen und mentalen Landkarten auf Spurensuche gehen. Das hat nichts mit ungeordnetem Denken zu tun, im Gegenteil: Entdeckungsprozesse verlangen Fokussierungen des Sehens und logisches Schlussfolgern. Kognition und Emotion greifen dabei zumeist ineinander (s. Goleman 1996 und Ciompi 1997).

Beim explorativen, nicht rein zufälligen Entdecken entsteht direkte Kundigkeit – durch interaktives Ergründen eines subjektiv bislang noch nicht vertrauten oder nur teilweise erschlossenen Gegenstands beziehungsweise Phänomens. Der Entdecker macht sich kundig, indem er sich neues Wissen aneignet und vorhandenes nutzt. In der Auseinandersetzung mit einer realen Situation deckt er etwas auf, ganz gleich, ob er dazu angeleitet wird oder selbstgesteuert vorgeht. Das Herausgefundene muss nicht grundsätzlich neu sein. Es enthält jedoch für den Suchenden eine bislang unerschlossene Qualität: das Herausgefundene ist subjektiv neu. Der Entdecker sieht es durch selbsttätiges Nachforschen erstmals so. Gleichwohl ist ent-decktes Wissen immer vorläufig, bis eine weitere Erfahrung dieses bestätigt oder widerlegt.

Wie kommt man zu explorierbaren Entdeckungsanlässen? Die Abbildung unten zeigt einen einfachen »Themenstern« zum Thema »Zeit«. Das Thema Zeit mag durch ein Musikstück im ungerichteten Brainstorming eingeführt worden sein (Whitney Houston »A moment of time« oder Pink Floyd »Time«). Ich will nicht auf die Details eingehen, sondern nur verdeutlichen, welche Lernthemen sich im Brainstorming induzieren lassen. Die Zeit ist ein lebenswichtiges und unbegreifliches Thema zugleich: sich für andere Zeit nehmen, gegen den Zeitgeist denken, den Gesetzen der Zeit ausgesetzt sein, Ruhe finden, Zeitbewusstsein entfalten, Zeitzeichen in der Mode erkennen, Zeitstrukturen der Evolution herausarbeiten, Vergänglichkeit und Verlust als Ausdruck von Zeit betrachten, ebenso Trauer und Tod, das persönliche Zeitgefühl, die Idee der Unendlichkeit usw.

Den Themenstern können wir als eine Karte denkbarer Entdeckungsanlässe lesen. In einem weiteren Unterrichtsabschnitt werden Schwerpunkte gebildet und konkretisiert, damit das Erstaunliche, das »Komische«, zum Vorschein kommt. Worum geht es eigentlich und was ist gemeint, wenn von Zeitgeist oder Zeitspuren die Rede ist? Worin besteht der Entdeckungsgegenstand? Wie können wir ihn untersuchen? Welches sind unsere Methoden? Solche Dimensionierungsfragen und Vergewisserungsschritte sind eine Grundlage jeder Exploration. Natürlich ist Lenkung in dieser Phase möglich – auch im Blick auf die Notwendigkeit, ein Thema zum Bildungsthema zu

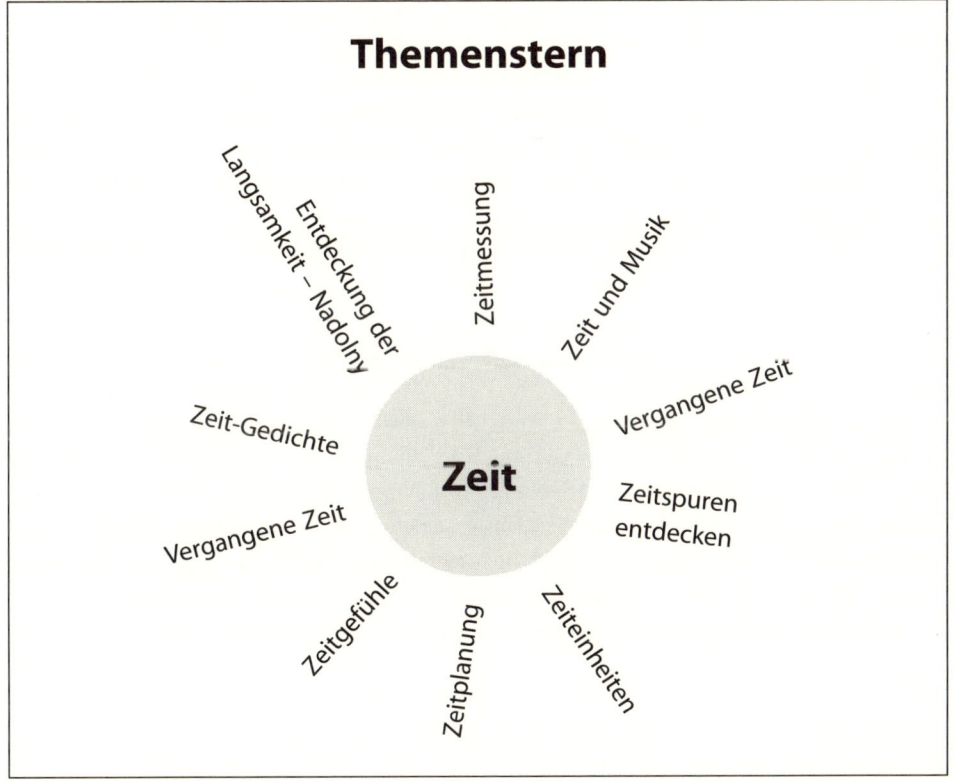

machen. Was sollen die Kinder bei der entdeckenden Rekonstruktion historischer Epochen lernen, so etwa, wenn sie ein Grabmal untersuchen, eine Steinzeitstätte erforschen oder die Grundrisse einer Burg ihrer Heimatstadt herausfinden? Sollen sie sich mit dem ent-deckten Wissen in der Welt besser zurechtfinden? Sollen sie sich in die Welt einordnen? Oder etwas über Kultur lernen? Oder entdecken, was Konflikt und Macht bedeuten? Sich mit dem *Zeitgeist* im Deutschunterricht auseinander setzen, mit *Zeitraffer* in Kunst und Technik oder mit *Wirtschaftszyklen* im Politikunterricht bedeutet bildungsspezifisch zunächst noch gar nichts, außer ich kann begründen, was Kinder dazu bildungsstiftend entdecken können sollen. Die Bildungsidee liegt nicht in den Themen, sondern in der pädagogisch begründeten Auswahl, in der Aspektierung der Themen und in dem didaktischen Arrangement der Entdeckungsanlässe.

Entdecken – eine reflexive Tätigkeit

Das Herausgefundene ist weitgehend belanglos, solange es in das Wissenssystem des Entdeckers noch keinen Eingang gefunden hat. Der Schlüssel ist die klärende Reflexion – ein Akt des Denkens und Transfers, der Überprüfung und kognitiven Integration, auch ein Prozess des Umordnens. Die Reflexion bezieht sich auf den Umgang mit neuem Wissen und den Wissenstransfer in Anwendungssituationen. Dewey sieht Bildung als aktiven Prozess *reflektierter* Selbsttätigkeit. Ziel und Methode beruhen auf dem aktiven, strukturierten Suchen. Beim entdeckenden Lernen braucht der Schüler Suchstrategien. Um einzelne Schritte überlegt zu planen, entfaltet er einen tätigen Sinn für Verantwortlichkeit. Darin enthalten ist die Fähigkeit, Problemlösungen auszudenken. Das Kind geht mit dem Lerngegenstand schließlich nicht nur operativ um, sondern setzt sich mit ihm geistig auseinander. Die richtungslose Beschäftigung mit einem Gegenstand allein ist nicht notwendigerweise bildend. Phänomene beobachten, Neuem begegnen *und* das Entdeckte begreifen – auch im Sinne kognitiver Modellbildung – sind komplementäre Sichtweisen im Entdeckungsprozess: Auf das konkret-operative *und* gedanklich-durchdringende Vorgehen kommt es an (s. Hameyer/Schlichting 1999).

Im Schulbereich sind mehrere Curriculummaterialien und -systeme entstanden, die den Entdeckungsprozess, das *inquiry* und *discovery learning*, in den Mittelpunkt stellen. Formen des gelenkt-entdeckenden Lernens bilden die Basis von AKTIF, einem Curriculum für die 3. bis 7. Klasse. »Erkunden durch Selbsttätigkeit« ist die Leitidee des für Sachunterricht und naturwissenschaftliche Themen formulierten Lernangebots im Sachunterricht und in naturwissenschaftlich-technischen Fächern (s. Hameyer/Dudek/Friis/Hameyer 1992). Ähnlich wie bei anderen, vor allem anglo-amerikanischen Curricula kommt es auf den Weg zum Ziel an, um strukturelles *und* prozedurales Wissen aufzubauen. Die Selbsttätigkeit ist bei allem ein pädagogisches Ziel und Medium des Lernens. Übrigens nicht neu – Kerschensteiner bewertet die Selbsttätigkeit beim Entdecken als eine Erkenntnismethode, derzufolge das Subjekt durch herstellendes Tun lerne. Reflexion und methodisiertes Nachdenken sind ihr nicht einfach vor- oder nachzuschalten. Die einseitige Lernschule muss eine »Schule der Tat« werden (Lay 1908, S. 25). Bildung sei kein rezeptiver Akt, sondern ein Prozess des Beobachtens, Herstellens und Selbertuns. Copei hat an seinem Milchdosenbeispiel deutlich zu machen versucht, wie eine Stufung des Endeckens aussehen kann und unter welcher Voraussetzung der fruchtbare Moment im Bildungsprozess eintritt. Interessant ist die Ähnlichkeit zu dem, wie Wagenschein vorgeht, wenn er von erstaunlichen Phänomenen spricht. Copei nimmt zunächst einmal das Selbstverständliche an, welches zu erschüttern sei beziehungsweise einen Anstoß brauche, um einen fruchtbaren Moment herzustellen. Erst auf Grund einer Erschütterung der Selbstverständlichkeit werden die Kinder ermutigt und befähigt, eigene Fragen an den Gegenstand zu stellen.

> Schwab (1962) und Bruner (1971 und 1996, weiterführend s. Neber 1981 und 1999) haben lernpsychologische Beiträge zur Theorie entdeckenden Lernens unterbreitet. Bruner nimmt an, dass die Entdeckung, stamme sie nun beiläufig von einem Kind oder vom Forscher, der das Randgebiet seiner Domäne beackere, ihrem Wesen nach eine Frage des Neuarrangierens und Umformens von Material in einer Weise sei, welche es ermögliche, über das so zusammengetragene Material hinaus zu neuen, reflektierten Einsichten zu gelangen (Bruner 1963, S. 88). Entdeckendes Lernen unterstützt dabei die spontane Erfahrung und das explorierende Tun (Csikszentmihalyi 1975). Die Neugier des Kindes und sein intrinsisch motiviertes Verhalten sind Bezugspunkte, die Handlungsanlässe brauchen, welche nicht auf externe oder intrapsychische Anstöße, auf Versprechungen oder Drohungen angewiesen sind (Deci/Ryan 1993, S. 225). Man tut nicht etwas, weil es sich gehört oder weil es verlangt wird, sondern weil es Spaß bringt und einem eigenen Interesse folgt. Entdeckende Lernanlässe, die intrinsische Motivation verstärken, sind auf ein hohes Maß der Selbstregulation angewiesen. Sie haben die Autonomieunterstützung und die Kontrolle des eigenen Lernens zum Ziel (Deci/Ryan 1993, S. 234).

Gute Entdeckungsanlässe verbinden positives Erleben, intrinsische Motivation und effektives Lernen (Csikszentmihaly/Schiefele 1993). In der Theorie sieht das so aus: Wenn die Aktivitäten eines Schülers mit positiven Gefühlszuständen beim Lernen einhergehen, »dann wird er wahrscheinlich aufmerksamer sein, seine Neugier stärker auf bestimmte Details zu richten, und Fragen tief schürfender verfolgen, als wenn ihm die Auseinandersetzung mit dem Fach nur wenig Spaß bereitet« (Csikszentmihaly/Schiefele 1993, S. 207). Diese Motivationstheorie betont die Merkmale der Tätigkeit. Es geht um das Entdecken von Erlebensweisen, um das Gefühl des völligen Aufgehens in einer Tätigkeit. Die Aufmerksamkeit wird auf einen Umweltausschnitt zentriert, der Lernprozess wird selbstgesteuert, die Gedanken und Empfindungen stehen im Einklang mit der Handlung des Lernens.

Entdecken – eine konstruktive Tätigkeit

Neben dem Erkunden und Nachdenken als Tätigkeitsformen entdeckenden Lernens kommt als dritte Seite das Gestalten als konstruktive Tätigkeit hinzu. Semb/Ellis (1994) haben in ihrer Metaanalyse über Erinnerungsleistungen von Schülerinnen und Schülern herausgefunden, dass Effekte dann höher sind, wenn die Schüler im Unterricht aktiv einbezogen werden. Entscheidend sei dabei das konstruktive und das *original learning*. Beispiel: aktive Gestaltungsschritte bei der Planung und Durchführung einer Exkursion übernehmen.

> Durch konstruktive Tätigkeit kann das Kind sich etwas veranschaulichen, indem es Formen bildet, Bedeutsames von Unwichtigem unterscheidet und durch den Akt des Herstellens Material in einer Weise umformt, dass sich neue Einsichten auftun. Das Kind lernt, *indem* es gestaltet: zum Beispiel ein Werkstück oder ein Kunstwerk, ein Spiel zur Simulation arider Zonen, eine Kompositionsidee für Klanginstrumente aus Alltagsgegenständen, ein Solarhaus auf dem Schulgelände, ein eigenes Gedicht oder eine Konzeption für ein Musikstudio mit Literaturcafé in der Schule.

Beim jedem Entdecken, so auch bei der konstruktiven Tätigkeit, können Widerstände auftreten, zum Beispiel kognitive Konflikte (Berlyne 1974; Lind 1974) und Denkblockaden, möglicherweise weil keine Lösungsidee »kommt« oder etwas im Widerspruch zum Vorwissen des Lernenden steht. Der Lernende bemüht sich nur dann um einen Weg durch den Widerspruch, sofern dieser subjektiv überwindbar scheint. In solchen Konfliktsituationen ist Feedback von Lehrerseite hilfreich, um die Lösungszuversicht zu stärken und Wege zum Ziel zu finden. Ganz gleich ob mit oder ohne Feedback – jede Entdeckungssituation beansprucht und fordert Lernende in ihrer Fähigkeit, eigene Lernprozesse zu gestalten, die Bewertung von Information vorzunehmen und weitere Schritte zu planen. Damit sind ihre Lernkompetenzen angesprochen. Entdeckungsprozesse können den Aufbau von Lernkompetenzen fördern (Hameyer 1999) auch im Blick auf instrumentelle Fähigkeiten des Problemlösens, der Entscheidungsbildung, der Informationssuche und sozialen Interaktion. Wie der Übersicht auf den folgenden Seiten zu entnehmen ist, lassen sich vier Handlungsebenen von Lernkompetenzen unterscheiden: Lernprozesse planen, gestalten, verankern und bewerten.

Entdecken – eine formative Tätigkeit

Schließlich eine vierte Seite – Entdecken ist *erfahrungsgestütztes Lernen* und nicht nur das bezeichnende Wiedererkennen von Sachverhalten im Sinne von *recognition*. Der Lernende reorganisiert sein Wissen auf Grund »aufgedeckter« Erkenntnisse, neuer Erfahrungen und Erlebnisse beim Entdecken. Er grenzt Belanglosigkeiten aus, spekuliert über »Gesetze« der Wirklichkeit. Auf diese Weise formt er sein Wissen und Können – er entdeckt nicht nur Phänomene, sondern sich und seine Fähigkeiten, mit Phänomenen und Gegenständen umzugehen.

Fähigkeiten zum Aufbau von Lernkompetenzprofilen

Lernprozesse planen

- Zielklarheit für sich herstellen
- Probleme eingrenzen und strukturieren
- Lösungswege vergleichen
- Zeitaufwand abschätzen
- Zusatzinformationen suchen
- vorhandenes Wissen nutzen
- effektive Lernformen wählen

Lernprozesse gestalten

- divergent und konvergent denken
- Handlungsrahmen ausarbeiten
- Entdeckungsschritte verzahnen
- Entscheidungen iterativ umsetzen
- Erfahrungen einschätzen und auswerten
- Aufgaben kooperativ beraten und lösen
- Handlungsfolgen abschätzen
- Wissen, Wollen, Können verbinden

Lernprozesse verankern

- aus eigener Initiative weiterarbeiten
- Ziel während einer »Durststrecke« im Blick halten
- auf Umwegen des Lernens nicht abbrechen
- wichtige Arbeitstechniken beherrschen
- individuelle Arbeitsformen entfalten
- Wissenssystem durch Einsichten verfeinern
- neue Kenntnisse verarbeiten
- Gelerntes anderen mitteilen

Lernprozesse bewerten

- eigenen Lernzuwachs einschätzen
- Feedback und Reflexion sichern
- aus situativer Distanz etwas überdenken

- sich dem Urteil anderer stellen
- Einsichten und Befunde überprüfen
- neue Kenntnisse festigen

(In Anlehnung an Hameyer 1999)

> Der Lernende bildet sich durch diese formative Tätigkeit und konstruktive Denkakte. Entdecken wird zum kreativen Vorgang des Formens von Erkenntnis mit den Mitteln der Denk- und Wahrnehmungsfähigkeit – auf kognitiver, affektiver und enaktiver Ebene. Durch formative Tätigkeit legt der Lernende sich einen Plan zurecht, nach dem er die Wirklichkeit erforscht oder eingreifend umformt. Dieser Plan ist ein Suchmuster für das analytische und konstruktive Entdecken. Er beruht auf eigenen Entdeckungszielen, auf der Dimensionierung des Gegenstands, auf heuristischen Methoden und Deutungsregeln.

Wang/Haertel/Walberg (1993) fanden heraus, dass die Qualität von Unterricht von seiner Anschlussfähigkeit an das Vorwissen der Schülerinnen und Schüler den Erfolg des Lernens entscheidend prägt. Die Art und Weise, wie Themen strukturiert werden, hängt damit zusammen. Entdeckungsanlässe erleichtern diesen Anschluss dadurch, dass die Lernenden ihr Wissen aktivieren können und müssen, um einen noch nicht fest umrissenen Lerngegenstand zu erschließen. Je stärker sie gefordert sind, ihre eigenen Fragen an den Gegenstand zu stellen, umso weniger können sie sich auf die innere Erwartungshaltung einstellen, in genau festgelegter Reihenfolge vom Lehrer durch den Wissensdschungel geleitet zu werden. Aktivierende Lernanlässe verlangen vom Lernenden, sich eigene Wege zu bahnen, und dazu muss er in seinem Wissens- und Könnenssystem nachsehen, was er für diese Arbeit braucht. Individuelle Unterschiede im Lernen lassen sich in expositorisch offenen Anlässen besser erkennen und anpassen. Sie gestatten es, das Vorwissen des Lernenden »testfrei« aufzudecken, indem er sein Vorwissen nutzt und seinen eigenen Theorien oder Vermutungen nachgeht und nicht sofort darauf achtet, was der Lehrer wahrscheinlich will oder verlangt. Wer die Schüler in Entdeckungssituationen genau beobachtet, der wird erkennen, worin die Wissensbrücken zwischen Vorwissen und Anforderungssituation bestehen und welche Lernhilfen notwendig sind, um die Lernenden nicht auf sich allein gestellt zu lassen oder einige durch zu viel Strukturfreiheit zu überfordern, weil ihre Selbststeuerungsfähigkeit nicht ausreicht, um den gesamten Entdeckungsprozess allein zu bestreiten. Das übrigens ist eines der großen Missverständnisse – zu meinen, man müsse sich als Lehrer völlig zurückziehen, wenn es um das Entdecken geht.

Lernende können ihr Methodenwissen bei formativen Tätigkeiten zum Beispiel anhand geeigneter Experimente anwenden und erweitern (Linn/Thier 1975). Sie üben das sichere Anwenden an neuen Themen oder ähnlichen, die im Spiralcurriculum von Zeit zu Zeit auf höherer oder anderer Ebene aufgegriffen werden. Beim entdeckenden Lernen können die Transferwerte im Vergleich zu anderen Lehr-Lern-

Methoden höher ausfallen, berichtet Herman (1973), sofern die methodischen Fähigkeiten und das Experiment wiederholt geübt werden (s. Bredderman 1983). Die Schüler sind zu einem wesentlichen Anteil des Unterrichts mit der Planung, Durchführung und Auswertung von Versuchen beschäftigt. Sie lernen, eigene Versuchspläne aufzustellen, und sie korrigieren einzelne Schritte, wenn sie beim Experimentieren merken, dass etwas »nicht stimmt«.

Erfahrungen, die durch selbsttätigen, formativen Umgang mit Sachen und Organismen gewonnen werden, haben einen hohen Erinnerungs- und Motivationswert (vgl. Düker/Tausch 1957; Weltner/Warnkross 1969). Reflexionen, die über den Gegenstand hinausführen, sind im Entdeckungsprozess natürlich vonnöten, aber zunächst kann ein Schüler sich schlicht ein oft genaueres Bild vom Lerngegenstand machen, wenn er diesen untersucht. Was der Schüler ausführt, ist für ihn in der Regel auch leichter zu begreifen (s. Bowyer/Linn 1978; Forster 1974). Er lernt im tätigen Umgang mit Sachen und Organismen motivierter. Dies haben Gehrecke/Mohr (1973) für den Naturlehreunterricht in der Schule für Lernbehinderte festgestellt.

Viele Unterrichtsstunden aus der Erprobungsserie des weiter vorn erwähnten AKTIF Curriculum haben gezeigt, dass für selbstständige Schüler an Schulen für Lernbehinderte wesentlich größere Konzentrationsspannen möglich sind und ihre Beteiligung am Lernen wächst. Zitat einer Sonderschullehrerin, die mit AKTIF arbeitete: »Meine Schüler waren äußerst aktiv und erfinderisch. Sie sprachen außergewöhnlich viel miteinander, um die Probleme zu lösen. Sie waren begeistert und zufrieden – Jungen wie Mädchen.« Eine andere Lehrerin berichtete, dass im Rahmen der Unterrichtsfolge »Wurzeln« aus AKTIF der Überraschungseffekt für die Schüler sehr groß sei und sie angeregt habe, weiterführende Fragen selbst auszudenken und zu lösen. Die meisten Tätigkeiten und Versuche aus AKTIF fordern multisensorielles Lernen – das »Ansprechen mehrerer Sinnesgebiete« (Wegener 1963, S. 71). Sprachliches Handeln, die Notierung des Beobachteten, das Be-Greifen von Sachen und das Herstellen von Zusammenhängen bilden eine produktive Einheit.

Vielen Schülern fällt es gleichwohl schwer, neue Kenntnisse selbstständig zu strukturieren und zu integrieren (Egan/Greeno 1973). Auch nach Hunt (1975) kann entdeckendes Lernen nicht grundsätzlich als die stets überlegene Methode angesehen werden. Vorteile ergeben sich nur dann, wenn Schüler entsprechende Fähigkeiten beherrschen und lernen, das ihnen Bekannte mit dem Neuen zu verknüpfen. Entsprechende Arbeitstechniken müssen dazu aufgebaut werden.

Weinert (i.w.S. 1982, S. 102f.) charakterisiert die selbst gesteuerte Mitgestaltung des Lernprozesses folgendermaßen: In der Lernsituation müssen Spielräume für die selbstständige Festlegung von Lernzielen, Lernzeiten und Lernmethoden vorhanden sein; der Lernende muss diese Spielräume wahrnehmen, Entscheidungen über das Lernen treffen und diese wenigstens zum Teil realisieren (ohne sich dessen bewusst sein zu müssen); dabei übernimmt der Lernende (vor allem bei auftretenden Schwierigkeiten) zugleich die Rolle des sich selbst Lehrenden (den Lernvorgang planen, notwendige Informationen beschaffen, geeignete Methoden auswählen, den eigenen Lernfortschritt kritisch überprüfen usw.); solche Entscheidungen müssen zumindest teilweise als persönliche Verursachung der Lernaktivitäten erlebbar sein und ansatzweise Selbstverantwortung für das eigene Lernen einschließen. Einige Annahmen wurden in der Unterrichtsforschung überprüft. Eine Übersicht der Ergebnisse geben Bredderman (1983), Neber (1981, 1983), Weinert (1982) und Treiber (1982). In der Lern- und Entwicklungspsychologie gibt es Hinweise darauf, dass es für jeden Schüler eine wirksame Hilfe ist, wenn ein Begriff handelnd erarbeitet wird (Aebli 1981 und Heckhausen 1980). Die Elemente, welche durch die Materialien repräsentiert sind und in bestimmten Formen verknüpft werden sollen, werden dadurch anschaulich und erleichtern die Begriffsbildung.

Flammer (1975) fasst die Forschungsergebnisse zur Strukturierung von Unterricht folgendermaßen zusammen: »Eine gewisse Strukturierung des Unterrichts hilft dem unsicheren, ängstlichen und schwachen Schüler; schwächere Schüler sprechen besser auf induktiven Unterricht an; je leichter die Lernaufgaben sind, desto eher wird der deduktive Weg wirksam; werden nicht zwingend notwendige, aber interessante Informationen von der Lehrkraft eingeflochten, so werden diese meist von leistungsfähigen und vielseitig geförderten Schülern positiv aufgegriffen, können andererseits aber lernschwächere und wenig geförderte Schüler verwirren. Eine Beschränkung auf das Nötigste zum Zwecke der Erhaltung der Klarheit und häufigere Übungen für lernschwächere Schüler sind entsprechend erforderlich; die Materialvertrautheit (Tobias 1975) wird als eine bedeutsame Variable bei der Vorhersage der Wirksamkeit von Unterrichtsmethoden erachtet.«

Schluss – Entdecken als Lerntätigkeit

Entdeckendes Lernen kann nur so gut sein wie die Fähigkeit des Lehrenden, geeignete didaktische Arrangements anzubieten und zuversichtlich zu sein, dass wirksame Lernprozesse mit Gewinn für alle möglich sind. Versteht der Lehrer dagegen von Grundregeln des Entdeckens nichts, wird er die Ziele nur selten erreichen. Das bedeutet: Auch als Lehrer oder Lehrerin neugierig sein auf Entdeckungsanlässe, auf Erstaunliches, auf die Entdeckertalente des Kindes, auf sein interessiertes Lernen beim Entdecken, auf die originale Erschließung von Wirklichkeit, auf die reflektierte Erfahrbarkeit eigener Erfahrungen des Kindes.

Von Hentig drückt die Notwendigkeit des unmittelbaren Erkundens und Entdeckens, des Erlebnisses beim Lernen, folgendermaßen aus: »Wenn ein Kind nie einen Samen gesät, die daraus entstehende Pflanze entdeckt und gehegt hat; wenn es nie einen Baum bestiegen, nie einen Bach gestaut, nie ein gefährliches und gefährdetes Feuer gemacht hat, nie einen Drachen hat steigen lassen; wenn es nie erlebt hat, wie Erwachsene ein Insekt retten, die Vögel im Garten beobachten, auf die Laute der Natur horchen, einen Waldweg säubern, einen Berg besteigen und dies genießen; wenn es nie ein Pferd angefasst, gerochen, geritten hat; wenn es nie ein Tier hat besitzen dürfen (unter Umständen, die dem Tier Qualen und den anderen Menschen Belästigungen ersparen) – wie soll ihm die Erhaltung der Arten, das ökologische

Gleichgewicht, die Natur, diese ungeheuerlichste Abstraktion aller Abstraktionen, am Herzen liegen?« (von Hentig 1987, 56f.) – Was macht nach dem bisher Gesagten das Entdecken zu einer Lerntätigkeit, und auf was ist zu achten, wo liegen Irrtümer, wo die Lerngewinne? Im Blick auf diese Fragen fasse ich eher in Gestalt eines Mosaiks und nicht so sehr als logische Abfolge der Gedanken zusammen:

- Entdeckendes Lernen setzt voraus, dass die Regeln, über die Wissen und Erfahrung organisiert werden, nicht von vornherein gegeben sind, sondern vom Lernenden teils selbst gefunden werden müssen. Neber (1973, S. 105; 1999) hat jedoch gezeigt, dass Entdeckungsmethoden ohne Lenkung eher selten sind. Wir sprechen daher vielfach eingrenzend von *gelenkt-entdeckenden Lernformen* (s. Hameyer u.a. 1992). Lenkungs- und Strukturierungsmaßnahmen treten in der Lernsituation, soweit möglich, zurück, nicht jedoch beim Vorbereiten.

- In den meisten Lernprozessen sind Schwierigkeiten zu erwarten, die von den Schülerinnen und Schülern nur teilweise selbstständig gelöst werden können. Auch das entdeckende Lernen läuft nicht immer von allein. Gruppeninternes und externes Feedback sind notwendige Lernhilfen, um die Schülerinnen und Schüler beim Aufgabenverständnis oder bei der klärenden Strukturierung von Gegenständen zu unterstützen. Manche Lernhilfe kann einen Beitrag leisten, um den Lernenden beim Aufbau ökonomischer Kognitionsstrategien zu Seite zu stehen und Lernfortschritte zu sichern (*performance monitoring*). Butler/Winne (1995) haben in ihrer Forschungsübersicht zum selbstgesteuerten Lernen deutlich gemacht, dass Feedback für Entdeckungsprozesse konstitutiv ist. Externes Feedback »does more than just correct or elaborate a learner's knowledge – for example, it can enhance calibration and therefore a learner's effective engagement in tasks« (S. 254; s. auch Carver/Scheier 1990).

- Das entdeckende Lernen ist wie andere Lernformen auch dann eine *bildende* Tätigkeit, wenn es um die aktive Aneignung einer Sache oder eines Phänomens geht, um das eigene Wissen zu erweitern. Das verlangt äußerste Kräfteanspannung des Selbst, einen »Willen zur Sache«, so Litt (1959, S. 96), mit dem das Individuum in ein Phänomen eindringe und es sich zu Eigen mache. Das Äußere und das Innere würden durch bildende Tätigkeit eine Synthese eingehen. »Je weniger das Selbst im sachlichen Ergebnis von sich zu entdecken vermag, umso fester darf es vertrauen, im Mühen um dies Ergebnis auch sich selbst vorwärts gebracht, ja recht eigentlich ›gebildet‹ zu haben.« (Litt 1959, S. 98)

- Aebli (1987) kritisiert den durchschnittlichen Unterricht in seiner überbetonten Ausrichtung auf vergegenständlichte Begriffe und Wissensinhalte. Das Handeln komme zu kurz. Das hänge mit dem »Nachklingen einer kontemplativen Haltung zur Wirklichkeit« (S. 182) zusammen, die die Welt und ihre Erscheinungen betrachte und erkläre, aber nicht in sie eingreife, um darin etwas zu bewirken. Es werde vergessen, dass »Erkenntnisse zuerst einmal durch Suchen und Forschen, durch Beobachten und Nachdenken gewonnen werden müssen. Suchen und Forschen, Beobachten und Nachdenken sind Handlungen, auch wenn sie nicht in die Wirklichkeit eingreifen und sie verändern.« (Aebli 1987, S. 182) Der Aufbau eines Weltbildes ist eine echte Lerntätigkeit. Aber was bedeutet das? Das Kind braucht ein Antriebsmotiv, im weiteren Sinne eine Anleitung. Selbsttätigkeit und Anleitung sind kein Gegensatz, denn Anleitung bedeutet nicht, »dass sich der Denker im Fahrstuhl zu den hierarchischen Spitzen der zu lernenden Begriffe befördern lassen könnte. Anleitung bedeutet, dass der Lerner Hinweise bekommt, was zu tun sei. Aber Anleitung führt zu nichts, ›außer man tut es‹, möchte man mit Erich Kästner sagen« (Aebli 1981, S. 372).

● In der »Archäologie« von Formen des Lehrens und Lernens sieht Hiller (1994) das *spielende Üben* als ein großes Repertoire von Könnensformen. Diese Könnensformen werden von Kindern und Jugendlichen im Alltag aufgebaut, sei es zur Herstellung von körperlichem Wohlbefinden (Schwimmen, Joggen oder Saunieren), sei es in Form künstlerischen Könnens (Breakdance, Karten- oder Billardspiel, Seidenmalerei und Graffitiproduktion, Fotografieren oder Schlagzeug). Die Könnerschaft von Schülerinnen und Schülern auf solchen Gebieten werde in der Schule teilweise völlig ausgeblendet, obwohl gerade diese wieder zu entdecken seien, auch weil die Kinder sich in ihnen selbst entdecken. Diese »real vorhandenen Formen der Selbstkultivierung« (Hiller 1994, S. 435) beachte die Schule kaum. Wenn wir an diesem Punkt von Hiller anschließen, hätte die Schule einen Entdeckungsraum zu bieten, wo solche Könnerschaften und Entdeckungsfähigkeiten zur Geltung kommen. Hiller spricht von Workshops und Ateliers, die mit hoch qualifizierten Spezialisten aus den verschiedenen kulturellen Sektoren durchgeführt werden, damit Schülerinnen und Schüler aus solchen Feldern wirklich förderliche Anregungen erhalten. Damit möchte Hiller ihre Genussfähigkeit und das Gestaltungspotenzial unterstützen.

● Die Strukturierung des Lernanlasses ist einer der entscheidenden Lenkungspunkte bei der Planung entdeckenden Lernens. So widersprüchlich das klingt: Selbstverständlich werden Entdeckungen von der Lehrerseite geplant, wenn er über Situationen oder Erfahrungsmöglichkeiten nachdenkt, wenn die Auswahl des Themas ansteht, Medien auszuwählen sind und die Zeit für Entdeckungsprozesse zu veranschlagen ist. Und die Kontrolle des Lernens muss bei allem nicht überwiegend von außen vorgenommen werden, sondern die Schülerinnen und Schüler müssen lernen, wie sie Beobachtungen und eigene Erfahrungen auswerten und einordnen, wie sie Probleme eigenständig lösen und bewerten, wie sie mit gezielten Fragen vorankommen und wie sich merkwürdige Phänomene so gliedern lassen, dass sie verstehbar, dekomponierbar und die Rätsel hinter ihnen auflösbar werden. Das alles reguliert sich nicht von allein. Wer es versteht, Entdeckungsanlässe so zu gestalten, dass Kinder in diesen Kompetenzfeldern Qualitäten entfalten, der wird die Lernwirksamkeit, die Zuversicht in die eigene Lernfähigkeit und auch die soziale Nähe beim Lernen in einer effektiven Weise unterstützen.

Bei allem ist das entdeckende Lernen so wenig eine optimale Unterrichtsmethode für alle denkbaren Fälle, wie es andere Formen auch nicht sind. Jede unterrichtsmethodische Entscheidung muss in Betracht ziehen, worum es beim betreffenden Unterrichtsthema in der Hauptsache geht, was beabsichtigt ist und was die Kinder nebenbei auch lernen sollen. Der normale Fall kombiniert zumeist verschiedene Methoden miteinander, um den verschiedenen Funktionen von Unterrichtsabschnitten durch angemesse Methoden gerecht zu werden. Wir können nicht sagen, dass das entdeckende Lernen den meisten anderen Unterrichtsformen überlegen ist. Andererseits ermutigt die Unterrichtsforschung, dass bei guter Instrumentierung und klaren Lernarrangements das entdeckende Lernen große Vorzüge besitzt.

Literatur

Aebli, H.: Denken – das Ordnen des Tuns. Band II: Denkprozesse. Stuttgart 1981.

Aebli, H.: Zwölf Grundformen des Lehrens. Stuttgart 1987.

Akker, J. van den: The teacher as learner in curriculum implementation. In: Journal of Curriculum Studies 20 (1988), 1, S. 47–55.

Ausubel, D.P.: Psychologische und pädagogische Grenzen des entdeckenden Lernens. In: Neber, H. (Hrsg.): Entdeckendes Lernen. Weinheim 1981, S. 30–44.

Bauer, R.: Lernen an Stationen in der Grundschule. Berlin 1997.

Berlyne, D.E.: Konflikt, Erregung, Neugier. Zur Psychologie der kognitven Motivation. Stuttgart 1974.

Bowyer, J.B./Linn, M.: Effectiveness of the science curriculum improvement study in teaching scientific literacy. In: Journal of Research in Science Teaching 15 (1978), S. 209–219.

Bredderman, T.: Effects of activity-based elementary science on student outcomes: A quantitative synthesis. In: Review of Educational Research 53 (1983), 4, S. 499–518.

Bruner, J.S.: Der Prozess der Erziehung. Düsseldorf 1970.

Bruner, J.: Der Akt der Entdeckung. In: Neber, H. (Hrsg.): Entdeckendes Lernen. Weinheim 1981, S. 15–29.

Bund-Länder-Kommission für Bildungsplanung: Bildungsgesamtplan. Band I. Stuttgart 1973.

Butler, D.L./Winne, P.H.: Feed-back and self-regulated learning: A theoretical synthesis. In: Review of Educational Research 65 (1995), 3, S. 245–281.

Carver, C.S./Scheier, M.F.: Origins and functions of positive and negative affect: A control-process view. In: Psychological Review 97 (1990), S. 19–35.

Ciompi, L.: Die emotionalen Grundlagen des Denkens. Entwurf einer fraktalen Affektlogik. Göttingen 1997.

Claussen, C.: Unterrichten mit Wochenplänen. Weinheim 1997.

Csikszentmihalyi, M.: Beyond boredom and anxiety. San Francisco 1975 (Deutsch: Das Flow-Erleben. Stuttgart 1985).

Csikszentmihaly, M./Schiefele, U.: Die Qualität des Erlebens und der Prozess des Lernens. In: Zeitschrift für Pädagogik 39 (1993) 2, S. 207–221.

Copei, F.: Der fruchbare Moment im Bildungsprozeß. Heidelberg 1950.

Deci, E.L.: Intrinsic motivation. New York 1975.

Deci, E.L./Ryan, R.M.: Die Selbstbestimmungstheorie der Motivation und ihrer Bedeutung für die Pädagogik. In: Zeitschrift für Pädagogik 39 (1993) 2, S. 223–238.

Deutscher Ausschuß für das Erziehungs- und Bildungswesen: Empfehlungen und Gutachten. Sechste Folge, darin »Bemerkungen zur Arbeit der Grundschule«. Stuttgart o.J. (1962).

Deutscher Bildungsrat: Strukturplan für das Bildungswesen. Empfehlungen der Bildungskommission. Bonn 1970.

Dewey, J./Kilpatrick, W.H.: Der Projektplan. Weimar 1935.

Dewey, J.: Experience and education. New York 1963.

Dörner, D.: Die Logik des Misslingens. Strategisches Denken in komplexen Situationen. Reinbek 1989.

Düker, H./Tausch, R.: Über die Wirkung der Veranschaulichung von Unterrichtsstoffen auf das Behalten. In: Zeitschrift für experimentelle und angewandte Psychologie (1957), 4, S. 384–400.

Egan, D.E./Greeno, J.G.: Acquiring Structure by Discovery and Rule Learning. In: Journal of Educational Psychology 64 (1973), S. 85–97.

Einsiedler, W./Rabenstein, R. (Hrsg.): Grundlegendes Lernen im Sachunterricht. Bad Heilbrunn 1985.

Flammer, A.: Wechselwirkungen zwischen Schülermerkmalen und Unterrichtsmethoden. In: Schwarzer, R./Steinhagen, K. (Hrsg.): Adaptiver Unterricht. München 1975, S. 27–42.

Forster, J.: Aktives Lernen. Konzeption entdeckenden Lernens im Primarbereich. Ravensburg 1974.

Frey, K.: Die Projektmethode. Weinheim ³1990 .

Fullan, M.: Change Processes and Strategies at the School Level. In: The Elementary School Journal 85 (1985), 3, S. 391–421.

Fullan, M.: The Meaning of Educational Change. Toronto 1982.

Gaudig, H.: Die Schule der Selbsttätigkeit. Hrsg. von L. Müller. Heilbrunn 1963.

Gehrecke, S./Mohr, C.: Adaptation von Curricula von einem Schulbereich auf einen anderen – aufgezeigt am Beispiel einer Adaptation von Unterrichtseinheiten des IPN-Curriculum Physik für die Sonderschule L. In: Frey, K. u.a. (Hrsg.): Curriculum-Handbuch. Band I. München 1975, S. 240–254.

Gerner, B.: Das exemplarische Prinzip. Darmstadt ⁴1970.

Goleman, D.: Emotionale Intelligenz. München 1996.

Hagstedt, H.: Offene Unterrichtsformen. Methodische Modelle und ihre Planbarkeit. In: Hameyer, U./Lauterbach, R./Wiechmann, J. (Hrsg.): Innovationsprozesse in der Grundschule. Fallstudien, Analysen und Vorschläge für den Sachunterricht. Bad Heilbrunn 1992, S. 367–382.

Hameyer, U.: Entdeckendes Lernen. In: Heckt, D./Sandfuchs, U. (Hrsg.): Grundschule von A bis Z. Braunschweig 1993, S. 44–46.

Hameyer, U.: Discovery Learning in the Primary School. Using What we Know About Sustained Curriculum Renewal in Four Countries. In: Westrhenen, J. van et al. (ed.): Integrating Knowledge in the Secondary School. Amsterdam 1993.

Hameyer, U.: Aufbau von Lernkompetenzprofilen. In: Hameyer, U.: Unterricht – Didaktik kreativer Lernanlässe [Arbeitstitel]. Kiel 1999.

Hameyer, U./Dudek, H./Friis, H./Hameyer, B.: Naturwissenschaften AKTIF. 8 Unterrichtseinheiten. Kiel 1992.

Hameyer, U./Hameyer, B.: Naturwissenschaften AKTIF. Kommentarband. Kiel 1992.

Hameyer, U./Lauterbach, R./Wiechmann, J. (Hrsg.): Innovationsprozesse in der Grundschule. Fallstudien, Analysen und Vorschläge zum Sachunterricht. Bad Heilbrunn 1992.

Hameyer, U./Dudek, H./Friis, H./Hameyer, B.: Naturwissenschaften AKTIF (Alle können Teilhaben an Ideen und Fertigkeiten). Lernangebot Sachunterricht und naturwissenschaftliche Fächer 3. bis 7. Klasse. Kiel ²1992.

Hameyer, U./Schlichting, F. (Hrsg.): Entdeckendes Lernen. IMPULSE-Reihe. Kiel 1999.

Heckhausen, H.: Motivation und Handeln. Berlin 1980.

Hegele, I. (Hrsg.): Lernziel: Stationenarbeit. Eine neue Form des offenen Unterrichts. Weinheim und Basel ⁴1999.

Herman, G.: Lernen durch Entdeckung: eine kritische Erörterung von Forschungsarbeiten. In: Neber, H. (Hrsg.): Entdeckendes Lernen. Weinheim 1973, S. 166–189.

von Hentig, H.: »Humanisierung« – Eine verschämte Rückkehr zur Pädagogik? Andere Wege zur Veränderung der Schule. Stuttgart 1987.

Hiller, G.G.: Plädoyer für eine Archäologie der Formen des Lehrens und Lernens. In: Die Deutsche Schule 86 (1994), 4, S. 420 – 439.

Hunt, D.E.: Person-environment interaction: A challenge found waiting before it was tried. In: Review of Educational Research 45 (1975), S. 209–230.

Kerschensteiner, G.: Theorie der Bildung. Leipzig 1926.

Lay, N.: Experimentelle Pädagogik mit besonderer Rücksicht auf die Erziehung durch die Tat. Leipzig 1908.

Lind, G.: Sachbezogene Motivation im naturwissenschaftlichen Unterricht. Weinheim 1974.

Linn, M./Thier, H.D.: The effect of experimental science on development of logical thinking in children. In: Journal of Research in Science Teaching 12 (1975), S. 49–62.

Litt, T.: Naturwissenschaft und Menschenbildung. Heidelberg 1959.

Lay, W.A.: Experimentelle Pädagogik mit besonderer Rücksicht auf die Erziehung durch die Tat. Leipzig 1908.

Neber, H. (Hrsg.): Entdeckendes Lernen. Weinheim [2]1981.

Neber, H.: Denkforschung und Denkförderung. In: Unterrichtswissenschaft 4 (1983), S. 350–360.

Neber, H./Wagner, A.C./Einsiedler, W. (Hrsg.): Selbstgesteuertes Lernen. Weinheim 1978.

Puls, K.: Stationenlernen – eine Unterrichtsform des »Offenen Unterrichts«. Die Entwicklung einer Unterrichtsform im Spiegel der Äußerungen von Grundschullehrerinnen. Staatsexamensarbeit. Kiel 1998.

Schwab, J.J.: The teaching of science as enquiry. In: Schwab, J.J./Brandwein, P.M. (eds.): The teaching of science. Cambridge 1962.

Semb, G.B./Ellis, J.A.: Knowledge taught in school: what is remembered? In: Review of Education Research 64 (1994) 2, S. 253–286.

Tobias, S.: Sequenzierung, Materialvertrautheit und Merkmal-Methoden-Interaktionen im programmierten Unterricht. In: Schwarzer, R./Steinhagen, K. (Hrsg.): Adaptiver Unterricht. München 1975, S. 146–161.

Wang, M.C./Haertel, G.,/Walberg, H.J.: Toward a knowledge base for school learning. In: Rewiew of Educational Research 63 (1993), 3, S. 249–294.

Wegener, H.: Die Rehabilitation der Schwachbegabten. München 1963.

Weltner, K./Warnkross, K.: Über den Einfluss von Schülerexperimenten, Demonstrationsunterricht und informierendem Physikunterricht auf Lernerfolg und Einstellung der Schüler. In: Die Deutsche Schule 61 (1969), S. 553–536.

Weinert, F.E.: Selbstgesteuertes Lernen als Voraussetzung, Methode und Ziel des Unterrichts. In: Unterrichtswissenschaft (1982), S. 99–114.

Weinert, F.E.: Neue Unterrichtskonzepte zwischen gesellschaftlichen Notwendigkeiten, pädagogischen Visionen und psychologischen Möglichkeiten. In: Bayerisches Staatsministerium für Unterricht, Kultus, Wissenschaft und Kunst (Hrsg.): Wissen und Werte für die Welt von morgen. Donauwörth 1998, S. 101–125.

Franz-Josef Kaiser/Volker Brettschneider

Fallstudie

Historische Entwicklung der Fallstudie

Die Fallstudie oder auch Fallmethode zählt neben dem *Rollenspiel* und dem *Planspiel (Simulationsspiel)* zu den Unterrichtsmethoden, die vorrangig darauf abzielen, den Unterricht so zu gestalten, dass die Schüler Anregungen für ein interaktives, reflexives und entscheidungsorientiertes Handeln erhalten (vgl. Kaiser/Kaminski 1997). Zielsetzung der Fallstudie ist es, die Lernenden zur Entscheidungsfähigkeit zu erziehen.

Wenngleich die Fallstudie nicht neu ist und die Lehrer in begrenztem Umfang immer schon die Behandlung praktischer Fälle gelegentlich in ihren Unterricht einbezogen haben, findet der systematische Einsatz von sorgfältig aufbereiteten und auf der Basis von Dokumenten geschriebenen Fallstudien erst seit 1970 zunehmend Einsatz, vorrangig in sozialwissenschaftlichen Fächern, wie z.B. Politikunterricht, Wirtschaftslehre-Unterricht, Geografieunterricht. Ihren Ausgangspunkt nahm die Fallstudie von der Harvard Business School in Boston. Die Dozenten dieser Hochschule verzichteten im Jahre 1908 – angeregt durch die Kasuistik der Juristen – auf die traditionelle Vorlesungsmethode. In den Mittelpunkt ihres Lehrbetriebes stellten sie stattdessen die Diskussion praktischer Fälle aus dem Wirtschaftsleben. Inzwischen hat die HBS eine umfangreiche Fallsammlung angelegt und die Fallmethode zu einer eigenständigen Lehrkonzeption ausgebaut, sodass die Fallmethode nicht selten in der Literatur auch als Havard-Methode bezeichnet wird (vgl. Kaiser 1976, S. 54). In Deutschland werden im Hochschulbereich Fallstudien vornehmlich an den wirtschaftswissenschaftlichen Fakultäten in der Betriebswirtschaftslehre eingesetzt (vgl. Bronner 1989; Brauchlin/Heene 1995).

Grundstruktur der Fallstudie

Das Wesen der Fallstudie beruht darauf, dass die Studenten bzw. die Schüler sich mit vielen aus der Praxis gewonnenen Fälle, auseinander setzen und in Gruppendiskussionen die Fähigkeiten erwerben sollen, für diese Fallsituationen nach alternativen Lösungsmöglichkeiten zu suchen, sich für eine Alternative zu entscheiden, diese zu begründen und mit getroffenen Entscheidungen und deren Bedingungen in der Realität zu vergleichen (vgl. Kaiser/Kaminski 1997).

Kosiol definiert die Fallstudie als »methodische Entscheidungsübungen auf Grund selbstständiger Gruppendiskussionen am realen Beispiel einer konkreten Situation« (1957, S. 36). In der Regel werden größere Gruppen in Kleingruppen von vier bis sechs Personen aufgeteilt, die das »Fallmaterial« studieren, Lösungsvorschläge erarbeiten und diese im Plenum zur Diskussion stellen. Die Schüler lernen dabei Informationen zu sammeln, Fragen zu stellen, das Material auszuwerten, Alternativen zu erkunden und Entscheidungen zu treffen. Didaktisch gut gestaltete Fallstudien zeichnen sich dadurch aus, dass sie neben dem Medium Sprache Tabellen, Diagramme, Fotografien, Schaubilder, Karikaturen, Szenarien usw. enthalten.

Darüber hinaus lassen sich durch die Medien Tondband, Film und Video Fallstudien so ausstatten, dass die Fallschilderung gewissermaßen Life-Charakter gewinnt, indem Personen der Entscheidungssituation im Film oder Video präsentiert und interviewt werden. Das Handlungsgeschehen des Falles kann vor Ort eingefangen und die Beteiligten mit ihren Ansichten und Werteinstellungen können durch Filmszenen, Interviews live den Lernenden vor Augen geführt werden. Schließlich können Fallstudien auch so gestaltet sein, dass sie aktuelle Entscheidungs- und Konfliktsituationen aufgreifen. Damit eröffnet sich die Möglichkeit, an einer realen Entscheidung mitzuwirken und den Betroffenen Lösungsmöglichkeiten zu unterbreiten, die diese berücksichtigen können. Solche Life-Cases gewinnen durch die Eingriffsmöglichkeiten in die Wirklichkeit den Charakter einer spezifischen Form des projektorientierten Unterrichts. Die Fälle können, überdies im Hinblick auf ihren Umfang und Problemgehalt, sehr unterschiedlich sein, je nachdem, welche Bildungsziele verfolgt werden, welchen Kenntnisstand die Schüler haben und welche Lösungs- und Entscheidungshilfen bzw. Arbeitsmittel gegeben werden. Inzwischen sind auch erste Hyper-Media-Systeme entwickelt worden, die den Charakter von fallbasierten Lehrprogrammen« tragen (vgl. Schröder 1998, S. 57ff.). Ausgangspunkt für die Lernprogramme sind in der Regel authentische Problem- und Entscheidungssituationen. In hypermedialen Datenbeständen wird das Wissen zur Recherche bereitgestellt, das zur Problemlösung und Entscheidungsfindung erforderlich ist.

Ein charakteristisches Beispiel für diese Art von Lernsoftware ist die Serie hypermedialer Lernprogramme »Kostenrechung in Fallstudien«, die für die kaufmännische Aus- und Weiterbildung in Großunternehmen der Automobilbranche entwickelt wurden (vgl. Niegemann 1995, zit. nach Schröder 1998). Dem Lernenden, der in einer virtuellen Büroumgebung mit einer Problem- und Entscheidungssituation konfrontiert ist, werden in den hypermedialen Datenbeständen, neben dem Fall- und Informationsmaterial auch Lernhinweise und Hinweise zu Lerntechniken bereitgestellt. »Dabei exploriert der Lernende die Umgebung und erlebt unmittelbar die Wirkung seiner Manipulation, er wendet sein Wissen an und erkennt, wie diese Anwendung funktioniert.« (Mandl/Reinmann/Rothmeier 1997, S. 15)

In der Praxis haben sich inzwischen mehrere Varianten der Fallstudie herausgebildet, die sich in der Darstellung der Fall-Vorlage, der Aufnahme und Verarbeitung der Informationen der Entscheidungsfindung und der Problemlösung sowie der Lösungskritik unterscheiden.

- *Case-Study-Method:* Diese Variante ist dadurch gekennzeichnet, dass die Fälle oft sehr umfangreich sind, da neben der Fallschilderung auch das gesamte Informationsmaterial dem Fall beigefügt ist oder von den Teilnehmern angefordert werden kann. Im Mittelpunkt der Fallbearbeitung stehen die Problemanalyse, die Problemsynthese und die Entscheidungsfindung.

● *Case-Problem-Method:* Bei dieser Variante werden mit der Fallschilderung die Probleme bereits ausdrücklich genannt, sodass dort mehr Zeit verbleibt, Lösungsvarianten zu erarbeiten und die Entscheidungen ausführlich zu diskutieren.

● *Case-Incident-Method:* Diese Fallvariante zeichnet sich dadurch aus, dass der Prozess der Informationsbeschaffung in den Mittelpunkt rückt. Der zu bearbeitende Fall wird daher häufig unvollständig und lückenhaft dargestellt. Wenngleich diese Form sehr zeitaufwendig ist, so kann sie vor allem deshalb als besonders praxisnah angesehen werden, weil auch im praktischen Leben das Beschaffen der Informationen einen wesentlichen Bestandteil des gesamten Entscheidungsprozesses darstellt.

● *Stated-Problem-Method:* Diese Fallart ist dadurch gekennzeichnet, dass bereits fertige Lösungen und deren Begründungen präsentiert werden. Die Lernenden sollen in erster Linie Einsichten in die Entscheidungsstruktur realer Entscheidungsvorgänge gewinnen, getroffene Entscheidungen kritisch beurteilen und eventuell alternative Lösungsmöglichkeiten suchen.

Methode	Erkennen von Problemen	Informations-gewinnung	Ermitteln alternativer Lösungs-varianten	Problemlösung/ Entscheidung	Lösungskritik
Case-Study-Method	*Schwerpunkt*: Verborgene Probleme müssen analysiert werden	Informationen werden gegeben	Mit Hilfe der gegebenen Informationen werden Lösungsvarianten des Problems ermittelt und Entscheidungen gefällt		Vergleich der Lösung mit der Entscheidung in der Wirklichkeit
Case-Problem-Method	Probleme sind ausdrücklich genannt	Informationen werden gegeben	*Schwerpunkt:* Mit Hilfe der vorgegebenen Probleme werden Lösungsvarianten ermittelt und eine Entscheidung getroffen		evtl. Vergleich mit der Entscheidung in der Wirklichkeit
Case-Incident-Method	Der Fall wird lückenhaft dargestellt	*Schwerpunkt:* Informationen müssen selbstständig beschafft werden			
Stated-Problem-Method	Probleme sind gegeben	Informationen werden gegeben	Die fertigen Lösungen einschließlich der Begründungen werden gegeben: evtl. Suche nach zusätzlichen Alternativen		*Schwerpunkt:* Kritik der vorgegebenen Lösungen

Abb. 1: Methodische Varianten der Fallstudie (aus: Kaiser 1976, S. 55)

Verlaufstruktur des Lernprozesses

Die Zielsetzung der Fallmethode, die Lernenden zur Entscheidungsfähigkeit zu erziehen, legt es nahe, den Lernprozess als Entscheidungsprozess zu organisieren. Wenngleich Fälle aus der Alltagswelt gewonnen werden, so können die »praxisbezogenen« Fälle konkrete Situationen nie in ihrer ganzen Komplexität als vollständiges Abbild einer wirklichen Gegebenheit wiedergeben. In Anlehnung an die Konzeption offener Modelle des Entscheidungsverhaltens lässt sich der Entscheidungs- und Problemlösungsprozess, den die Lernenden während der Fallbearbeitung durchlaufen, in sechs Phasen darstellen:

1) *Konfrontation* mit dem Fall	Ziel: Erfassen der Problem- und Entscheidungssituation
2) *Information* über das bereitgestellte Fallmaterial und durch selbstständiges Erschließen von Informationen	Ziel: Lernen, sich die für die Entscheidungsfindung erforderlichen Informationen zu beschaffen und zu bewerten
3) *Exploration:* Diskussion alternativer Lösungsmöglichkeiten	Ziel: Denken in Alternativen
4) *Resolution:* Treffen der Entscheidung in Gruppen	Ziel: Gegenüberstellung und Bewerten der Lösungsvarianten
5) *Disputation:* Die einzelnen Gruppen verteidigen ihre Entscheidung	Ziel: Verteidigen einer Entscheidung mit Argumenten
6) *Kollation:* Vergleich der Gruppenlösungen mit der in der Wirklichkeit getroffenen Entscheidung	Ziel: Abwägen der Interessenzusammenhänge, in denen Einzellösungen stehen
Abb. 2: Verlaufsstruktur der Fallstudienarbeit (aus: Kaiser 1983, S. 26)	

Die Verlaufsstruktur soll im Folgenden mit Hilfe der Fallstudie zur »Verpackungssteuer«, die im Rahmen eines von der Deutschen Forschungsgemeinschaft (DFG) geförderten Forschungsprojektes konzipiert und erprobt wurde, verdeutlicht werden (vgl. Beck/Heid 1996):

1) Konfrontation
Die Schüler werden im Plenum der Klasse mit einem Fall zur Abfallproblematik in einer Kommune konfrontiert. Ausgangspunkt für die Fallbearbeitung ist folgende Situationsschilderung (Abb. 3).

Anhand des Konfrontationsmaterials werden die Schüler damit vertraut gemacht, dass die Kapazität der örtlichen Mülldeponie mittelfristig nicht mehr ausreicht, um das wachsende Abfallaufkommen der Kommune zu bewältigen. Es gilt daher, Lösungsmöglichkeiten zu finden, wie das Abfallproblem zu bewältigen ist. Als Konfrontationsmaterial enthält der Fall neben dem Schreiben des Bürgermeister an die Mitglieder des Stadtrates (Abb. 3) weitere Informationsmaterialien in Form von

Stadt Paderborn
Der Bürgermeister

Paderborn, den 25.05.1998

An die Mitglieder des Stadtrates
der Stadt Paderborn

Entwicklung des Abfallaufkommens und Urteil des Bundesverfassungsgerichts zur
»Verpackungssteuer« vom 7.5.1998 – Einladung zu einer außerordentlichen Sitzung

Sehr geehrte Damen und Herren,

Ende des Jahres sollte im Stadtrat die Einführung einer Verpackungssteuer in Paderborn zur
Begrenzung des Abfallaufkommens neu verhandelt werden. Leider hat das
Bundesverfassungsgericht vor einigen Tagen die Einführung einer kommunalen
Verpackungssteuer für verfassungswidrig erklärt. Sie widerspricht der gegenwärtig praktizierten
Umweltpolitik des Bundes, die das Kooperationsprinzip und nicht Lenkungsabgaben
(Ökosteuern) bevorzugt. Diese Entscheidung löst das Abfallproblem jedoch nicht; im Gegenteil,
Ländern und Kommunen, die die Abfallmengen zu beiseitigen haben, sind eigenständige
Gestaltungsmöglichkeiten genommen worden.

In den letzten Jahren ist das Abfallaufkommen unserer Stadt weiter gewachsen, insbesondere
durch die Verwendung von Einwegverpackungen. Es ist zu befürchten, dass sich diese
Entwicklung in den nächsten Jahren weiter fortsetzt.

Die Kapazität der örtlichen Mülldeponie reicht jedoch mittelfristig nicht mehr aus, um das
Abfallaufkommen von Stadt und Landkreis Paderborn zu bewältigen. Eine Erweiterung der
Deponie oder eine Erhöhung der Müllabfuhrgebühren sind sicherlich aufgrund zu erwartender
Bürgerproteste politisch nicht einfach durchzusetzen.

Wenn die Stadt Paderborn die Nutzung der Müllverbrennungsanlage in Bielefeld-Herford oder
den Bau einer eigenen Müllverbrennungsanlage und die damit verbundenen hohen Kosten für
die Stadt und die Bürger dauerhaft vermeiden will, ist eine Reduzierung des Abfallaufkommens
unabdingbar. Aufgrund des Urteils des Bundesverfassungsgerichts ist zu diskutieren, welche
Möglichkeiten die Stadt Paderborn hat, das Abfallproblem zu bewältigen.

Hierbei ist zu berücksichtigen, dass die politische und ökonomische Praxis bisher gezeigt hat,
dass freiwillige Verpflichtungen zumeist nur abgeschlossen wurden und erfolgreich waren, wenn
entsprechende gesetzliche Auflagen und Regelungen drohten.

Es ist nicht auszuschließen, dass bei einem Regierungswechsel in der Bundesrepublik
Deutschland auch ein Wechsel in der Umweltpolitik hin zum Vermeidungsprinzip und
entsprechenden Ökosteuern erfolgt. Insofern sollte auch die Einführung einer
Verpackungssteuer in Paderborn, deren Realisierung bei einer veränderten Umweltpolitik des
Bundes vom Bundesverfassungsgericht nicht grundsätzlich ausgeschlossen worden ist, mit in die
Überlegungen einbezogen werden.

Anliegend erhalten Sie einige Hintergrundinformationen zur Vorbereitung der Sitzung.

Mit freundlichen Grüßen

Abb. 3: Schreiben des Bürgermeisters

Quellentexten, Schaubildern, Grafiken, Statistiken zum Müllaufkommen und zur Finanzsituation der Stadt, aktuellen Zeitungsartikeln usw.

Die erste Stufe des Lernprozesses dient vorrangig der Erfassung der Problemsituation. Insgesamt umfasst die Stufe der Konfrontation

- eine Problem- und Konfliktanalyse,
- eine Situationsanalyse und
- eine Normen- und Zielanalyse.

Im Hinblick auf die Normen- und Zielanalyse ist letztlich auch die Frage zu diskutieren, inwieweit in der vorgegebenen Situation ökologische und ökonomische Zielsetzungen in Einklang zu bringen sind.

2) Information

In dieser Phase kommt es darauf an, die mit dem Fall gegebenen Informationen zu analysieren, zu bewerten und auszuwerten bzw. zusätzliche Informationen zu beschaffen und für die Entscheidungsfindung heranzuziehen. Die Schüler arbeiten in Kleingruppen die Informationsmaterialien durch und klären Verständnisfragen. Sie diskutieren beispielsweise Instrumente der Umweltpolitik, besprechen ökologische Risiken von Mülldeponien und Abfallverbrennungsanlagen oder untersuchen die Entwicklung der Abfallentsorgungsgebühren.

Die Kleingruppenarbeit, die sich in den Phasen der Exploration und Resolution fortsetzt, beinhaltet ein Problem: Die Schülerinnen und Schüler haben häufig Schwierigkeiten, mit dem vorhandenen Zeitbudget so umzugehen, dass am Ende eine fundierte Entscheidung steht. Es ist daher ratsam, vor Beginn der eigentlichen Informationsphase einen Zeitplan erarbeiten zu lassen. Am Beispiel der Fallstudie »Verpackungssteuer« sah die Vorgabe für eine 60-minütige Diskussion folgendermaßen aus:

Zeitplan für die Gruppenarbeit

Einigen Sie sich in der Gruppe auf einen Zeitplan für die Diskussion der Fallstudie; Ihnen stehen insgesamt 60 Minuten zur Verfügung.

Verwenden Sie folgenden Vorschlag als Orientierungsgrundlage und überlegen Sie in der Gruppe, ob Sie den Vorschlag für die gemeinsame Arbeit zunächst akzeptieren können. Die vorgeschlagenen Zeiträume für die einzelnen Arbeitsschritte können bei Bedarf verkürzt werden, jedoch darf keine Phase völlig entfallen.

5	Minuten	Vereinbarung eines Zeitplans für die Gruppenarbeit
10	Minuten	Entwicklung von Lösungsvorschlägen
15	Minuten	Erste Diskussionsrunde von ausgewählten Entscheidungsalternativen
15	Minuten	Zweite Diskussionsrunde von ausgewählten Entscheidungsalternativen

---

Abb. 4: Zeitplan für die Gruppenarbeit

3) Exploration

Ein besonderes Gewicht erhält neben der Problem- und Zielanalyse die Entwicklung von Alternativen und deren Bewertung. Die Stufe der Exploration dient vorrangig dazu, die Teilnehmer zu befähigen, in einer gegebenen Situation stets nach mehreren Lösungen zu suchen und damit vor eindimensionalem Denken zu bewahren.

Zunächst werden Lösungsvorschläge überlegt und gesammelt. In dieser Phase sollten Vorschläge noch nicht diskutiert und bewertet werden. Im vorliegenden Fall sind folgende Alternativen denkbar:

Alternative 1: Subventionierung von umweltfreundlich agierenden Betrieben in Form von Steuerermäßigungen (z.B. Senkung der Gewerbesteuer)
Alternative 2: Verwendung biologisch verwertbarer Verpackungen
Alternative 3: Mitbenutzung anderer Deponien und Müllverbrennungsanlagen
Alternative 4: Erweiterung der vorhandenen Deponie
Alternative 5: Erhöhung der Müllabfuhrgebühren
Alternative 6: Verbraucherinformationen zur Vermeidung von Abfällen

Anschließend sollten Lösungsvorschläge ausgewählt und systematisch diskutiert werden. Unter Berücksichtigung von Vorteilen, Nachteilen und Konsequenzen der Vorschläge werden Entscheidungsalternativen als Grundlage der Entscheidungsfindung entwickelt. Eine Entscheidungsübersicht in Form einer Entscheidungsmatrix (vgl. Abb. 5) erweist sich als vorteilhaft, um die Vorteile, Nachteile und Konsequenzen systematisch gegenüberzustellen, zu diskutieren und gegeneinander abzuwägen.

	Vorteile	Nachteile	Konsequenzen
Variante 1			
Variante 2			
Variante 3			

Abb. 5: Entscheidungsmatrix (aus: Kaiser 1976, S. 76)

4) Resolution

Die Entscheidung für eine der diskutierten Problemlösungen als »beste Lösung« erfordert vor allem die Aufgabe, die Vor- und Nachteile der erarbeiteten Lösungsmöglichkeiten sorgfältig gegeneinander abzuwägen und sich für eine Alternative zu entscheiden. Hierzu müssen vor allem die erarbeiteten Alternativen systematisch diskutiert werden.

5) Disputation

In der fünften Phase werden in der Regel die in Kleingruppen getroffenen Entscheidungen im Plenum vorgetragen und erneut diskutiert. Dabei wird geprüft, ob man alle wichtigen Aspekte bedacht hat und auch nach dieser erneuten intensiven Diskussionsrunde zu der eigenen Entscheidung stehen kann.

6) Kollation

Auf dieser Stufe wird den Schülern die vom Rat präferierte Entscheidung zum Vergleich vorgelegt oder die von der Klasse getroffene Entscheidung mit Vertretern der Kommune diskutiert. Dabei bietet sich insbesondere die Möglichkeit zu untersuchen, wie und unter welchen Bedingungen wirtschaftspolitische Entscheidungen in der Realität getroffen werden.

Die hier dargestellte Verlaufsstruktur des Lernprozesses stellt einen idealtypischen Ablauf des Entscheidungsprozesses dar. Das heißt, der Informations- und Entscheidungsprozess darf nicht zu einem Schematismus degenerieren. Im Ablauf des Entscheidungs- bzw. Lernprozesses kann es Vor- und Rückgriffe geben, einzelne Phasen können besonders schnell bzw. langsam durchlaufen oder auch übersprungen werden. Beim Einsatz der Fallstudie gilt es besonders zu berücksichtigen, dass Wertvorstellungen und Wertkonflikte im Hinblick auf Entscheidungsprozesse eine Leitfunktion besitzen. Ferner ist der Entscheidungsprozess durch eine Arbeitsanweisung zu unterstützen.

Befunde der Lehr-Lern-Forschung zur Effektivität der Fallstudie als Unterrichtsmethode

Wenngleich seit über 20 Jahren die Fallstudie in den sozialwissenschaftlichen Fächern als Unterrichtsmethode eingesetzt wird, sind auch in der neueren Literatur zur Durchführung der Fallstudienarbeit Aussagen zur Organisation des Lehr-Lern-Prozesses »meist ohne expliziten Bezug auf die empirische Forschung« (Reetz 1996, S. 179) weit verbreitet. Zwar wird in der Literatur zur Fallstudiendidaktik darauf hingewiesen, Entscheidungsprozesse mit Hilfe von Entscheidungstechniken zu unterstützen und in Schülerkleingruppen durchzuführen (vgl. Kaiser/Kaminski 1997, S. 127ff.; Steinmann/Weber 1995, S. 25ff.; Kaiser 1976, S. 117ff.), es sind jedoch kaum empirisch abgesicherte Aussagen zu finden, inwiefern diese Techniken tatsächlich den Entscheidungsprozess unterstützen und verbessern. Ferner ist auf der Mikroebene des Unterrichts der Verlauf des Entscheidungsprozesses in Schülerkleingruppen bisher kaum untersucht worden. Die hier vorgestellten Ergebnisse beziehen sich auf erste Befunde der Fallstudienarbeit zu dem Fall »Urteil des Bundesverfassungsgerichts zur Verpackungssteuer« (die Fallstudie ist im vollen Umfang abgedruckt in: Kaiser/Brettschneider1998) im Rahmen des DFG-Forschungsprojekts.

Die Lernumgebung der Untersuchungsklassen unterschied sich wie folgt:
- Untersuchungsklasse 1 erhielt zur Durchführung der Fallstudienarbeit eine Arbeitsanweisung, die mit Hilfe einer Entscheidungsmatrix unterstützt wurde.
- Untersuchungsklasse 2 erhielt zur Durchführung der Fallstudienarbeit eine Arbeitsanweisung und wurde während der Diskussion des Falles von einem Schüler als Moderator unterstützt.

In jeder der beiden Durchführungsphasen wurden jeweils drei Kleingruppen in die experimentelle Untersuchung einbezogen. Die Kleingruppengröße betrug immer fünf Schüler, wobei in Untersuchungsklasse 2 jeweils ein Schüler die Moderation übernommen hatte.

Im Forschungsvorhaben wird davon ausgegangen, dass in Schülerkleingruppen Lenkungsaktivitäten – im Hinblick auf eine zielgerichtete Organisation und Steuerung der Gruppenaktivitäten zur Bewältigung der gestellten Gruppenaufgaben – weitgehend unzureichend durchgeführt werden (vgl. Boos 1996; Becker-Beck 1989, 1997; Bales/Cohen 1982). In den Gruppen findet die Koordination der entsprechenden Gruppenaktivitäten zumeist nur implizit und in zu geringem Maße für eine effektive Aufgabenbewältigung statt (vgl. Meyer 1996; Gudjons 1993; Langmaack/Braune-Krickau 1995).

Dies führt nicht selten dazu, dass im Gruppenprozess ineffektive Interaktionssequenzen – im Sinne sog. Prozessverluste – auftreten, die weitgehend nicht auf die jeweilige Aufgabenstellung bezogen sind. Die Lenkungsebene bildet einen Ansatzpunkt, um durch eine der Situation angemessene Steuerung der Diskussion ineffektive Interaktionsabfolgen in den Kleingruppen während der gemeinsamen Arbeit zu verringern, sodass die jeweilige Aufgabenstellung zielgerichtet und möglichst effektiv bewältigt werden kann (vgl. Maier 1967).

Das Forschungsprojekt befindet sich derzeit mitten in der Auswertung der Ergebnisse. Es liegen lediglich erste Befunde vor, die einen Einblick geben, inwiefern es den Auszubildenden gelungen ist, die Fallstudienarbeit unter Anleitung eines Moderators in der Kleingruppe zu realisieren. Gegenwärtig sind von zwei Kleingruppendiskussionen Transskripte erstellt worden, ist der Interaktionsprozess einer Gruppe kodiert und begonnen worden, die Kodierungen auszuwerten. Deshalb liegen bisher nur einige wenige und noch nicht ausreichend abgesicherte Ergebnisse vor.

Die Diskussion der ersten Gruppe, die gegenwärtig ausgewertet wird, dauerte insgesamt eine Stunde und 19 Sekunden, d.h. die zeitliche Vorgabe von 60 Minuten für die Kleingruppenentscheidung wurde eingehalten und für die Diskussion des Falles vollständig benötigt. In der Kleingruppendiskussion fanden 816 Interakte statt, von denen 714 zielgerichtet auf den Fall und die Aufgabenstellung bezogen waren. Als Interakt wurde jeweils ein Redebeitrag eines Gruppenmitglieds während der Diskussion bewertet. Es wurden neun Lösungsvorschläge entwickelt, neun Entscheidungsalternativen diskutiert und die Entscheidung getroffen, den Bereich der Verbraucherinformationen zu intensivieren und die Kapazitäten der vorhandenen Mülldeponie zunächst weiter zu nutzen (vgl. Kaiser/Siggemeier/Brettschneider/Flottmann/Schröder 1995).

Nach der Sichtung der Videoaufzeichnungen und auf der Basis des gegenwärtigen Stands der Auswertungen gehen wir von folgenden Arbeitshypothesen bei der Auswertung aus: Die Anwesenheit eines Moderators in einer Kleingruppe führt

● zu einem systematischeren Ablauf des Diskussionsprozesses,
● zu einem disziplinierten Diskussionsverhalten der Gruppenmitglieder,

- zu einer inhaltlich breiteren und tieferen Reflexion der Entscheidungsalternativen,
- zu einer kontrovers ermittelten Entscheidungsfindung.

Die Bedeutung des Moderators für einen systematisch durchgeführten Entscheidungsprozess hat ein Schüler wie folgt zusammengefasst: »*Ich fand die Hilfe des Moderators auf Grund der gestellten Aufgabe (Zeitrahmen/Diskussionsführung) sehr hilfreich, da die Einhaltung von Zeiten oder die strenge Abhandlung des Themas sonst schwer möglich gewesen wäre.* Ein anderer Schüler fand es gut, dass *der Moderator die Diskussion innerhalb der Gruppe gelenkt hat, außerdem hat er aufgepasst, dass wir nicht vom Thema abweichen und zu einer Entscheidung kommen.*«

Die erste systematische Auswertung belegt, dass die Gruppenmitglieder dem Moderator in deutlichem Umfang die Lenkung der Diskussion überlassen. Der Moderator unterstützt seine Lenkungsaktivitäten durch eine entsprechende Beziehungsarbeit und sucht in dieser Hinsicht die Unterstützung der Gruppenmitglieder; wobei die Gruppe ihm insgesamt diese Aufgabe durch ein positives Gruppenklima erleichtert. In inhaltlicher Hinsicht bemüht sich der Moderator um die Klärung von Sachfragen und hält sich mit Bewertungen weitgehend zurück.

Zusammengefasst unterscheidet sich das Interaktionsverhalten des Moderators (M) – hinsichtlich der Funktion der Interakte für den Entscheidungsprozess – vom Gruppendurchschnitt (GD) wie folgt. Die Angaben zu den Interakten sind auf die gesamten zielgerichteten Interakte bezogen (714 = 100%) und erfolgen in absoluten und prozentualen Werten.

Tab. 1: Vergleich aller zielgerichteten Interakte: Moderator und Gruppendurchschnitt								
	Inhaltsebene		**Lenkungsebene**		**Beziehungsebene**		**Rest**	
	absolut	%	absolut	%	absolut	%	absolut	%
Gesamte Gruppe	324	45,5	150	21	237	33,2	2	0,3
Moderator	67	9,4	71	9,9	66	9,2	0	
Gruppendurchschnitt	64,5	9	19,75	2,8	42,75	6	0,5	
Differenz M–GD		+0,4		+7,1		+3,2		

Wird die Anzahl der Interakte auf der Inhalts-, der Lenkungs- und der Beziehungsebene jeweils als 100 Prozent gesetzt, so werden die Unterschiede deutlicher, um den Anteil des Moderators an den entsprechenden Ebenen im Vergleich zum Gruppendurchschnitt zu bestimmen.

Tab. 2: Vergleich aller zielgerichteten Interakte auf Inhalts-, Lenkungs- und Beziehungsebene: Moderator und Gruppendurchschnitt								
	Inhaltsebene		**Lenkungsebene**		**Beziehungsebene**		**Rest**	
	absolut	%	absolut	%	absolut	%	absolut	%
Gesamte Gruppe	324	100	150	100	237	100	2	100
Moderator	67	20,7	71	47,3	66	27,9	0	
Gruppen-durchschnitt	64,5	19,9	19,75	13,2	42,75	18	0,5	
Differenz M–GD		+0,8		+34,1				

Wird das Interaktionsverhalten des Moderators mit dem durchschnittlichen Interaktionsverhalten der übrigen vier Gruppenmitglieder verglichen, so zeigen sich folgende Unterschiede des Diskussionsverhaltens. Auf der Lenkungsebene tätigt der Moderator 7,1 bzw. 34,1 Prozent mehr Interakte als die Mitglieder der Gruppe im Durchschnitt und liegt mit diesem Anteil deutlich über dem Gruppendurchschnitt. Auf der Beziehungsebene liegen die Aktivitäten des Moderators ebenfalls mit 3,2 bzw. 9,9 Prozent über dem Gruppendurchschnitt, auch wenn der Unterschied nicht so ausgeprägt ist wie auf der Lenkungsebene. Der Moderator konzentriert gemäß seiner Moderationsanweisung seine Aktivitäten auf die Lenkung der Diskussion. Dieses hohe Ausmaß an Lenkungsaktivitäten scheint erforderlich zu sein, um den Ablauf des Entscheidungsprozesses zu organisieren, damit die relativ große Anzahl von neun Entscheidungsalternativen diskutiert und anschließend noch die Entscheidungsfindung durchgeführt werden kann. Neben seinen Lenkungsaktivitäten arbeitet der Moderator stark im Beziehungsbereich, indem er die Gruppenteilnehmer positiv in ihrem inhaltlichen und ihrem gefühlsmäßigen Bereich bestätigt und unterstützt. Auf diese Weise kann in der Gruppe ein hohes Maß an Konsens hinsichtlich der Beurteilung der Entscheidungsalternativen und der Entscheidungsfindung erreicht werden. In inhaltlicher Hinsicht unterscheidet sich der Moderator hinsichtlich der Häufigkeit seiner Diskussionsbeiträge kaum von den übrigen Gruppenmitgliedern im Durchschnitt. Allerdings muss die weitere Auswertung der Ergebnisse noch zeigen, inwiefern die Arbeitshypothesen zu halten und ggf. zu modifizieren sind.

Literatur

Bales, R.F./Cohen, S.P.: SYMLOG: Ein System für die mehrstufige Beobachtung von Gruppen. Stuttgart 1982.

Beck, K./Heid, H. (Hrsg.): Lehr-Lern-Prozesse in der kaufmännischen Erstausbildung. Wissenserwerb, Motivierungsgeschehen und Handlungskompetenzen (Beiheft 13 der Zeitschrift für Berufs- und Wirtschaftspädagogik). Stuttgart 1996.

Becker-Beck, U.: Methoden der Interaktionsprozessdiagnostik. Eine Anwendung sequenzieller Analysemethoden auf SYMLOG-Kodierungen von Gruppeninteraktionen. In: Gruppendynamik (1989), 3, S. 243–257.

Becker-Beck, U.: Soziale Interaktion in Gruppen. Struktur- und Prozessanalyse (Beiträge zur psychologischen Forschung, Bd. 37). Opladen 1997.

Boos, M.: Entscheidungsfindung in Gruppen. Eine Prozessanalyse. Bern/Göttingen/Toronto/Seattle 1996.

Brauchlin, E./Heene, R.: Problemlösungs- und Entscheidungsmethodik. Eine Einführung. Bern/Stuttgart [4]1995.

Bronner, R.: Planung und Entscheidung. Grundlagen – Methoden – Fallstudien. München 1989.

Gudjons, H. (Hrsg.): Handbuch Gruppenunterricht. Weinheim und Basel 1993.

Hoffmann, L.-R./Maier, N.R.F.: Valence in the adoption of solutions by problemsolving groups: Il. Quality and acceptance of goals of leaders and members. In: Journal of Personality and Social Psychology, (1976), 6, S. 175–182.

Kaiser, F.-J.: Entscheidungstraining. Die Methoden der Entscheidungsfindung. Bad Heilbrunn [2]1976.

Kaiser, F.-J.: (Hrsg.): Die Fallstudie. Theorie und Praxis der Fallstudiendidaktik (Forschen und Lernen, Bd. 6). Bad Heilbrunn 1983.

Kaiser, F.-J./Brettschneider, V.: Fallstudienarbeit in Kleingruppen unter Anwendung geleiteten Problemlösens – Bericht aus einem DFG-Forschungsprojekt. In: arbeiten + lernen/Wirtschaft (1998), 4, 1998.

Kaiser, F.-J./Brettschneider, V.: Paderborn droht im Müll zu versinken – Wie kann die Stadt das wachsende Abfallaufkommen bewältigen. In: Forschungsforum Universitätsmagazin 1. Paderborn 1999.

Kaiser, F.-J./Kaminski, H.: Methodik des Ökonomie-Unterrichts. Bad Heilbrunn [2]1997.

Kaiser, F.-J./Siggemeier, M./Brettschneider, V./Flottmann, H./Schröder, R.: Umweltbildung an kaufmännischen Schulen. Theoretische Grundlagen, Probleme und Realisierungsmöglichkeiten. Bad Heilbrunn 1995.

Kosiol, E.: Die Behandlung praktischer Fälle im betriebswirtschaftlichen Hochschulunterricht (Case Method). Ein Berliner Versuch. Berlin 1957.

Langmaack, B./Braune-Krickau, M.: Wie die Gruppe laufen lernt. Anregungen zum Planen und Leiten von Gruppen. Ein praktisches Lehrbuch. Weinheim [5]1995.

Maier, N.R.F.: Assets and liabilities in group problem solving: The need for an integrative function. In: Psychological Review, 74 (1967), S. 239ff.

Mandl, H./Reinmann-Rothmeier, G.: Lernen mit Multimedia. Forschungsbericht Nr. 77 des Instituts für Pädagogische Psychologie und Empirische Pädagogik, Ludwig-Maximilians-Universität. München 1997.

Manns, M./Schultze, L./Herrmann, C./Westmeyer, H.: Beobachtungsverfahren in der Verhaltensdiagnostik. Eine systematische Darstellung ausgewählter Beobachtungsverfahren. Salzburg 1987.

Meyer, H.: Unterrichtsmethoden, Bd 2. Frankfurt a.M. [8]1996.

Niegemann, H.M.: Entwicklung und Evaluation unterschiedlicher Hilfsfunktionen in einer Hypertext-Lernumgebung zur Kostenrechnung. In: Schoop, E./Witt, R./Glowalla, K. (Hrsg.): Hyper-media in der Aus- und Weiterbildung: Dresdner Symposion zum computerunterstützten Unterricht. Konstanz 1995, S. 97–106.

Pilz, R.: Problemlösendes Lernen am wirtschaftskundlichen praxisbezogenen Fall. In: Wirtschaft und Erziehung (1972), 11, S. 278ff.

Reetz, L.: Wissen und Handeln. – Zur Bedeutung konstruktivistischer Lernbedingungen in der kaufmännischen Berufsausbildung. In: Beck, K./Müller, W./Deißinger, T./Zimmermann, M. (Hrsg.): Berufserziehung im Umbruch. Didaktische Herausforderungen und Ansätze zu ihrer Bewältigung. Weinheim 1996, S. 173–188.

Schmidt, H.B.: Die Fallmethode (Case Study Method). Eine einführende Darstellung. Veröffentlichungen des Deutschen Instituts zur Förderung des industriellen Führungsnachwuchses, H. 2. Essen 1958.

Schröder, R.: Multimediales und hypermediales Lernen im Wirtschaftslehreunterricht. Bad Heilbrunn 1998.

Steinmann, B./Weber, B. (Hrsg.): Handlungsorientierte Methoden in der Ökonomie. Ein Sammelband mit 31 Beiträgen für die Unterrichtspraxis. Neuß 1995.

Weitz, B.O.: Möglichkeiten und Grenzen der Einzelfallstudie als Forschungsstrategie im Rahmen qualitativ orientierter Modellversuchsforschung. Essen 1994.

Wöhler, K.H.: Didaktische Prinzipien. Begründung und praktische Bedeutung. München 1979.

Waldemar Pallasch

Werkstattarbeit

Theoretisch oder praktisch?

Wenn man einen Beitrag wie diesen zur obigen Thematik schreibt, würde man als Autor gerne wissen wollen, wie sich der interessierte Leser den Einstieg in diese Thematik wünscht. Soll man mit einem praktischen Beispiel beginnen, um über die Beschreibung der methodischen Arbeitsweise ein erstes Verständnis für diese methodische Variante anzubahnen, oder soll man zunächst eine theoretische Einführung als Grundlegung geben. Als Autor am entfernten Schreibtisch kann ich das nicht ahnen, weil ich verständlicherweise nicht weiß, zu welcher Art Leser Sie gehören.

Hier zeigt sich eine grundsätzliche Frage zum Verhältnis von Theorie und Praxis. In Analogie zum Denkmuster der systemischen Erziehungswissenschaft beispielsweise könnte man sagen, man braucht sich durch fremde Anleitung keine Methoden oder Techniken anzueignen, es genügt, wenn man die theoretischen Grundsätze, die Basiselemente, die Theoreme oder die Prinzipien einer Idee kennt. Aus ihnen ergeben sich zwangsläufig praktische Verfahrensweisen und Umsetzungsideen (vgl. Huschke-Rhein 1998). Mit anderen Worten: Man wird quasi gezwungen, sich selbst Gedanken darüber zu machen, wie die »theoretische Konzeption« am besten umgesetzt werden könnte. Wer, um ein anderes Beispiel zu nennen, die Grundsätze oder Theoreme des »entdeckenden Lernens« versteht und für sich akzeptiert, benötigt eigentlich keine fremde Hilfe, um sich ein entsprechendes Methodenrepertoire eigenständig zusammenzustellen. Die eigene praktische Umsetzung und deren kritische Reflexion zeigt einem, ob die Theoreme, die Grundsätze oder die Prinzipien verwirklicht wurden. Insofern müsste man eher sagen, dass vorgegebene Methoden beim Anwender eher die Gefahr in sich bergen, den theoretischen Hintergrund weniger zu reflektieren, weil das ja andere für den Anwender bereits getan haben. Das soll nun nicht heißen, dass man sich von anderen keine methodischen Ideen geben lässt. Gleichwohl soll auf die Gefahr hingewiesen werden, dass das Überangebot von Methoden (besonders für den schulischen Bereich) dazu führen kann, lediglich im methodischen Aktionismus stecken zu bleiben und dabei die theoretische Reflexion zu vernachlässigen. So treten folgerichtig aus der Sicht des Anwenders Diskrepanzen auf, die dann als das berüchtigte »Theorie-Praxis-Problem« beklagt werden. In Wirklichkeit ist das Theorie-Praxis-Problem ein Scheinproblem, weil sich jede Theorie nie in Reinstfassung in der Wirklichkeit niederschlägt und weil sich keine Praxis in nur einer theoretischen Reinstfassung abbilden lässt. Wer also eine theoretische Idee verwirklichen will, wird demzufolge immer Konzessionen an die Praxis machen müssen – und umgekehrt.

Vor dieser Frage aber, nämlich erst die Theorie und danach die Praxis oder umgekehrt, steht auch die Lehrkraft, die die Werkstattarbeit als Unterrichtsmethode bei ihren Schülern einführen will. Sie wird es vermutlich vom jeweiligen Stand, nämlich den bisher bekannten methodischen Arbeitsweisen der Schüler, abhängig machen. Grundsätzlich ist beides möglich: Man beginnt einfach mit der Praxis und lernt über das praktische Tun die geforderten und erwünschten Verhaltensweisen und Denkmuster, oder man erklärt zunächst die Grundprinzipien, Methoden und Verfahren, um sie für das praktische Tun besser einzuordnen und zu verstehen.

Kreatives Spiel mit der Werkstattarbeit

Also: Probieren wir es einfach einmal praktisch! Lassen Sie Ihre kreativen Gedanken fließen und spielen Sie einfach mit! Sollten Sie daran keine Freude finden oder sollte es Ihnen zu mühsam erscheinen, diesen spielerischen Versuch zu wagen, dann überspringen Sie einfach diesen Abschnitt.

Nun bin ich als Autor in der unangenehmen Situation, Ihnen ein Thema vorschlagen zu müssen. Denn Methoden sind ja immer nur Mittel zum Zweck, also beispielsweise um ein Lernziel zu erreichen; Methoden sind nie Selbstzweck – zumindest sollten sie es nicht sein. Da ich vermute, dass die (meisten) Leser dieses Beitrages in Lehrberufen tätig sind, gehe ich davon aus, dass Sie es auch sind. Deshalb schlage ich Ihnen ein Thema vor, das uns alle ständig bewegt, aber auch nicht einfach ist. Das Thema lautet:

»Wie können wir unser Lernen verbessern?«

Nehmen Sie sich – gedanklich – Ihre Klasse von Schülern oder eine Ihrer Studentengruppen oder eine Ihrer Erwachsenengruppen vor und stellen Sie sich die zusätzlichen (Bearbeitungs-)Fragen:

- *»Wie könnte jeder Einzelne sein Lernen (sein Lernverhalten) verbessern?«*
- *»Was könnte ich als Lehrer tun, um das Lernen meiner Schüler zu verbessern?«*
- *»Was könnten wir gemeinsam (anders) machen, um das Lernen für den Einzelnen und die gesamte Gruppe zu verbessern?«*

Und nun kommt eine wichtige methodische Anweisung: Sie dürfen bei Bekanntgabe des Themas – zunächst – mit Ihren Schülern nicht darüber reden, nicht darüber diskutieren oder sich nicht mit ihnen darüber austauschen. Lassen Sie sich nicht dazu verleiten, mit den Schülern über das Thema zu diskutieren!

Als methodische Hilfe (und somit kreative Idee) geben Sie den Schülern (und sich selbst) folgendes Bild: Alle kennen Werkstätten oder wissen, was Werkstätten sind und wie es darin aussieht (Reparaturwerkstatt, Malerwerkstatt, Schusterwerkstatt, Bäckerei, kleine Betriebe usw., in denen etwas hergestellt oder repariert wird). Viele

Menschen in diesen Werkstätten führen unterschiedliche Tätigkeiten aus. Warum führen sie unterschiedliche Tätigkeiten aus? Wie gehen sie vor? Wer macht was? Welches Werkzeug benutzen sie? Wie bekommen sie wieder alles zusammen? Wann ist das Produkt fertig oder das Gerät repariert? Wie wird das Produkt oder die Reparatur überprüft? Wie stellen die Werkstattarbeiter fest, dass es funktioniert? Was würden sie beim nächsten Mal anders machen?

Dieses einfache Bild reicht zur Hintergrundsveranschaulichung der nun folgenden Aktivitäten aus. Sie müssen als Werkstattleiter nur sieben Schritte einleiten und diese durchhalten:

1) **Thema präzisieren: Überschrift anpassen.** Wandeln Sie die Überschrift für eine Werkstattarbeit um, etwa so:

   »*Unser Lernen ist defekt (kaputt) – Wir müssen es reparieren!*«

   oder

   »*Unser Lernen funktioniert nicht richtig – Wir müssen es verbessern*«

   Halten Sie die Überschrift schriftlich fest und plakatieren Sie die Überschrift so, dass sie für alle ständig sichtbar bleibt.

2) **Umbau vornehmen: Werkstatt etablieren.** Der Klassen- oder Gruppenraum wird – thematisch bezogen – zur entsprechenden Werkstatt umfunktioniert! Die Werkstatt könnte heißen:

   »*Werkstatt für das Lernen*«

   oder

   »*Lernverbesserungswerkstatt*«

   oder ähnlich.

   Scheuen Sie sich nicht, anschauliche Werkstattüberschriften zu finden oder vorzuschlagen. Optimal ist es, die Schüler finden selbst eine passende Überschrift, weil sie damit ihre inneren Vorstellungen von möglichen Werkstattarbeiten besser einbringen können.

3) **Vorarbeiten tätigen: Werkzeug/Arbeitsmaterial besorgen.** Besorgen Sie gemeinsam mit den Schülern das entsprechende Werkzeug und Arbeitsmaterial (Stifte, Papiere, Klebstoff, Stellwände, große Plakate). Dabei ist zunächst die Grundausstattung wichtig, denn bei der Bearbeitung werden die Schüler darauf kommen, dass möglicherweise zusätzliches Werkzeug bzw. Arbeitsmaterial benötigt wird

(Texte über das Lernen, Bilder zum oder vom Lernen, einen »medizinischen Kopf« oder ein Gehirn als Modelle, diversen Lernstoff zum Testen, einen »leibhaftigen« Lernpsychologen, einige Testpersonen usw.).
Siehe dazu allerdings auch Schritt 5.

4) **Zeit vereinbaren: Arbeitszeiten festlegen.** Vereinbaren Sie eine Zeit für die Werkstattarbeit, also etwa dreimal vier Stunden oder zwei Tage – oder wie immer es der je spezifischen Gruppe möglich oder zumutbar ist. Plakatieren Sie den Zeit- und Arbeitsplan für alle sichtbar.

5) **Plan oder Vorgehen gemeinsam festlegen:** Mit der Werkstatt beginnen. Hier nur einige Hinweise zur Strukturierung.

- *Situation offen lassen.* Wichtig: Geben Sie (also zu Beginn der Werkstattarbeit) Ihren Schülern (noch) keine Bearbeitungs- oder Planungsschritte vor. Wenn die Werkstatt als Raum und mit den notwendigen Werkzeugen und Arbeitsmaterialien ausgestattet ist, wie sie zum Zeitpunkt der Themenfindung beschlossen und besorgt worden sind, dann setzen Sie sich – symbolisch gesprochen – auf den Werkstatttisch, schauen Ihre Werkstatt(mit)arbeiter liebevoll an und warten, welche Vorschläge zur Bearbeitung der Thematik gemacht werden. Als Erklärung könnten Sie sinngemäß anführen: *»Diese Thematik (Reparatur) ist auch für mich neu. Ich kann euch beim Umgang mit dem Werkzeug behilflich sein, ich kann das eine oder das andere Arbeitsmaterial erklären, aber wie wir – ›was‹ ›wann‹ ›wie‹ – machen müssen, weiß ich auch nicht so genau. Wir müssen es gemeinsam herausfinden!«*
- *Situation strukturieren lassen.* Die Werkstattarbeiter sollen nun ihre Ideen und Vorschläge einbringen, wie sie gemeinsam einen Plan erarbeiten, die einzelnen Bearbeitungsaufgaben selbst aufteilen, nötiges zusätzliches Werkzeug oder Material organisieren, selbst Bearbeitungszeiten festlegen wollen usw. Als Werkstattleiter sorgen Sie nur dafür, dass die Mitarbeiter dafür Sorge tragen, die einzelnen Ideen, Vorschläge oder Schritte schriftlich festzuhalten, damit sie nicht verloren gehen. Wie das geschieht, sollte den Mitarbeitern zunächst selbst überlassen bleiben. Ist man sich einig geworden, beginnt die Arbeit.
- *Situationen koordinieren lassen.* Als Werkstattleiter haben Sie ja den Gesamtüberblick; das ist Ihre Aufgabe. Es könnte daher an bestimmten Stellen oder zu bestimmten Zeiten sinnvoll sein, die Werkstattarbeiter über die unterschiedlichen Arbeiten der anderen zu informieren. Als Werkstattleiter sollten sie (zunächst) nur darauf hinweisen, dass dies notwendig ist, und um Vorschläge bitten, wie man den Fortgang der Arbeit für alle permanent »sichtbar« machen könnte.
- Die gestellte Aufgabe wird nun nach den Vorstellungen der Werkstattarbeiter bearbeitet und beendet.

6) **Ergebnis präsentieren: Ergebnis testen oder überprüfen.** Wie kann das Ergebnis präsentiert werden? Wie kann das Ergebnis besprochen werden? Welche Vorschläge haben die Schüler? Wie können Sie mit Ihren Schülern prüfen, ob die Werkstattarbeit erfolgreich war? Probieren Sie an einem Fall aus!

7) **Rekonstruktion der Werkstatt: Übergreifende Erkenntnisse sichern.** Nach Beendigung der Werkstattarbeit setzen Sie sich mit den Werkstattarbeitern zusammen und gehen den gesamten Werkstattarbeitsprozess durch: Was war gut? Was war nicht gut? Was könnte verbessert werden? Was müsste immer, also unabhängig vom Thema, beachtet werden? In der pädagogischen Fachsprache nennt man eine solche Abschlussbetrachtung *Reflexionsphase*.

Beenden wir damit unser gedankliches Experiment. Sie sollten sich, das war mein Vorschlag, diesen Versuch gedanklich vorstellen oder ihn gedanklich durchspielen. Als Autor ist es mir schwer gefallen, Ihnen einerseits nicht zu viele Hinweise zu geben (Experimentieraspekt), andererseits Ihnen dennoch einige Hilfsideen zur Durchführung anzubieten (Anleitungsaspekt).

Die Grundidee wird aber wohl deutlich: Beginnt man mit der Werkstattarbeit *praktisch*, also ohne viele Erklärungen und ohne eine (im Prinzip geforderte) straffe werkstattadäquate Führung, dann sollten die Schüler möglichst selbst viel erarbeiten, erkunden, versuchen, erkennen und schlussfolgern, was letztlich für das Verstehen der Methode sprechen könnte. Dabei wird man – ziel- und ergebnisorientiert gedacht – möglicherweise mehr Zeit aufwenden müssen. Aber diese angeblich verlorene Zeit zahlt sich bei den nächsten Werkstattarbeiten in zweierlei Hinsicht aus: Zum einen wird die Notwendigkeit einer strukturierten Planung und einer angemessenen Arbeitsdisziplin besser verstanden (siehe weiter unten), zum anderen werden die Teil- und Endergebnisse von allen gegenseitig positiv gewürdigt.

Nun frage ich Sie: Wie würden Ihre Schüler, Ihre Studenten oder Ihre Erwachsenen in der Lerngruppe auf einen solchen Arbeitsvorschlag reagieren? Worauf hoffen Sie oder was befürchten Sie? Hätten Sie selbst den Mut dazu, diesen Vorschlag einzubringen? Wenn nicht, was hindert Sie daran? Welches sind Ihre Bedenken oder Ängste?

Wie immer Ihre Antworten auf diese Fragen ausfallen, sie sind ein Hinweis auf Ihre »psychische Befindlichkeit« hinsichtlich des Einbringens von Methoden. Diese Aussage wird viele Lehrkräfte erstaunen. Was hat die psychische Befindlichkeit mit den Methoden zu tun? Nun, auf den ersten Blick nichts oder nur sehr wenig. Schaut oder hört man jedoch genauer in sich hinein, dann steigen Bilder von Unterrichtssituationen auf, die entweder mehr positiv oder mehr negativ besetzt sind. Und diese eher indifferenten oder diffusen Gefühle lassen mich bei der Auswahl von Methoden Vor-Entscheidungen treffen: Diese eher ja, jene eher nicht! Der Zugang zu neuen Methoden ist also von (durchlebten) Emotionen begleitet. Das macht es für viele so schwer, sich neuen Methoden zu öffnen. Allein die emotionale Einstellung, die zusätzlich durch die tägliche Praxis noch rational erhärtet zu sein scheint, Erwachsene würden anders lernen als Kinder, sortiert bereits bestimmte Methoden für die jeweils andere Zielgruppe aus. Lernpsychologisch ist diese Annahme nicht zu beweisen, denn zwischen den Lernprozessen von Erwachsenen und Kindern gibt es keine prinzipiellen, sondern nur graduelle Unterschiede.

Diese wenigen Anmerkungen an dieser Stelle versuchen zu erklären, weshalb die Werkstattarbeit eine Methode ist, die überwiegend – und mit Erfolg – in der Erwachsenenbildung und weniger in der Schule vorzufinden ist bzw. praktiziert wird.

Als Autor wünschte ich mir, Sie würden an dieser Stelle das Lesen unterbrechen und diesen thematischen Werkstattversuch in Ihrer Lerngruppe starten – und erst dann weiterlesen. Wie immer Ihre Werkstattarbeit verläuft und was immer dabei herauskommt, Sie werden die psychologischen und methodischen Erklärungen und Hinweise, die weiter unten ausgeführt werden, praxisbezogener, theoriebewusster, kritischer und methodenbewusster lesen. Sie werden vor allem – was ja nicht neu ist – sehen, dass jede Methode ihre Grundstruktur besitzt, aber sie stets mit ihren Varianten dem Gesamtsetting anzupassen ist (Ziele, Schüler, Lehrkräfte, äußere Bedingungen).

Zur Einordnung und Begrifflichkeit

Kehren wir zur abstrakt nüchternen Betrachtung der Werkstattarbeit zurück. Die Werkstattarbeit ist im Rahmen unterrichtlicher Didaktik eine relativ neue und noch wenig bekannte, für traditionell geschulte Lehrkräfte mithin auch eine ungewöhnliche Form der unterrichtlichen Gestaltung. Dies deshalb, weil sie zwar zum einen Elemente bereits bewährter unterrichtlicher Methoden aufgreift und miteinander verbindet, sich aber im Wesentlichen als eine inzwischen eigenständige Methode mit unverwechselbaren Elementen entwickelt und im außerschulischen Arbeits- und Lernbereich etabliert hat. Relativ neu und deshalb unbekannt ist sie für Lehrkräfte, weil sie in ihrer »Reinkultur« und mit ihren Grundprinzipien als eigenständige Methode noch wenig Eingang in den schulischen Alltag gefunden hat. Der geringe Bekanntheitsgrad wiederum erklärt sich vermutlich auch damit, dass die Arbeit mit der »Werkstatt-Methode« von der Lehrkraft ein sehr diszipliniertes und methodisch strenges Vorgehen verlangt, was – in der Regel – erst erlernt und trainiert werden muss. Bisher gibt es aber nur wenige Lehrkräfte, die sich einer solchen Schulung unterzogen haben.

Der didaktische Terminus »Werkstattarbeit« mag in diesem Zusammenhang noch zusätzlich für Verwirrung bzw. Irritation sorgen, weil er Assoziationen auslöst, die wahrscheinlich für den schulischen Zusammenhang nicht zutreffend bzw. schwer nachvollziehbar sind. Denn: Sowohl im außerschulischen als auch im schulischen Kontext spricht man weniger von »Werkstatt« als von »Pädagogischer Werkstattarbeit«. Das ist nicht nur eine beliebige Wortspielerei, sondern der Terminus erklärt sich zum einen mit der intendierten Arbeitsweise selbst (Werkstatt, also: dem Hinweis auf eine Art werkstattorientierter Arbeit) und zum anderen mit dem Bemühen, Ab- und

Eingrenzungen für bestimmte Lern- bzw. Arbeitsbereiche zu verdeutlichen, die – historisch gesehen – ursprünglich jeweils unterschiedliche Adressatengruppen ansprachen (pädagogisch, also: eine bestimmte Adressatengruppe).

Versucht man in gebotener Kürze im Sinne eines Handwörterbuchartikels die »Pädagogische Werkstattarbeit«, ohne dabei den Bezug zur Schule herzustellen, mit Blick auf ihre Herkunft und ihre Grundprinzipien grob zu skizzieren, dann würde man Folgendes lesen:

Werkstattarbeit, pädagogische
Die Pädagogische Werkstatt (PW) hat sich mittlerweile in der Erwachsenenbildung als Gegenentwurf zum referentenorientierten Lehren, Lernen und Arbeiten als eine alternative didaktische Stil- und Arbeitsform etabliert. Ihre didaktischen Vorläufer sind die *Zukunftswerkstatt* aus dem gesellschaftspolitischen und die *Lernstatt* aus dem wirtschaftlich-industriellen Arbeitsbereich. Die PW ist eine an pädagogisch-psychologischen Methoden orientierte Lern- und Arbeitsform, in der über die aktive Beteiligung aller Teilnehmer an der Erarbeitung eines Themenbereiches die Ergebnisse unmittelbar in konkretes gesellschaftliches oder pädagogisches Handeln umgesetzt werden. Sie ist an keine Thematik gebunden.
Man unterscheidet die *strategieorientierte* und die *erfahrungsorientierte* PW. Strategieorientiert bedeutet das Erlernen spezifischer Methoden, Verfahren, Abfolgen oder Arbeitsschritte, um Probleme in disziplinierter Weise konstruktiv zu bearbeiten; erfahrungsorientiert bedeutet spezifische (meist: neue) Lern- oder Arbeitssituationen selbst zu durchleben, um auf sie besser reagieren zu können.

Beide unterliegen vier Grundprinzipien:

1) *Partizipationsprinzip*: Alle Teilnehmer haben zu jeder Zeit die Möglichkeit, Einfluss auf den Verlauf und das Ergebnis zu nehmen;
2) *Strukturierungsprinzip*: Der Arbeits- und Lernprozess unterliegt einer bestimmten methodisch-didaktischen Abfolge unter Berücksichtigung lernpsychologischer Kriterien;
3) *Ganzheitsprinzip*: Berücksichtigung möglichst aller Lerntypen; aktives Einbeziehen sowohl des Individuums als auch der Gesamtgruppe, um das kreative Potenzial optimal zu nutzen;
4) *Balanceprinzip* zwischen Prozess und Ergebnis: »Ergebnis« meint nicht nur das nach außen sichtbare oder vorzeigbare Resultat, sondern auch den durch den Arbeits- und Lernprozess gewonnenen (Erkenntnis-)Gewinn sowohl für den Einzelnen als auch für die Gruppe (Team, Kollegium usw.).

Idealtypisch durchläuft eine strategieorientierte PW acht Arbeitsphasen:

1) Themenfindung: Aufgabe, Ziel genau bestimmen;
2) Kritikphase: alle Kritikpunkte zum Thema/Problem zusammentragen;

3) Kreativitätsübungsphase: divergentes, ungewohntes Denken/Sehen/Handeln probieren und üben;
4) Kreativitätsphase: Ausschöpfen des kreativen Potenzials mittels spezifischer Kreativmethoden;
5) Verwirklichungsphase: konkrete Strategien zur Umsetzung gefundener Lösungen für die Realsituation entwickeln;
6) Strategietrainingsphase: Erprobung oder Simulation konkreter Strategien in der Gruppe, um (Ver-)Änderungen vorzunehmen;
7) Umsetzungsphase: Innerhalb eines begrenzten Zeitraumes Erprobung der vereinbarten Strategien und übernommenen Aufgaben in der Realsituation (Praxis);
8) Revisionsphase: Erfahrungsaustausch und kritische Überprüfung der bisherigen Aktivitäten und Evaluation. Bei der erfahrungsorientierten PW erhalten die einzelnen Phasen eine andere themenbedingte Akzentuierung.

Im gesellschaftlich-politischen und im wirtschaftlich-industriellen Bereich hat sich die Arbeitsweise der PW als Problemlösungsverfahren sehr bewährt; neuerdings findet sie auch Eingang in die allgemeine Schuldidaktik. Wichtigste Voraussetzung für die Durchführung sind methodisch-didaktisch und lernpsychologisch gut ausgebildete Werkstattmoderatoren.

Lernpsychologische und didaktische Überlegungen

Die Pädagogische Werkstatt ist eine relativ junge Methode. Wohl am bekanntesten ist die Methode der Zukunftswerkstatt, die sich im Lern- und Arbeitsbereich der Erwachsenenbildung bereits einen festen Platz erobert hat. Im Arrangement schulischer Didaktik dagegen ist sowohl die Zukunftswerkstatt als auch die Pädagogische Werkstattarbeit bisher so gut wie noch gar nicht anzutreffen. Zum einen fehlt es, wie bereits angedeutet, an bereits genügend ausgebildeten Lehrkräften, zum anderen scheinen sich die Lehrinhalte bzw. Lerngegenstände aus der Sicht der Lehrkräfte nicht für diese Methode zu eignen. Zumindest fehlt es noch an genügend Vorstellungskraft, auch obligate Lehr- und Lerninhalte des Schulcurriculums mit dieser Methode zu erreichen. Das ergebnisorientierte Lernen mit seiner vermeintlich besseren Übersicht und Kontrolle des Lernprozesses und der Lernergebnisse verspricht dem prozessorientierten Lernen gegenüber mehr Erfolg. Kurzfristig betrachtet (also: kurzsichtig gesehen) scheint es tatsächlich so zu sein, denn schnell und unmittelbar angeeignete Lernergebnisse lassen sich auch schnell vorzeigen, abrufen und präsentieren, und sie beruhigen das pädagogische Gewissen der Lehrkräfte ungemein; mittelfristig und langfristig betrachtet zeigt sich jedoch, dass die über einen Prozess angeeigneten bzw. erworbenen Kenntnisse dauerhaften Bestand haben. Sie sind zwar nicht immer sofort wie auf Knopfdruck abrufbar, aber sie sind, assoziativ verbunden, für weitere Lernprozesse vorhanden. Damit wird nicht gegen das ergebnisorientierte Lernen per se gesprochen, wohl aber gegen dessen Übergewicht und Überschätzung.

Betrachtet ein Außenstehender die Lehrer und Schüler bei der Pädagogischen Werkstattarbeit, ohne deren didaktisch-methodische und lernpsychologische Implikationen zu kennen oder zu erkennen, dann wird er im ersten Augenblick sagen: Wozu so viel Aufwand für so wenig Ergebnis! Diese vordergründige und oberflächliche Außenwirkung und Beurteilung macht es übrigens Lehrkräften, die mit Methoden der Pädagogischen Werkstatt arbeiten, so schwer, ihr methodisches Konzept durchzuhalten und anderen gegenüber zu rechtfertigen.

Ich sagte soeben »*Lehrkräfte, die mit den Methoden der Pädagogischen Werkstatt arbeiten*«, und wies damit schon auf Varianten hin. Es ist nicht notwendig und manchmal von der Sache auch nicht geboten, die Pädagogische Werkstattarbeit in ihrer originären methodischen Abfolge durchzuführen. So wie jede andere Methode hat sie ihre Varianten, die ziel-, personen- und situationsadäquat eingesetzt werden können. Ebenso können bestimmte Elemente der Werkstattarbeit herausgelöst und in ein anderes methodisches Setting eingebracht werden. Die »Brainwriting-Methode« oder die »Punkt-Methode« sind beispielsweise auch im Frontalunterricht gut einsetzbar, nur erleichtert es den Schülern, diese Methoden auch punktuell anzuwenden, wenn sie diese in einem anderen lernpädagogischen oder methodischen Setting kennen gelernt haben.

Die Phasen und ihre Handhabung

Die oben aufgeführten Phasen der Werkstattarbeit machen zunächst einen eher rigiden Eindruck. In der Tat ist es so, dass bei einer klassischen Werkstatt – vor allem bei ihrer Einführung – großer Wert darauf gelegt wird, sehr strukturiert, diszipliniert und schrittweise vorzugehen. Das ist auch eines ihrer wesentlichen Merkmale. Es verlangt sowohl von der Lehrkraft als auch von den Schülern viel Disziplin, sich an die Vorgaben zu halten. Das disziplinierte Einhalten der Regeln erweist sich letztlich – sowohl ergebnis- als auch prozessorientiert – als sehr ökonomisch und effektiv. Ergebnisorientiert deshalb, weil die Ergebnisse von allen gemeinsam erarbeitet werden und in der Regel sichtbar und überprüfbar sind – und in der Regel visualisiert werden. Prozessorientiert deshalb, weil der Arbeits- bzw. Lernprozess für alle Lerner überschaubar, übersichtlich und transparent bleibt. Vor allem die vielen und unterschiedlichen non-verbalen methodischen Einzelschritte (z.B. das Aufschreiben von Ideen auf Kärtchen, die anonym bleiben) erlauben es jedem Lerner, am Lern- und Arbeitsprozess teilzuhaben, ohne – aus der subjektiven Sicht des Lerners – befürchten zu müssen, unberechtigt kritisiert zu werden. Am Ende der Werkstattarbeit kann der gesamte Arbeits- und Lernprozess gemeinsam besprochen werden: Was war gut? Was war nicht so gut? Was müssen wir besser machen? Was müssen wir noch üben? Die kritische Reflexion wird dadurch erleichtert, da sich der gesamte Arbeits- bzw. Lernprozess an den einzelnen Phasen nachträglich festmachen lassen kann.

Einige Hinweise zu den einzelnen Phasen.

- *Themenfindung.* Themen zu finden dürfte nicht schwierig sein. Natürlich erleichtert es, wenn man die Arbeit mit der Werkstattmethode mit zunächst überschaubaren und mit leicht abgrenzenden Themen beginnt. Wichtig, sehr wichtig, ist die präzise Formulierung des Themas, die Formulierung der Aufgabe oder des Ziels. Im Laufe der Werkstattarbeit kann es vorkommen, dass sich das Thema, die Aufgabe oder die Zielsetzung verändert, aber da diese Veränderung das Ergebnis des Prozesses ist, wird die Veränderung von allen verstanden und mitgetragen.
- *Kritikphase.* Kritisieren kann eigentlich jeder. Aber themenbezogen, sehr konkret und punktgenau zu kritisieren will gelernt werden. Vor allem darf beim Kritisieren nicht diskutiert werden, es darf keine Kritik abgewehrt oder abgewertet werden. Jeder einzelne Kritikpunkt wird aufgenommen und unbewertet festgehalten. Das setzt Vertrauen und Sicherheit voraus. Deshalb sind Methoden, die den einzelnen Teilnehmer schützen, besonders zu bevorzugen (etwa: Kartenabfrage, anonyme Verschriftlichung u.a.m.).
- *Kreativitätsübungsphase.* Kreativität darf nicht mit Fantasie verwechselt werden, was leider häufig geschieht. Zwischen Kreativität und Fantasie gibt es erhebliche Unterschiede, auf die hier nicht eingegangen werden soll (Kreativität zielt immer auf das Lösen schwieriger Probleme ab, deshalb ist divergentes und laterales Denken in disziplinierter Weise verlangt; Fantasie ist das Zusammensetzen schon vorhandener Gedanken, Ideen oder Bilder zu einem unbestimmt Neuen). Während Kinder sich im Produzieren von Fantasien gegenüber den Erwachsenen leichter tun, weil sie noch unbefangener ihre Assoziationen spielen lassen und diese auch artikulieren, muss die Fähigkeit zur Kreativität von Kindern und Erwachsenen regelrecht erlernt und geübt werden. Und weil es so schwer ist und viel kognitive Disziplin verlangt, für schwierige Probleme zieladäquate Lösungen zu finden, ist es mitunter sinnvoll, eine Kreativitätsübungsphase einzubauen (Kurzbeispiel: Gehen Sie mit einer Erwachsenengruppe auf eine kleine überschaubare Wiese. Auf dieser Wiese sollen, so lautet die Aufgabe, in drei Jahren 45 000 Menschen mit allen nötigen Versorgungs- und Vergnügungseinrichtungen leben. Konstruieren Sie diese Lebensstätte, ohne dabei die Wiese zu zerstören).
- *Kreativitätsphase.* Für die Zielsetzung oder für die Problemlösung werden möglichst verrückte, abstruse, auch zunächst unlogisch erscheinende Ideen produziert. Die eingebrachten Ideen werden von den Teilnehmern nicht diskutiert, nicht bewertet, nicht kommentiert – sondern lediglich gesammelt. Das Verfahren zum Sammeln der Ideen kann in sehr unterschiedlichen Formen geschehen (brainstorming, brainwriting u.a.m.). Am Ende dieser Phase werden die Ideen entsprechend der Zielsetzung geordnet, überprüft und gewertet (Realisierbarkeit, Zumutbarkeit usw.).
- *Verwirklichungsphase.* Der Begriff »Verwirklichung« irritiert an dieser Stelle. Es geht noch nicht darum, die erarbeiteten Ideen in der realen Praxis umzusetzen, sondern zunächst darum, die Ideen und Vorschläge auf die Verwirklichung der

Ziele hin zu überprüfen. Es ist ein Durchdenken und Prüfen auf Möglichkeiten und Unmöglichkeiten.

- *Strategietrainingsphase.* In einem Szenario werden – soweit dies möglich ist – die festgelegten Ideen und Vorschläge so konkret wie möglich durchgespielt, um auf diese Weise mögliche Schwierigkeiten zu erkennen und um mögliche Hindernisse antizipierend bearbeiten zu können. Die Realität wird also in das Szenario geholt.
- *Umsetzungsphase.* In der Umsetzungsphase geht es nun wirklich darum, die erarbeiteten Strategien in der realen Situation umzusetzen. Dabei sollten konkrete Festlegungen vorgenommen werden: Wer macht was in welcher Zeit.
- *Revisionsphase.* Natürlich wird am Ende Bilanz gezogen. Wichtig ist dabei nicht nur die Würdigung des konkreten Ergebnisses, sondern die kritische Reflexion des gesamten Prozesses.

Aus den wenigen Hinweisen lässt sich bereits die mehrfach angemahnte Betonung erschließen, dass eine Werkstattarbeit sehr strukturiert und diszipliniert durchgeführt werden muss. Vom Leiter wird daher eine straffe Moderation verlangt. Sind die Teilnehmer aber mit der Methode der Werkstattarbeit vertraut, erleichtert die Eigendisziplin und Eigenverantwortung die Moderation; die Methode ist dann sehr effektiv und ökonomisch. Eigenverantwortung und Eigendisziplin erlauben es dann auch, die einzelnen Phasen unterschiedlich zu handhaben oder die eine oder die andere Phase auszulassen.

Werkstattarbeit in der Schule

Ich sagte bereits, dass sich die Werkstattarbeit bzw. die werkstattorientierte Methode in den Schulen noch wenig verbreitet hat. Mögliche Gründe wurden bereits genannt. In Neuss hat sich ein Kreis von Lehrerinnen und Lehrern gebildet, vorwiegend aus dem Primarstufenbereich, der seit einigen Jahren mit gutem Erfolg die Werkstattmethode erprobt und anwendet (vgl. Cwik u. a. 1997). Geht man in solche Klassen, erlebt man einen – auf den ersten Blick so erscheinenden – chaotischen Eindruck. Aber es genügen nur wenige Minuten, um zu erkennen, dass die Schüler sehr diszipliniert, in Gruppen aufgeteilt, an ihren selbst erstellten Aufgaben planmäßig arbeiten. Viele Aktivitäten im Werkstattunterricht ähneln denen im differenzierenden Unterricht (offenen Unterrichtsformen). Man könnte auf den ersten Blick meinen, es findet offener Unterricht statt. Nun ist die Werkstattmethode im Vergleich herkömmlicher Unterrichtsmethoden in der Tat eine Art offener Unterricht, weil von zunächst offenen Situationen ausgegangen wird. Werkstattorientierter Unterricht ist aber in seiner Grundidee, in seiner pädagogisch-psychologischen Anlage, in der Planung, Durchführung und Auswertung anders als differenzierender Unterricht. Verfolgt man eine Werkstattarbeit von Beginn an bis zu ihrem Abschluss, wird man die Unterschiede erkennen.

Literatur

Cwik, G./Egner, F./Risters, W.: Lernwerkstätten – Modell für die Schule der Zukunft. In: SchulVerwaltung NRW, Nr. 10/1997.

Huschke-Rhein, R.: Systemische Erziehungswissenschaft. Weinheim 1998.

Jungk, R./Müllert, N.R.: Zukunftswerkstätten. Hamburg [2]1985.

Pallasch, W./Reimers, H.: Pädagogische Werkstattarbeit. Eine pädagogisch-didaktische Konzeption zur Belebung der traditionellen Lernkultur. Weinheim/München [2]1997.

Karl Frey

Die Projektmethode

Was ist ein Unterrichtsprojekt?

Schüler/innen und Lehrer/innen nehmen sich eine Idee, ein Problem oder ein anvi-
siertes Produkt vor. Sie identifizieren die anstehenden Probleme, entwickeln einen
Bearbeitungsplan und führen ihn unter Beachtung von selbst gesetzten Regeln aus.
Ein vollständiges Projekt umfasst sieben Komponenten.

Die sieben Komponenten der Projektmethode

Komponente 1: Projektinitiative

In der Projektinitiative äußern Lehrer oder Schüler eine Idee, eine Anregung, eine
Aufgabe, ein Problem, ein bemerkenswertes Erlebnis oder einen Betätigungswunsch.
Vielleicht wirft auch eine außenstehende Person eine Frage oder ein Problem auf. Für
die Projektmethode ist entscheidend, dass die Initiative eine offene Ausgangsposition
darstellt. Es geht um mehr als nur um die Anwendung von vorhandenen
Wissensstücken oder von Lösungsalgorithmen. Die Schüler sollen ein Gebiet selber
strukturieren lernen. Sie sollen nach Bearbeitungswegen suchen, die Informationsbeschaffung selber organisieren.

Komponente 2: Auseinandersetzung mit der Projektinitiative
(Ergebnis Projektskizze)

Die erste Komponente bestand in der Sammlung von Vorschlägen. Jetzt gilt es zu
klären, was sinnvoll und machbar ist. Die Schüler wählen (zusammen mit dem
Lehrer) aus den Projektinitiativen eine aus. Sie präzisieren sie mit einigen Stichworten. Sie grenzen sie ein, formulieren sie genauer oder setzen Schwerpunkte. Ergebnis
ist die Projektskizze (noch nicht der Projektplan, der die einzelnen Arbeitsschritte
enthält). Die Projektskizze wird an der Wandtafel oder von einem Protokollanten
festgehalten. Im voll ausgebauten Projekt besteht die Komponente 2 »Auseinandersetzung mit der Projektinitiative« aus mehreren Elementen. Sie sind anspruchsvoller,
als dass man sie in einem solchen Kurzbeitrag beschreiben könnte. Ich erlaube mir,
Sie auf das Lehrbuch hinzuweisen (Frey 1998).

Komponente 3: Entwicklung des Betätigungsgebietes (Ergebnis Projektplan)

Hier wird der erste Arbeitsplan erstellt. Zu diesem Zweck muss das Problem genauer definiert werden. Die geeigneten Verfahren sind ausfindig zu machen. Lösungsstrategien sind zu entwerfen. Wenn die Klasse die Projektskizze fixiert hat, stürmt sie also nicht einfach los und probiert, durch Versuch und Irrtum die Aufgabe zu lösen. Vielmehr wird ein Plan erstellt: der Projektplan. Entscheidend in dieser Komponente ist, wie der Projektplan zustande kommt. Die Teilnehmer müssen ihre Betätigungswünsche äußern können. Sie müssen sich Klarheit darüber verschaffen können, warum etwas getan werden soll. Es ist auch darauf zu achten, welche Gruppenmitglieder für bestimmte Tätigkeiten vorgesehen werden. Es müssen nicht immer alle alles tun, die Arbeiten können auch verteilt werden. Aber es sollte so sein, dass die einzelnen Tätigkeiten für die Betreffenden sinnvoll sind. Das Ziel ist verfehlt, wenn der ohnedies bekannte gute Sprecher die Texte vortragen darf und der handwerklich Geschickte den Kasten zusammenbaut, der gehemmte Schwache aber nur zum Teekochen angestellt wird. Dasselbe gilt für Schüler, die gerne experimentell oder mathematisch arbeiten. Mehrere Schritte führen zur Projektplanung (vgl. Frey 1998).

*Komponente 4: Verstärkte Aktivitäten im Betätigungsgebiet
(oder: Ausführung des Projektplanes)*

Die Komponente 4 der Projektmethode kann zwei Ausprägungen haben: Entweder führen die Beteiligten die geplante Aktivität aus. Sie realisieren den Plan. Oder: Die Lernenden verstärken ihre Aktivitäten, die sie bereits vorher mit Vorübungen, Probestücken, Simulationen und anderen Anlauftätigkeiten begonnen haben. Diese zweite Art entspricht all jenen Gebieten, bei denen Fertigkeiten, Know-how, Techniken, Verfahren, künstlerische Leistungen im Spiel sind.

Komponente 5: Abschluss des Projektes

Häufig endet ein Projekt mit einem Produkt, z.B. einem funktionsfähigen Sonnenkollektor oder dem Steuerungsschema für ein Aufzugssystem. Ein solches Produkt markiert bewusst den Abschluss. Das Produkt wird im Projektplan in Aussicht genommen. Wenn es hergestellt ist, endet das Projekt. Ein solcher, bewusst gewählter Abschluss ist die erste Variante, ein Projekt zu beenden. Daneben kennt die Projektmethode zwei andere Varianten. Nach der zweiten greifen die Teilnehmer die Projektinitiative wieder auf. Sie vergleichen den Endstand mit den Anfängen. Der Projektablauf wird noch einmal durchgesprochen. Oft werden daraus Lehren für die Zukunft gezogen. Nach der dritten Variante läuft das Projekt aus. Es mündet in den Alltag. Produkte, Verfahren, neue Erkenntnisse gehen direkt in den Alltag über.

Komponente 6: Fixpunkte

Diese Komponente hat ihre Bedeutung vor allem in länger dauernden Projekten (in Mittelprojekten von zwei bis drei Tagen und in noch länger dauernden Großprojekten). Der Fixpunkt ist das Mittel gegen blinde Betriebsamkeit, Orientierungslosigkeit und fehlende Abstimmung zwischen einzelnen Gruppen. Der Fixpunkt dient als organisatorische Schaltstelle. Er wird bei Bedarf eingeschoben. Da die Projektmethode auf der einen Seite informelle, sich allmählich entwickelnde Aktivitäten anregt, muss sie auf der anderen Seite Hilfen zur Stabilisierung vorsehen. Der Fixpunkt hat eine solche Funktion. Neun Fragen lassen Sie oder Ihre Schüler/innen zu guten Fixpunkten gelangen (Frey 1998).

Komponente 7: Zwischengespräch/Metainteraktion

In der Metainteraktion sprechen die Teilnehmer/innen über das Normalgeschehen im Projekt. Sie unterhalten sich über das, was im Projekt geschieht. Leider verfügt die deutsche Sprache über keinen entsprechenden Ausdruck, deshalb auch das Fremdwort. Während der Fixpunkt der Organisation gilt, bezieht sich die Metainteraktion auf die pädagogische Sinngebung.

Die Komponente Metainteraktion hat eine zentrale Rolle im Projekt. Sie trägt dazu bei, dass das Tun bildendes Tun wird.

- Die Projektmitglieder besinnen sich auf ihren früheren Verständigungsrahmen aus der Komponente 2. (Wurde er eingehalten? Was ist zu revidieren? Was hat die Verständigung gebracht?)
- Die Projektmitglieder vertiefen einen Strang der ablaufenden Aktivitäten. Sie gehen einen Strang noch einmal durch. Sie lassen ihn Revue passieren, sie sprechen eine Phase manuellen Tuns noch einmal durch oder arbeiten in Zeichnungen auf, was in der gesprochenen Kommunikation passierte. Was erfolgreich verlaufen ist, wird bewusst gemacht.
- Die Projektmitglieder schaffen Distanz zum Normal- oder Hauptgeschehen. (Sie wechseln das Ausdrucksmedium, den Raum, bestimmte Verhaltensnormen. Sie machen einen Szenenwechsel.)
- Die Projektmitglieder arbeiten ihre Beziehungsprobleme auf. Die Projektmethode kehrt die Probleme zwischen den Beteiligten nicht unter den Teppich; ganz im Gegenteil: Die Konflikte sollen ruhig zutage treten. Allerdings sind sie aufzuarbeiten.

Grundmuster der Projektmethode

(dargestellt anhand eines idealisierten Projektablaufes)

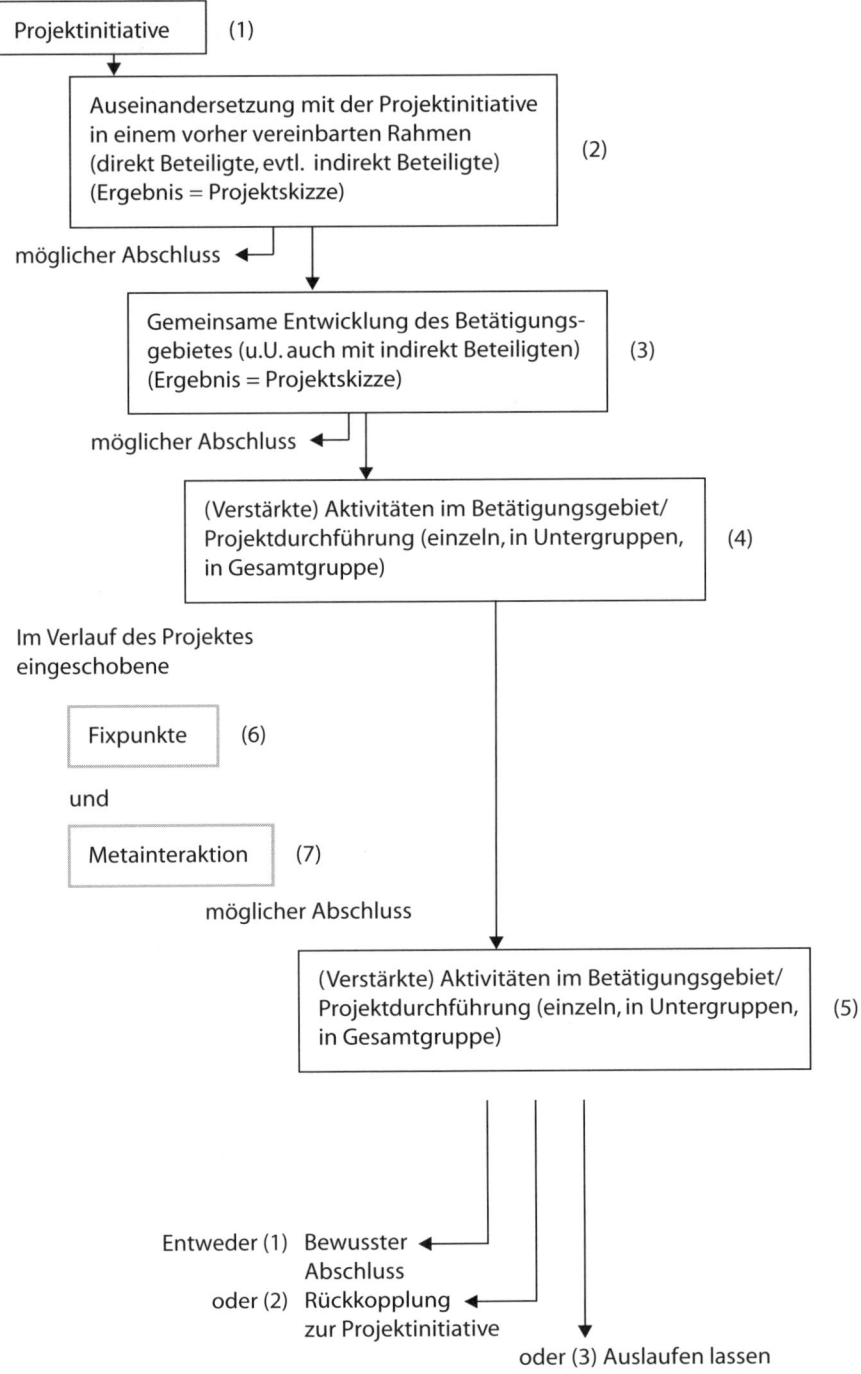

Projektinitiative (1)

Auseinandersetzung mit der Projektinitiative in einem vorher vereinbarten Rahmen (direkt Beteiligte, evtl. indirekt Beteiligte) (Ergebnis = Projektskizze) (2)

möglicher Abschluss

Gemeinsame Entwicklung des Betätigungsgebietes (u.U. auch mit indirekt Beteiligten) (Ergebnis = Projektskizze) (3)

möglicher Abschluss

(Verstärkte) Aktivitäten im Betätigungsgebiet/ Projektdurchführung (einzeln, in Untergruppen, in Gesamtgruppe) (4)

Im Verlauf des Projektes eingeschobene

Fixpunkte (6)

und

Metainteraktion (7)

möglicher Abschluss

(Verstärkte) Aktivitäten im Betätigungsgebiet/ Projektdurchführung (einzeln, in Untergruppen, in Gesamtgruppe) (5)

Entweder (1) Bewusster Abschluss

oder (2) Rückkopplung zur Projektinitiative

oder (3) Auslaufen lassen

Woher stammt die Projektmethode?

Sicher ist sie keine Erfindung einiger linker oder schulreformerischer Lehrer. Mit links oder rechts, fortschrittlich oder konservativ hat die Projektmethode gar nichts zu tun. Und aus der neuesten Zeit stammt sie auch nicht.

Sie gehört zu den alten Damen der Unterrichtsmethoden. Geboren wurde sie vor der Mitte des letzten Jahrhunderts, als die polytechnischen Hochschulen entstanden. Anstatt enzyklopädisch Einzelwissen anzuhäufen, wollte man das Planen und Realisieren von »projets« lehren: Brücken und Häuser bauen oder Geräte konstruieren. Vorbild für alle diese Schulen war die Ecole Polytechnique von Paris – und so auch für das »Poly« von Zürich, die Eidgenössische Technische Hochschule in Zürich, die 1856 gegründet wurde.

Die Projektmethode verbreitete sich zunächst in Berufsschulen. Sie wanderte dann um die Jahrhundertwende in die USA aus und wurde als amerikanische Neu-erfindung von Projektpädagogen um 1940 wieder in Deutschland eingeführt. Inzwischen ist sie auf allen Schul- und Bildungsstufen eingeführt. Leider erscheint sie oft zerzaust und in unkenntlichen Kleidern. Aber das ist das Schicksal aller substanziellen pädagogischen Erkenntnisse und Denkfiguren. Wenige Leute nehmen einmal Entwickeltes seriös und ernst. Viele Lehrer und Pädagogen kommen sich als kreativ vor und machen ohne Hinsicht auf die Geschichte das, was ihnen ad hoc gerade einfällt, und reden trotzdem von Projekt. Eine kurze Projektgeschichte hat Michael Knoll im Lehrbuch »Die Projektmethode« publiziert (Frey 1998).

Was leistet die Projektmethode?

Niemand hat mit empirischen Mitteln exakt nachgewiesen, was die Projektmethode leistet und was sie nicht leistet. Vergleichbare Elemente enthält unter anderem der so genannte Informelle Unterricht. Daraus können wir verschiedene Erkenntnisse ziehen.

Mögliche Wirkungen der Projektmethode

Wir haben wundervolle Hinweise auf die Produktivität der Projektmethode.

- Wer entdeckend lernt, behält das Gelernte länger und schafft leichter Transfer (Ray 1961, berichtet in Neber 1981). Die Projektmethode regt die Teilnehmer/innen an, selber Themen, Fragestellungen und Methoden herauszufinden. Damit dürfte sie eine ähnliche Wirkung wie Entdeckendes Lernen erzeugen.
- Abenteuer- und Überlebensprogramme im Freien haben eine eminente und völlig überraschende Wirkung gezeigt. Gemeint sind die drei- bis sechswö-

chigen Camps, in denen Jugendliche in Gruppen mit 6 bis 15 Mitgliedern, auf sich angewiesen, schwierige Aufgaben im Freien lösen müssen. Hattie u.a. (1997) haben 90 Evaluationen ausgewertet. Die Camps steigerten unter anderem Entscheidungsfähigkeit, Selbstvertrauen, Kooperationsfähigkeit, Self-Efficacy (sich in einem bestimmten Gebiet etwas zutrauen) und viele andere erwünschte Verhaltenseigenschaften.

An dieser Stelle dürfen wir nun einige Spekulationen über die Ursachen anstellen. Die Projektmethode entlässt die Projektmitarbeiter/innen in große Freiheit. Sie müssen sich in der Öffentlichkeit bewähren. Die soziale Herausforderung kommt hinzu. Gelingen und Misslingen bestimmen das Geschehen und prägen Erlebnisse. Damit dürften ganz ähnliche Erfahrungen wie bei den Outdoor-Camps entstehen. Freilich dürften nur größere Projekte derartige Effekte zeitigen.

- Überall, wo die Lehrperson zurücktritt, profitieren die schwächeren Schüler/innen. Das ist die Quintessenz der Evaluationsstudien über Unterricht, den wesentlich Computer und Multimedia tragen. Darunter fallen computergestütztes Lernen und Multimediaprogramme über Bildschirm im Kontext von Papier und anderen Lernmedien (z.B. Labor, Geräte). In derartigen Lernkontexten machen die Schwachen einen Freuden- und Vorwärtssprung (Kulik et al. 1983; Niemic/Walberg 1985; Bangert-Drowns et al. 1985). Sie lernen mehr als bei lehrgesteuertem Unterricht. Warum das so ist, wissen die Fachleute seit Beginn des Jahrhunderts. Lehrer/innen oder Professoren/Professorinnen bevorzugen in jeder Hinsicht die guten Schüler/innen, auch wenn sie sozial eingestellt sind (Horn 1914; Brophy/Good 1974). Die Projektmethode erlaubt den Lernenden weitgehende Selbstorganisation.
- Die Projektmethode unterstützt Erfolg, denn sie verlangt von den Teilnehmern/Teilnehmerinnen Zwischen- und Prozessziele. Ertmer/Newby/Mac Dougall (1996) haben qualitativ und quantitativ offen gestaltetes Fallstudienlernen untersucht. Sie fanden, dass jene Studierenden, die sich Prozessziele gesetzt hatten, Schwierigkeiten leichter überwanden.

Untersuchungen haben durchgeführt: Komleitner (1972), Bennett (1979), Rutter (1980), Wright (1975).

Grenzen der Projektmethode

Insgesamt scheint informeller, projektähnlicher Unterricht ungeeignet zu sein oder zu versagen,

- wenn durch Stoffvorgabe, Lernschrittanordnung (bzw. Algorithmen) oder vorab genau festgelegten Fertigkeitserwerb stark vorstrukturierte (und folglich intellektuell einfache) Lernprozesse ablaufen sollen;

- wenn diese unter Zeitdruck ablaufen müssen (sodass z.B. das Leistungsprofil der Schüler auf Grund der nötigen Geschwindigkeit im Lernen einer gaußschen Kurve gleichkommt oder gleichkommen soll; vgl. Ben-Peretz/Bromme 1990);
- wenn die Lernleistungen kurz nach Abschluss des Lernprozesses vorhanden sein sollen bzw. gemessen werden (und nicht längere Zeit später).

Fazit: Die Projektmethode ist kein optimales Lernverfahren für den raschen Erwerb vorgegebener Objekte (z.B. Formeln, Daten, Gerätemanipulation, Namen). Sie ist kein ökonomisches Verfahren, Feinziele zu erfüllen (»Schüler erklärt Unterschied von Gerundium und Gerundivum an einem vorgegebenen Satz«). Zum gleichen Ergebnis kommen Gage/Berliner (1996). Hier gilt dasselbe wie für »situated learning« (Anderson et al. 1996).

In der Projektmethode entwickeln die Teilnehmer/innen ihr Betätigungsgebiet. Bei eng gefassten Lernaufgaben mit unverrückbaren Lerngegenständen in reduzierter Zeit ist die Projektmethode fehl am Platz.

Beispiele und Erfahrungen

Im Lehrbuch »Die Projektmethode« (Frey 1998) haben wir Beispiele vom Kindergarten bis zur Universität und Seniorenbildung zusammengestellt. Ausführliche Beispiele finden Sie auch bei Mie/Frey (1989), Münzinger/Frey (1989), Jüdes/Frey (1997) Übrigens können Sie Schweingrubers Lehrbuch über Projektlernen bei der Erziehungsbehörde des Kantons Bern kaufen. Die Bibliografie steht in der Literatur.

Und zum Abschluss noch Folgendes: Ein erstes Projekt sollte nicht weniger als drei Stunden und nicht länger als zwei Tage dauern.

Wenn Sie nicht mit einem eigenen unbekannten Projekt anfangen wollen, nehmen Sie sich den Bericht über ein Projekt, das schon mehrmals gemacht worden ist. Entwickeln Sie für sich eine Variation. Für den mathematischen und naturwissenschaftlichen Unterricht empfehlen sich die Bände von Jüdes und Frey (1997), Mie und Frey (1989) sowie Münzinger und Frey (1989).

Literatur

Anderson, J.R./Reder, L.M./Simon, H.A.: Situated Learning and Education. Educational researcher 1996, 25, 4, S. 5–11.

Ausubel, D.P./Novak, J.D./Hanesian, H.: Psychologie des Unterrichts, Bd.1 und 2. Weinheim und Basel 1980.

Bangert-Drowns, R.L./Kulik, J.A./Kulik, C.C.: Effectivness of Computer-Based Education in Secondary Schools. Journal of Computer-Based Instruction 1985, 12, S. 59–68.

Ben-Perez, M./Bromme, R. (Eds.): The Nature of Time in Schools. New York 1990.

Bennett, N.: Unterrichtsstil und Schülerleistung. Stuttgart 1979.

Brophy, J.E./Good, T.L.: Teacher-Student-Relationships. New York 1974.

Ertmer, P.A./Newby, T.J./MacDougall, M.: Students Responses and Approaches to Case-Based Instruction. American Educational Research Journal 1996, 33, S. 719–752.

Fraser, B.J./Walberg, H.J./Welch, W.W./Hattie, J.A.: Syntheses of Educational Productivity Research. International Journal of Educational Research 1987, 11, S. 145–252.

Frey, K.: Die Projektmethode (unter Mitarbeit von U. Schäfer, M. Knoll, A. Frey-Eiling, U. Heimlich, K. Mie. Weinheim und Basel [8]1998.

Gage, N.L./Berliner, D.C.: Pädagogische Psychologie. Bd. 1: Grundlagen, Konzepte, Ergebnisse. Bd. 2: Lehrmethoden, Bewertung des Lernerfolgs. Weinheim und Basel 1996.

Hattie, J. et al.: Adventure Education and Outward Bound. Out-of-Class Experiences that Make a Lasting Difference. Review of Educational Research 1997, 67, S. 43–87.

Horn, E.: Distribution of Opportunity for Participation among the Avarious Pupils in Class-Room Recitations. New York 1914.

Jüdes, U./Frey, K. (Hrsg.): Biologie in Projekten. Köln [3]1997.

Knoll, M.: Die Projektmethode. Ihre Entstehung und Rezeption. Zum 75. Jahrestag des Aufsatzes von William H. Kilpatrick. Pädagogik und Schultag 1993, 48, S. 338–351.

Koerber, B.: Möglichkeiten und Probleme eines projektorientierten Informatikunterrichts in der Sekundarstufe I. Paderborn 1978.

Komleitner, R.: Die Methode des Gruppenunterrichts und ihre Auswirkung auf die Schülerleistung. Wien 1972.

Kulik, J.A./Bangert, R.K./Williams, W.G.: Effects of Computer-Based Teaching on Secondary School Students. Journal of Educational Psychology 1983, 75, S. 19–26.

Mie, K./Frey, K.: Physik in Projekten. Köln [5]1989.

Münzinger, W./Frey, K. (Hrsg.): Chemie in Projekten. Köln [5]1989.

Niemic, R.P./Walberg, H.J.: Computers and Achievement in the Elementary School. Journal of Educational Computing Research 1985, 1, S. 435–440.

Wang, M.C. et al.: Toward a Knowledge Base for School Learning. Review of Educational Research 1993, 63, S. 249–294.

Wright, R.J.: The Affective and Cognitive Consequences of an Open Education Elementary School. American Educational Research Journal 1975, 12, S. 449–568.

Felix Helmut Friedrich

Unterrichtsmethoden und Lernstrategien

Einige der in diesem Band behandelten Unterrichtsmethoden (Gruppenpuzzle, Wochenplan, Projektmethode, Stationenarbeit u.a.) zielen darauf ab, die Eigentätigkeit der Lernenden zu fördern. Allerdings setzen diese Unterrichtsmethoden auf Seiten der Lernenden zumeist schon eine beachtliche Lern- oder Methodenkompetenz voraus. Aus diesem Grund kann es wichtig sein, durch das Training von Lernstrategien die Voraussetzungen dafür zu schaffen, dass Schülerinnen und Schüler mit solchen Unterrichtsmethoden umgehen können (Klippert 1998).

Welche Lernstrategien sind wichtig?

- *Kognition/Informationsverarbeitung.* Ein zentraler Aspekt allen Lernens ist, dass neues Wissen aufgenommen, verarbeitet, gepeichert, wieder abgerufen und schließlich in verschiedenen Situationen angewendet wird. Dieses Lernen im engeren Sinne kann durch kognitive Strategien beeinflusst werden. Kern aller kognitiver Lernstrategien ist, sich aktiv mit der zu erlernenden Information auseinander zu setzen, denn dies fördert nach den Erkenntnissen der Gedächtnisforschung die dauerhafte Speicherung und flexible Nutzung von Wissen.
- *Motivation/Emotion.* Lernen ist auf emotional-motivationale Stützstrategien angewiesen, die dem Lernen Richtung und Energie geben und durch die Lernen aufrechterhalten wird (Deci/Ryan 1993; Kuhl 1987). Wesentliche Aspekte der Lernmotivation sind der Beeinflussung durch die Lernenden zugänglich. Wichtige Strategien sind in diesem Zusammenhang: sich selbst Ziele setzen zu können, angemessene Attribuierungen zu entwickeln, Lernbemühungen gegebenenfalls gegen konkurrierende Aktivitäten abzuschirmen, die eigenen Stimmungen beeinflussen zu können u.a.
- *Soziale Interaktion.* In der Schule wird in Anwesenheit oder gar in gezielter Kooperation mit anderen gelernt. Damit stellt sich die Frage, wie soziale Interaktion organisiert werden muss, damit sie sich lernfördernd auswirkt und die geistige Auseinandersetzung der Gruppe mit dem Lerngegenstand anregt. Auch dies kann eine Frage mehr oder minder effektiver Strategien sein. Nützliche kooperative Lernstrategien sind das Gruppenpuzzle (vgl. den Beitrag von Frey-Eiling in diesem Band) oder das paarweise reziproke Lernen (Dansereau 1988).
- *Umgang mit Ressourcen.* Vor allem in den verschiedenen Lernratgebern findet man viele Vorschläge zur Gestaltung von Lernarbeitsplätzen, von Stichwortkarteien, zur Anlage von Literaturverzeichnissen, zur Erschließung und Nutzung von

Bibliotheken, Datenbanken usw. Auch die Zeit ist eine Ressource, die für das selbstgesteuerte Lernen eine besondere Rolle spielt. Der effektive Umgang mit dieser Ressource soll die für die aktive geistige Auseinandersetzung mit den Lerninhalten erforderliche Lernzeit bereitstellen. Eine Lernressource, die in Schule, Studium und Beruf zunehmend an Bedeutung gewinnt, sind multimediale und netzbasierte Lernangebote (Issing/Klimsa 1995; Kerres 1998; Reinmann-Rothmeier/Mandl 1998).

Beim derzeitigen Stand der Forschung kann man allerdings nicht sagen, welche der hier skizzierten Faktorengruppen – Kognition/Informationsverarbeitung, Emotion/Motivation, soziale Interaktion, Umgang mit Ressourcen – wichtiger als die jeweils anderen sind, denn sie wirken zumeist auf recht komplexe Weise zusammen (Weinert 1997):

● Oft geschieht dies in *kompensatorischer* Weise. Beispielsweise können in einem gewissen Rahmen geringe kognitive Fähigkeiten oder Strategiedefizite durch eine ausgeprägte Motivation oder ein hohes Vorwissen kompensiert werden. Oder: Durch eine gut funktionierende Lerngruppe kann jemand »bei der Stange gehalten werden«, der ansonsten vielleicht Schwierigkeiten hätte, das ganze Lernpensum von sich aus zu bewältigen usw. Eine effektive Lerngruppe wirkt sich auch auf den kognitiven Aspekt des Lernens aus: Durch den Austausch mit anderen wird das eigene Wissen bestätigt, ergänzt oder grundlegend umstruktiert.
● Gelegentlich wirken diese Faktoren in *multiplikativer Weise* zusammen. Zum Beispiel gibt es Aufgaben, die sind so schwierig, dass das Fehlen bereits eines Faktors (Vorwissen, Motivation, Strategie) zum Scheitern führt.
● Auch wirken insbesondere motivationale Variablen häufig nicht direkt, sondern *indirekt* auf das Lernergebnis ein, z.B. indem sie sich auf die Wahl einer bestimmten Aufgabe (leicht, mittel, schwer), auf die investierte Anstrengung (hoch, gering) oder auf die gewählte Verarbeitungsstrategie (oberflächlich, tief) auswirken, die dann ihrerseits einen direkten Einfluss auf das Lernergebnis ausüben.
● Schließlich ist auch zu berücksichtigen, dass bei der Beeinflussung von Lernen unterschiedliche *Interventionspfade* wirksam sein können. Beispielsweise kann es sinnvoll sein, zunächst Aspekte der Lernmotivation, z.B. den Attribuierungsstil, zu verändern, weil man sich davon positive Auswirkungen auf die Anstrengung erhofft. Andererseits gibt es aber auch Belege dafür, dass es sich lohnt, zunächst die Informationsverarbeitungsstrategien zu ändern, weil dies u.U. zu Lernerfolg führt und sich daraus Änderungen in der Motivation ergeben (z.B. Dansereau 1985).

Aber – und dies ist insgesamt eine brauchbare Basis für die Vermittlung von Lernstrategien in der Schule – in allen genannten Bereichen, Kognition/Informationsverarbeitung, Emotion/Motivation, Umgang mit Ressourcen, soziale Interaktion, gibt es Lernstrategien, die beschreibbar sind, die an Lernende vermittelt werden können und mit deren Hilfe diese ihr eigenes Lernen günstig beeinflussen können.

Strategien für den Umgang mit Textinformation

Dieser Abschnitt konzentriert sich auf Strategien des Wissenserwerbs mit Texten, da der Umgang mit Texten für das schulische Lernen in verschiedenen Fächern nach wie vor eine große Rolle spielt. Man sieht dies auch daran, dass nahezu alle der in diesem Band beschriebenen Unterrichtsmethoden von den Lernenden den selbstständigen Umgang mit Textinformationen erfordern, z.B. in Texten wichtige Aussagen zu unterstreichen/herauszuschreiben, sich beim Zuhören/Lesen Notizen zu machen oder sich Fragen zu einem Text zu stellen usw. Dies setzt aber voraus, dass die Lernenden in der Lage sind, solche Aufgabenstellungen in angemessene geistige Aktivitäten umzusetzen, z.B.

- Kriterien aufzurufen, um wichtige von unwichtiger Information zu unterscheiden,
- Regeln aufzurufen, mit deren Hilfe man große Textmengen reduzieren kann,
- Frageformen und -schemata zu aktivieren, die für den jeweiligen Text bzw. das jeweilige Inhaltsgebiet sinnvoll sind, usw.

Sind Lernende hierzu nicht in der Lage, dann haben typische Aufgabenstellungen wie Unterstreichen, Zusammenfassen, Notizen machen usw. auch keine verstehens- und behaltensfördernde Wirkung (Brown/Smiley 1978).

Ohne hier eine umfassende und abschließende Definition von »Verstehen« geben zu können, lassen sich doch einige Strategien benennen, die sich in vielen Untersuchungen zum Wissenserwerb mit Texten als ausgesprochen verstehensfördernd erwiesen haben (vgl. z.B. Ballstaedt/Mandl/Schnotz/Tergan 1981; Friedrich 1995; Weinstein/Mayer 1986): Elaborationsstrategien, Reduktions- bzw. Organisationsstrategien und Kontrollstrategien.

- Elaborationsstrategien
  Ein Grundproblem allen Verstehens ist, neue Information mit bereits vorhandenen Wissensbeständen zu verknüpfen. Strategien, die diesen Prozess unterstützen, werden als Elaborationsstrategien bezeichnet. Elaborationsstrategien sind beispielsweise:
  - sich ein konkretes Beispiel zu einem abstrakt beschriebenen Sachverhalt ausdenken,
  - sich eine visuelle Vorstellung (»ein Bild«) eines Sachverhalt machen,
  - einen Sachverhalt in eigenen Worten notieren,
  - sich eine Analogie ausdenken oder einfach
  - neues Wissen in bereits vorhandenes Inhaltswissen einordnen u.a.

Geistige Aktivitäten dieser Art werden deshalb als Elaborationsstrategien bezeichnet, weil durch sie neues Wissen »ausgearbeitet« und »angereichert« wird, weil man etwas hinzufügt, was über den unmittelbar gegebenen Text hinausgeht.

Elaborationen können das Behalten fördern, weil durch sie neue Information mit bestehendem Wissen vernetzt wird und dann später beim Abruf bzw. der Rekonstruktion des Gelernten aus dem Langzeitgedächtnis mehrere Pfade zu der zu erinnernden Information führen (Reder 1985). Allerdings hat sich auch gezeigt, dass es nicht darauf ankommt, möglichst viele Elaborationen zu produzieren, sondern möglichst themenangemessene. Zu viele und abschweifende Elaborationen beeinträchtigen das Behalten (Ballstaedt/Mandl 1982).

● Reduktions-/Organisationsstrategien
Während Elaborationsstrategien dazu dienen, Assoziationen zwischen vorhandenem und neuem Wissen zu knüpfen, dienen reduktiv-organisierende Strategien dazu, Bezüge innerhalb des neu zu erwerbenden Wissens herzustellen, um dieses zu organisieren und zu reduzieren. Grundprinzip reduktiver Strategien ist, dass Detailinformation zu größeren Sinneinheiten (»Superzeichen«, »chunks«) zusammengefasst wird. Typische reduktiv-organisierende Strategien sind:
– einen längeren Text in wenigen Worten zusammenfassen,
– einen Sachverhalt in Form eines Maps visualisieren,
– einen Handlungsablauf/Prozess in Form eines Flussdiagramms darstellen usw.

Hare/Borchardt (1984) entwickelten ein Programm zum Training des Zusammenfassens von Texten. Einen Text zusammenzufassen erfordert, wichtige von unwichtigen Gedanken zu trennen, Beziehungen zwischen den wichtigen herzustellen und das Ganze wieder in die Form eines zusammenhängenden kurzen Textes zu bringen. Dieser Prozess wird durch bestimmte Reduktionsregeln unterstützt (vgl. Kasten).

Reduktionsregeln für das Zusammenfassen von Lehrtexten (nach Hare & Borchardt 1984)

Generalisieren: Wird in einem Text etwas aufgelistet (z.B. Ohren, Arme, Beine usw.), so können die Elemente der Liste durch einen generalisierenden Ausdruck (z.B. Körperteile) zusammengefasst werden.

Auswahl eines zusammenfassenden Satzes: Sofern in einem Text explizit ein zusammenfassender Satz vorkommt, diesen in die Zusammenfassung übernehmen.

Formulieren eines zusammenfassenden Satzes: Kommt in einem Text kein zusammenfassender Satz vor, so wird einer formuliert.

Tilgen unwichtiger Information: Redundante und überflüssige Informationen werden nicht in die Zusammenfassung übernommen.

Textabschnitte zusammenfassen: Die Abschnitte innerhalb eines Textes stehen oft in einer bestimmten Beziehung zueinander, sei es, dass ein Abschnitt eine Ausdifferenzierung eines vorhergehenden Abschnitts darstellt oder ein Beispiel für eine im vorigen Abschnitt getroffene allgemeine Aussage usw. Auch hier kann man eine Entscheidung treffen, weniger wichtige Abschnitte ganz wegzulassen und/oder die Information aus verschiedenen Abschnitten zusammenzufassen.

● Kontrollstrategien

Für wirkungsvolles Lernen ist zusätzlich wichtig, dass die oben skizzierten geistigen Tätigkeiten von den Lernenden situations- und aufgabenangemessen kontrolliert und gesteuert werden. Beispielsweise muss man beim selbstgesteuerten Lernen

– Entscheidungen treffen, welche Strategie für welche Aufgabe angemessen ist,
– sich ab und zu Fragen stellen, um zu überprüfen, ob man den Stoff verstanden hat, um dann seine Aufmerksamkeit auf die noch nicht verstandenen Teile des Stoffs zu fokussieren,
– gelegentlich längerfristige Pläne erstellen, beispielsweise wenn man eine Jahresarbeit anfertigt usw.

Strategien dieser Art haben viel mit Selbstreflexion, mit Denken über das eigene Lernen und Denken zu tun. Deshalb werden sie auch als metakognitive Strategien bezeichnet (Fischer/Mandl 1982; Brown 1984; Schneider 1989). Speziell das Stellen verständnisüberprüfender Fragen ist eine effektive metakognitive Strategie (Haller/Child/Walberg 1989).

Hare/Borchardt (1984) vermittelten den Schülerinnen und Schülern in ihrem Training zum Zusammenfassen von Texten nicht nur Reduktionsregeln, sondern auch Selbstkontrollregeln, die die Lernenden darin unterstützen sollten, die Ausführung der Reduktionsregeln selbst zu überwachen. Hierzu hatten sich die Kinder Fragen zu stellen bzw. Selbstinstruktionen zu erteilen (vgl. Kasten).

Einige Selbstkontrollregeln für das Zusammenfassen von Lehrtexten (nach Hare & Borchardt 1984)

Die »*Versichere dich, dass du den Text verstanden hast*«-Regel:
Welches ist das Thema des Textes? Was sagt der Autor zu diesem Thema?

Die »Schau zurück«-Regel: Lies den Text noch mal, damit du dir des Themas sicher bist! Kennzeichne die wichtigen Aussagen mit einem Sternchen!

Die »Check noch mal«-Regel: Enthält deine Zusammenfassung keine Aufzählungen mehr? Falls ja, ersetze sie durch generalisierende Formulierungen! Enthält sie noch Wiederholungen? Wenn ja, tilge sie. Enthält deine Zusammenfassung alle wichtigen Informationen?

Vermittlung von Lernstrategien in der Schule

Eine in den Schulunterricht integrierte Vermittlung von Lernstrategien hat – etwa gegenüber der Vermittlung dieser Strategien in isolierten Trainingsexperimenten oder in isolierten »Lernen des Lernens«-Kursen – zwei entscheidende Vorteile:

- Die Langfristigkeit schulischen Lernens (je nach Schulart 9 bis 13 Jahre) lässt das Verhältnis zwischen dem Aufwand für den Erwerb von Lernstrategien und ihrem Nutzen in einem günstigen Licht erscheinen, denn auch Lernstrategien müssen erlernt und geübt werden!
- In der allgemein bildenden Schule mit ihrem vielfältigen Fächerkanon besteht die Chance, Lernstrategien an verschiedenen Inhalten zu praktizieren und damit deren fächerübergreifenden Nutzen erlebbar zu machen.

Um allerdings dieses Potenzial von Schule langfristig und nachhaltig zu nutzen, bedarf es eines systematischen Ansatzes, der Fragen der folgenden Art aufwirft:

- Wie sollen Lernstrategien vermittelt werden?
- Wie soll die Vermittlung von Lernstrategien schulorganisatorisch umgesetzt werden?

Methodik der Vermittlung von Lernstrategien

In vielen Experimenten zum Training kognitiver Strategien hat sich die Methode des direkten Unterrichtens bewährt (vgl. Winograd/Hare 1988; Grell in diesem Band). Die Kerngedanken der direkten Instruktion, angewandt auf das Training von Lernstrategien, sind:

- Vormachen der Strategie: Lernstrategien müssen, da sie normalerweise nicht offen beobachtbar sind, sondern im Kopf ablaufen, von einem Modell vorgemacht und begleitend verbalisiert werden. Dadurch gewinnen die Lernenden eine Vorstellung über die zu erwerbende Zielfertigkeit.
- Gelenktes Üben: Im Anschluss daran wird die Strategie an einfachen Aufgaben geübt, dabei gibt der Trainer noch viel Anleitung, Rückmeldung und Korrektur.
- Selbstständiges Üben: Mit zunehmender Dauer wird das »coaching« zurückgenommen, und es wird unter variierten Aufgabenbedingungen geübt (an Texten unterschiedlichen Schwierigkeitsgrades und unterschiedlichen Inhalts).

Auch in der bereits zitierten Untersuchung von Hare/Borchardt (1984) zum Zusammenfassen von Lehrtexten wurde das Training nach den Prinzipien der direkten Instruktion gestaltet (vgl. Kasten).

Ablauf eines direkten Trainings (ca. 360 Min.) zum Zusammenfassen von Lehrtexten
(nach Hare & Borchardt 1984)

1. Trainingstag

   - *Wissensvermittlung:* Der Trainer (ein erfahrener Lehrer) vermittelt Wissen darüber, was eine Zusammenfassung ist und wie man eine schreibt (Erläuterung der Textreduktions- und Selbstkontrollregeln).
   - *Demonstration der Heuristik an einfachen Texten:* Der Trainer führt den Gebrauch der Heuristik an kurzen Texten vor, die so geschrieben sind, dass die Makrooperatoren an ihnen auch demonstriert werden können. Der Trainer verbalisiert sein Vorgehen handlungsbegleitend.
   - *Gruppenarbeit:* Zusammenfassen kurzer und einfacher Texte mit Hilfe der erlernten Regeln.
   - *Einzelarbeit:* Zusammenfassen kurzer und einfacher Texte mit Hilfe der erlernten Regeln.

2. Trainingstag

   Rückmeldung: Die Lernenden erhalten individuelle (schriftliche) Rückmeldung zu ihren Einzelarbeitsübungen vom Vortag.
   Experte demonstriert den Gebrauch der Heuristik an längeren und komplexeren Texten: Der Trainer erläutert (vorbereitete) gute und schwache Zusammenfassungen von Texten, bei denen die Anwendbarkeit der Makrooperatoren nicht so offensichtlich ist.
   Gruppenarbeit: an komplexeren Texten.
   Einzelarbeit: an komplexeren Texten.

3. Trainingstag

   Rückmeldung: Die Lernenden erhalten individuelle (schriftliche) Rückmeldung zu ihren Einzelarbeitsübungen vom Vortag.

Weitere Übungen zum Zusammenfassen längerer (zwei Seiten) und komplexer Texte
   Einzelarbeit: Die Lernenden fassen einen sieben email Seiten langen komplexen Text (zum Thema DNA) zusammen.

Die Realisierung direkten Strategietrainings in der Schule führt im Endergebnis zu einer *gemischten Inhalts- und Prozessorientierung* von Unterricht: Prozesse bzw. Strategien werden zu einem Gegenstand von Unterricht wie andere Unterrichtsgegenstände auch. Dies wirft die Frage auf, welcher Anteil der Unterrichtszeit auf Strategietraining und welcher auf Inhaltsvermittlung entfallen soll. Grundgedanke des in den Unterricht eingebetteten Strategietrainings ist, Inhaltsvermittlung zu Gunsten der Vermittlung solcher Lern- und Denkstrategien zu reduzieren, die den späteren selbstgesteuerten Erwerb von Inhaltswissen unterstützen. Dies bedeutet jedoch nicht, Inhaltsvermittlung durch Strategievermittlung zu ersetzen: Die Lernstrategien sollen nicht zum Selbstzweck werden, sondern Instrumente für den Erwerb von Fachwissen bleiben.

Schulorganisatorische Konsequenzen

Wenn die Vorteile des Lernfeldes »Schule« – Langfristigkeit des Lernens, Möglichkeit zum fächerübergreifenden Lernen – für die Vermittlung von Lernstrategien genutzt werden sollen, so hat dies Auswirkungen auf verschiedene Aspekte von Schule.

Beispielsweise auf die *Ausbildung der Lehrenden:* Die Realisierung eines gemischten inhalts- und prozessorientierten Unterrichts erfordert, dass die Lehrenden in ihrer ersten und zweiten Ausbildungsphase und im Rahmen von Weiterbildung lernen, mit Schülerinnen und Schülern über Lernstrategien zu kommunizieren und diese alters- und stoffspezifisch zu konkretisieren und zu vermitteln.

Die systematische Vermittlung von Lernstrategien erfordert aber auch auf der *Ebene der Curricula* Rahmenvorstellungen zur fachspezifischen, zur fächerübergreifenden, zur altersstufenspezifischen und zur altersstufenübergreifenden Vermittlung von Lernstrategien (Derry/Murphy 1986).

Und schließlich ergeben sich organisatorische Auswirkungen auf der *Ebene der einzelnen Schule:* Es reicht nicht aus, dass sich die einzelne Lehrerin oder der einzelne Lehrer dieses Themas annimmt. Diese müssen es selbstverständlich auch tun! Aber wenn daraus nicht nur »Insellösungen« resultieren sollen, ist eine explizite Politik auf Schulebene gefordert, die in Maßnahmen der internen Schulentwicklung einmündet. Ziel einer solchen Politik sollte sein:

- aus den Bereichen Kognition/Informationsverarbeitung, Emotion/Motivation, soziale Interaktion, Umgang mit Ressourcen jene Lernstrategien auszuwählen, die vermittelt werden sollen,
- Wege und Möglichkeiten zur Einarbeitung der Lehrenden in die Methodik der Vermittlung von Lernstrategien zu finden,
- die »Erstvermittlung« von Lernstrategien zu organisieren, z.B. im Rahmen einführender Kurse zu Schuljahrsbeginn (z.B. Klippert 1998),
- für die wiederholte Anwendung der Lernstrategien in verschiedenen Fächern und zu verschiedenen Zeitpunkten im Schuljahr sowie auf verschiedenen Klassenstufen zu sorgen.

Bei der Einleitung innovatorischer Maßnahmen auf Schulebene bestehen immer diverse »Henne-Ei«-Probleme: Müssten nicht zunächst die curricularen Vorgaben geändert werden, bevor man mit Lernstrategietraining in der Schule beginnt? Brauchen wir nicht zunächst eine völlig andere Ausbildung der Lehrenden? usw. Diese auf der Ebene der einzelnen Schule kaum zu lösenden Probleme sollten jedoch nicht davon abhalten, erste Schritte in die oben skizzierte Richtung zu unternehmen. Modellhafte Vorgehensweisen hierfür gibt es (vgl. etwa Klippert 1998). Zudem zeigt die wachsende Zahl von Schulen, die sich der Aufgabe einer systematischen Vermittlung von Lernstrategien stellen (vgl. Nachrichten des Pädagogischen Zentrum Rheinland-Pfalz 2/98), dass die Forderung nach Förderung der Lernkompetenz als Ergänzung der Inhaltskompetenz in den Schulen zunehmend Resonanz findet.

Resümee

Das Training von Lernstrategien und Unterrichtsmethoden, die den Lernenden Freiheitsgrade für Eigenaktivität einräumen, sind zwei Seiten einer Medaille: Beide Ansätze ergänzen einander insofern, als auch die im Rahmen von Strategietraining erworbene Kompetenz zum selbstgesteuerten Lernen verkümmert, wenn sie nicht auf Unterrichtsmethoden trifft, die diese Kompetenz herausfordern und aktivieren. Aber ebenso gilt, dass auch Unterrichtsmethoden, die den Lernenden viele Freiheitsgrade eröffnen, bei diesen die Kompetenz zur Nutzung dieser Freiheitsgrade voraussetzen, und diese Kompetenz kann durch das Training von Lernstrategien gefördert werden.

Literatur

Ballstaedt, S.-P./Mandl, H.: Effects of elaborations on recall of texts. In: Flammer, A./Kintsch, W. (eds.): Tutorials in text processing. Amsterdam 1982, pp. 482–494.

Ballstaedt, S.-P./Mandl, H./Schnotz, W./Tergan, S.-O.: Texte verstehen – Texte gestalten. München/Wien/Baltimore 1981.

Brown, A.L.: Metakognition, Handlungskontrolle, Selbststeuerung und andere noch geheimnisvollere Mechanismen. In: Weinert, F.E./Kluwe, R.H. (Hrsg.): Metakognition, Motivation und Lernen. Stuttgart 1978, S. 60–108.

Brown, A.L./Smiley, S.: The development of strategies for studying texts. Child Development 49 (1978), S. 1076–1088.

Dansereau, D.F.: Learning strategy research. In: Segal, J.W./Chipman, S.F./Glaser, R. (Eds.): Thinking and learning skills. Vol. 1: Relating instruction to research. Hillsdale/NJ. 1985, pp. 209–239.

Dansereau, D.F.: Cooperative learning strategies. In: Weinstein, C.E./Goetz, E.T./Alexander, P.A. (Eds.): Learning and study strategies: Issues in assessment, instruction, and evaluation. San Diego/New York 1988, pp. 103–120.

Deci, E.L./Ryan, R.M.: Die Selbstbestimmungstheorie der Motivation und ihre Bedeutung für die Pädagogik. In: Zeitschrift für Pädagogik 39 (1993), 2, S. 223–238.

Derry, S.J./Murphy, D.A.: Designing systems that train learning abilities: From theory to practice. In: Review of Educational Research 56 (1986), 1, S. 1–39.

Fischer, P.M./Mandl, H.: Metacognitive regulation of text processing: Aspects and problems concerning the relation between self-statements and actual performance. In: Flammer, A./Kintsch, W. (Eds.): Discourse processing. Amsterdam 1982, pp. 339–351.

Friedrich, H.F.: Analyse und Förderung kognitiver Lernstrategien. In: Empirische Pädagogik 9 (1995), 2, S. 115–153.

Haller, E.P./Child, D.A./Walberg, H.J.: Can comprehension be taught? A quantitative synthesis of »metacognitive« studies. In: Educational Researcher 17 (1988), S. 5–8.

Hare, V.C./Borchardt, K.M.: Direct instruction of summarization skills. Reading Research Quarterly 20 (1984), 1, S. 62–78.

Issing, L.J./Klimsa, P. (Hrsg.): Information und Lernen mit Multimedia. Weinheim 1995.

Kerres, M.: Multimediale und telemediale Lernumgebungen. München/Wien 1998.

Klippert, H.: Methodentraining im Unterricht. In: Nachrichten 2/98 des Pädagogischen Zentrums Rheinland/Pfalz, 1998, S. 1–8.

Kuhl, J.: Motivation und Handlungskontrolle: Ohne guten Willen geht es nicht. In: Heckhausen, H./Gollwitzer, M./Weinert, F.E. (Hrsg.): Jenseits des Rubikon: Der Wille in den Humanwissenschaften. Berlin/Heidelberg 1987, S. 101–120.

Reder, L.M.: Techniques available to author, teacher, and reader to improve retention of main ideas of a chapter. In: Chipman, S.F./Segal, J.W./Glaser, R. (Eds.): Teaching and thinking skills, Vol. 2. Hillsdale/NJ. 1985, pp. 37–64.

Reinmann-Rothmeier, G./Mandl, H.: Wissensmanagement: Phänomene – Analyse – Forschung – Bildung (Forschungsbericht Nr. 83). München 1997.

Schneider, W.: Zur Entwicklung des Meta-Gedächtnisses bei Kindern. Bern 1989.

Weinert, F.E.: Lerntheorien und Instruktionsmodelle. In: Weinert, F.E. (Hrsg.): Psychologie des Lernens und der Instruktion. Göttingen 1997, S. 1–48.

Weinstein, C.E./Mayer, R.E.: The teaching of learning strategies. In: Wittrock, M.C. (Ed.): Handbook of research on teaching. New York [3]1986, pp. 315–327.

Winograd, P.N./Hare, V.C.: Direct instruction of reading comprehension strategies: The nature of teacher explanation. In: Weinstein, C.E./Goetz, E.T./Alexander, P.A. (Eds.): Learning and study strategies: Issues in assessment, instruction, and evaluation. San Diego/New York 1988, S. 121–139.

Autorenverzeichnis

Dr. Ueli Aeschlimann ist Lehrer für die Fächer Chemie und Physik sowie Didaktik-dozent am Lehrerseminar in Bern.

Dr. Hans Christoph Berg, Dipl.Psych., ist Professor für Didaktik/Schulpädagogik an der Philipps-Universität Marburg.

Dr. Hellmut Volk-von-Bially arbeitete nach Studium und Referendariat seit 1976 im Berufsförderungswerk Hamburg, seit 1994 als Ausbilder und Supervisor in der DGRS und als freiberuflicher Unternehmensberater.

Dr. Volker Brettschneider ist wissenschaftlicher Assistent an der Forschungseinheit Wirtschaftspädagogik im Fachbereich Wirtschaftswissenschaften der Universität Paderborn.

Astrid Eichenberger ist Musiklehrerin, Konrektorin und Didaktikdozentin am Leh-rerseminar/Pädagogische Hochschule in Liestal/Basellandschaft.

Dr. Angela Frey-Eiling ist Wissenschaftliche Adjunktin am Institut für Verhaltenswis-senschaften der Eidgenössischen Technischen Hochschule Zürich.

Dr. Karl Frey war nach kurzer Tätigkeit als Lehrer von 1971 bis 1988 Direktor des Instituts für die Didaktik der Naturwissenschaften und ist seither Professor am Institut für Verhaltenswissenschaften der Eidgenössischen Technischen Hoch-schule Zürich.

Dr. Felix Helmut Friedrich ist wissenschaftlicher Mitarbeiter in der Abteilung für Angewandte Kognitionswissenschaft am Deutschen Institut für Fernstudienfor-schung in Tübingen.

Jochen Grell ist tätig als Autor pädagogischer Fachbücher und als Lehrer für die Fächer Deutsch, Philosophie, Religion, Biologie und Englisch an der Integrierten Gesamtschule in Kiel-Friedrichsort.

Dr. Uwe Hameyer war von 1972 bis 1990 Mitarbeiter im Institut für die Pädagogik der Naturwissenschaften in Kiel und arbeitet seit 1990 als Professor an der Erziehungswissenschaftlichen Fakultät der Christian Albrechts-Universität Kiel.

Dr. Irmintraut Hegele ist Professorin am Institut für Grundschulpädagogik an der Universität Koblenz-Landau.

Dr. Franz-Josef Kaiser arbeitete von 1959 bis 1967 als Lehrer und nach dem Studium der Wirtschaftspädagogik als Professor an der Universität Bremen. Seit 1975 Professor an der Forschungseinheit Wirtschaftpädagogik der Universität Pader-born.

Dr. Waldemar Pallasch war Lehrer im In- und Ausland, leitete als wissenschaftlicher Mitarbeiter das Hochschultechnologische Zentrum der PH Kiel und arbeitet seit

1984 als Professor an der Erziehungswissenschaftlichen Fakultät der Christian-Albrechts-Universität Kiel.

Dr. Dieter Vaupel ist Lehrer für die Fächer Deutsch, Gesellschaftslehre und Arbeitslehre sowie Rektor an der Georg-August-Zinn-Schule in Gudenberg.

Dr. Jürgen Wiechmann arbeitete von 1978 bis 1994 als Lehrer für die Fächer Mathematik, Physik und Naturwissenschaften an der Gesamtschule Elmshorn, ist seit 1994 Professor an der Erziehungswissenschaftlichen Fakultät der Christian-Albrechts-Universität Kiel.

Lehrerbildung

Friedrich Gervé
Freie Arbeit
Grundkurs für die Aus- und Fortbildung
179 Seiten. Broschiert.
ISBN 3-407-25213-7

Freie Arbeit will gelernt sein. Freie Arbeit in der Schule bedeutet keinen Freibrief für Schüler/innen, tun und lassen zu können, was sie wollen. Es ist auch keine Freistellung für Lehrer/innen von lästiger Unterrichtsplanung und Leistungsprüfung. Im Gegenteil: Freie Arbeit verlangt von allen Beteiligten mehr Einsatz und Überlegung. Dafür macht sie allen auch mehr Freude!

Wolfgang Maier
Grundkurs Medienpädagogik
Mediendidaktik
Ein Studien- und Arbeitsbuch
Mit einem Vorwort von Georg E. Becker
208 Seiten. Broschiert.
ISBN 3-407-25210-2

Medien bestimmen den Alltag unserer Kinder und Jugendlichen. Gleichzeitig sind sie unverzichtbar für die Gestaltung schulischer Lernprozesse. Das Studien- und Arbeitsbuch vermittelt Tipps und Anregungen für einen effektiven Medieneinsatz und ist eine pädagogische Antwort auf die Medienoffensive.

Günther Gugel
Methoden-Manual I:
»Neues Lernen«
Tausend Praxisvorschläge für Schule und Lehrerbildung
224 Seiten mit zahlr. Abbildungen.
Broschiert.
ISBN 3-407-25186-6

Methoden-Manual II:
»Neues Lernen«
Tausend neue Praxisvorschläge für Schule und Lehrerbildung
224 Seiten mit zahlr. Abbildungen.
Broschiert.
ISBN 3-407-25214-5

Eine Methodensammlung in zwei Bänden für Praxis und Lehrerbildung, die es in sich hat. Neues Lernen ist zu einem Schlüsselbegriff in Schule, Lehrerbildung und außerschulischer Bildungsarbeit geworden. Vor allem sind damit attraktive und aktivierende Methoden gemeint, die in kreative und handlungsorientierte Auseinandersetzungen mit Problemen, Themen und Situationen führen. Die Methoden-Manuale bieten konkrete Anleitungen, Materialien, Erfahrungsberichte, Hilfestellungen und Kopiervorlagen. Die sorgfältige grafische Gestaltung macht die Bände übersichtlich. Zwei echte Arbeitsbücher für Studierende, Lehrende und alle in der Bildungsarbeit Tätigen.

BELTZ

Beltz Verlag · Postfach 100154 · 69441 Weinheim

B0385

Methodenvielfalt

Heinz Klippert
Projektwochen
Arbeitshilfen für Lehrer und
Schulkollegien
72 Seiten. Broschiert.
ISBN 3-407-62093-4
Projektwochen werden von immer mehr
Schulen durchgeführt. Die Erfahrungen
damit sind durchweg positiv. Für eine
Woche läuft die Schule einmal anders
als gewohnt. Kein Klingelzeichen, kein
Fächer- und Lehrerwechsel. Die Schüler
arbeiten in Neigungsgruppen in einer
Vielzahl von Projekten. Der Band enthält
eine Reihe praxiserprobter Arbeits- und
Organisationshilfen für die schulinterne
Diskussion und Vorbereitung einer
Projektwoche.

Heinz Klippert
Methoden-Training
Übungsbausteine für den Unterricht
264 Seiten. Broschiert.
ISBN 3-407-62353-4
Schüler/innen müssen Methode(n)
haben – natürlich! Denn davon hängt
sowohl ihr Lernerfolg als auch die Be-
lastung bzw. Entlastung des Lehrers ab.
Deshalb ist ein verstärktes Methoden-
training dringend geboten. Offene Lernformen wie Wochenplanarbeit, Freiarbeit, Projektarbeit, Gruppenarbeit und
andere Spielarten des eigenverantwort-
lichen Lernens sind zum Scheitern

verurteilt, wenn den Schülerinnen und
Schülern die entsprechenden methodischen Instrumente und Routinen fehlen.
Der Band dokumentiert 120 erprobte
und bewährte Übungsbausteine, mit
deren Hilfe die methodische Sensibilität
und Kompetenz entscheidend verbessert
werden kann.

Irmintraut Hegele (Hrsg.)
Lernziel: Offener Unterricht
Unterrichtsbeispiele aus der
Grundschule
157 Seiten. Broschiert.
ISBN 3-407-62365-8
Die Unterrichtsbeispiele geben An-
regungen und Hilfen, wie das Lernen in
der Grundschule offener gestaltet wer-
den kann, mit Projektlernen, Freiarbeit,
Wochenplan, Stationenarbeit, und
Gruppenunterricht.

Irmintraut Hegele (Hrsg.)
Lernziel: Stationenarbeit
Eine neue Form des offenen Unterrichts
173 Seiten. Broschiert.
ISBN 3-407-62394-1
»Die Stationen- und Lernzirkelarbeit
eröffnet die Möglichkeit zu einem selbst
bestimmten, selbstständigen und handlungsorientierten Lernen mit allen Sin-
nen. Die besondere pädagogische Bedeutung dieser Unterrichtsform aufzuzeigen
ist den Autoren/innen überzeugend
gelungen.« *Grundschulmagazin*

Beltz Verlag · Postfach 100154 · 69441 Weinheim

B0386